社会学のつばさ

医療・看護・福祉を学ぶ人のために

早坂裕子・広井良典・天田城介 編著

ミネルヴァ書房

まえがき

　本書のタイトルから，読者のみなさんは何を想像されるでしょう。「つばさ」という言葉から「飛ぶ」こと，そして「自由」を連想される方も多いのではないでしょうか。

　確かに現実的には私たちは飛ぶことができませんし，自由を制限されながら生きています。そして第2章で述べられているように「社会学」という知はこれまで見過ごしていた人びとや社会のあり方に気づかせ，私たちを取り巻く不自由さに目覚めさせるものでもあります。

　しかしその目覚めこそが「飛んで」みることや「自由」を希求する出発点になりえます。その出発点からどう進んで行くのか，それはみなさん次第なのでしょう。

　本書は医療・看護・福祉を学ぶ人のためにつくられたテキストです。仕事として人と関って行くことを選択されたみなさんが患者やクライアントに寄り添いつつ仕事を進めて行くには，文明の利器を使いこなすよりももっと人間として根源的なことが求められるでしょう。既存社会の枠組みや人間関係から距離を置き，より自由な立場からもう一度すべてを見直してみることもその一つだと思われます。

　先人の言葉に「すぐに役に立つものは，すぐに役に立たなくなる」という，即効性への欲求のみに走ることを戒めるものがあります。これに対して本書の内容はむしろ「遅効性」を発揮するものが多いかもしれません。しかし，つばさを羽ばたかせたくなるテーマがたくさんあるはずです。

　本書が読者のみなさんの気づきや目覚め，そしてそこからの新たな模索や旅立ちの糧となるように心より願っています。

　最後になりましたが，ミネルヴァ書房戸田隆之氏の「よい本をつくりたい」という強い思いへの敬意そして感謝の念を記させていただきます。

　2010年1月

早坂　裕子・広井　良典・天田　城介

社会学のつばさ
―― 医療・看護・福祉を学ぶ人のために ――

目　次

まえがき

第1章　科学と医療・看護・福祉　　　　　　　　　　　広井　良典
　　　　──新たな人間理解に向けて──･････････････････1

「現代の病」への対応──医療技術とケアをめぐる議論／心理的・社会的ケアへのニーズの高まり／様々なケア・モデル／個体を超えた人間理解とコミュニティ／環境問題としての医療──そもそも病気とは何か／様々な試み──社会的関係性への注目／ケアとしての科学──現代科学は「古人の知恵」に還る／「モード2・サイエンス」と医療・看護・福祉

第2章　社会学の学び方　　　　　　　　　　　　　　　三谷　武司
　　　　──社会を生き，社会を学ぶ──

1　社会学は先端研究の集まり･････････････････17
　社会学の「教科書」？／プロの社会学者でも／社会と時代の先端で

2　社会学の読み方････････････････････････････20
　知らなかったことを知る／疑問を持つ／自分の知識を相対化する

3　社会学を学ぶということ･･････････････････････28
　あなたの社会学／社会学を学ぶための準備

第3章　社会と集団　　　　　　　　　　　　　　　　　周藤　真也
　　　　──社会の生まれ出づるところ──

1　「社会」とはどこにあるのか？･･････････････････32
2　社会学における集団論････････････････････････35
3　大衆社会の集団論････････････････････････････36
4　アソシエーションとコミュニティの交錯･･････････39
5　医療や福祉の現場を考える････････････････････42

目　次

第4章　国家と社会　　　　　　　　　　　　　　　　　鳥谷　昌幸
　　　　──変わりゆく国民国家──

1　国民国家とは………………………………………………………46
　　国民国家に覆われた世界／ネーションとはなにか／ネーション形成の前提

2　国を守るために戦えるか？………………………………………49
　　祖国を守る兵士／平和の楽園／民間軍事会社の台頭

3　国民であること……………………………………………………53
　　国民の掌握／国民と外国人／定住外国人

4　戦争の記憶とメディア・ナショナリズム………………………57
　　グローバル・メディアの発達／メディア・ナショナリズム／国家に翻弄された人びとの記録

第5章　犯罪の社会学　　　　　　　　　　　　　　　　岡邊　健
　　　　──犯罪問題を通してみる私たちの社会──

1　社会学では犯罪をどう捉えるか…………………………………64
　　犯罪化と非犯罪化／デュルケムの犯罪論／求められる反省的考察

2　犯罪社会学の諸理論………………………………………………66
　　社会構造と犯罪／分化的接触論／ラベリング論／社会的ボンド理論／ライフコース論

3　現代日本の犯罪をめぐる諸問題…………………………………70
　　社会を映す犯罪／日本の治安をどうみるか／少年犯罪の一般化は本当か／医療・福祉と犯罪の接点

4　犯罪社会学的想像力………………………………………………77

第6章　家族を社会学することの醍醐味　　　　　　　　天田　城介
　　　　──「社会」における「家族」の絶えざる発見と創出──

1　家族社会学の現在…………………………………………………81
　　家族の通念＝常識の自明性崩し／家族を捉えなおすという企て

 2 家族をめぐる社会的機制と規則 ………………………………85
   家族をめぐる社会的規則／私的領域とされた近代家族における家族介護の困難／再生産労働としての近代家族における家族介護をめぐる困難／親密性のもとでの近代家族における家族介護をめぐる困難

 3 家族と政治 ………………………………………………………90
   古代ギリシアにおけるオイコスとポリス／「社会的なもの」による「私的領域／公的領域」の発見・創出／「友愛」の空間において

 4 生―権力のせめぎあう空間たる家族 …………………………97
   親密性／公共性の現在性――「生―権力」の偏在／魂のオイコノミア／統治空間としての家族

第7章 教育と労働   中澤 渉
――正規／非正規雇用の壁と学歴――

 1 教育を社会学的にどう捉えるか ………………………………106
   教育の機能主義／機能主義への懐疑論

 2 職業選択と学歴 …………………………………………………109
   日本は学歴主義か／学校システムから労働市場への間断なき移行（トランジション）

 3 労働市場の二極分断化 …………………………………………112
   増加する若年非正規雇用／「再チャレンジ」は可能か？

 4 教育・職業選択と自己責任の論理 ……………………………118

第8章 見える宗教 見えない宗教   諸岡 了介・田代 志門
――超越性のダイナミズム――

 1 私たちのなかの「宗教」 ………………………………………123
   「宗教」の範囲／「宗教」イメージ形成の歴史

 2 宗教を捉える基礎視角 …………………………………………126
   キーワードとしての「超越」／宗教と社会との関係の両義性／宗教の捉えがたさ

 3 現代社会における宗教 …………………………………………130

　　　　世俗化テーゼ／「見えない宗教」の時代／公共宗教の台頭／
　　　　現代宗教のゆくえ
　　4　生老病死と宗教……………………………………………………134
　　　　苦難の神義論／〈危機の民俗〉とターミナルケア／「その他
　　　　のロジック」としての宗教

第9章　コミュニケーションを社会学する　　　　　　　　天田　城介
　　　──耐え難きを耐え，忍び難きを忍ぶことの解明へ──

　　1　避け難くいかんともし難いコミュニケーション………………142
　　2　コミュニケーションを社会学する………………………………144
　　　　曖昧でおぼつかない「私」の成り立ち／アイデンティティの
　　　　不可思議な成り立ち／現代社会における再帰的自己として
　　3　コミュニケーションの息苦しさとほかでもありえた可能性の排除……150
　　　　人びととの相互行為はいかにして可能か／ほかでもありえた可
　　　　能性が排除されること
　　4　耐え難きを耐え，忍び難きを忍ぶこと…………………………153
　　　　自らを保たんとする営みとして解読すること／アイデンティ
　　　　ティが剥奪されるという事態のただなかで／巧妙な仕掛け
　　　　──アメとムチを通じた従属化／命がけで「極限状況」を耐
　　　　え忍ぶこと／自らを守らんとする営みが招いてしまう皮肉な
　　　　事態
　　5　コミュニケーションを社会学する可能性のありか……………161

第10章　情報・メディア・プライバシー　　　　　　　　柴田　邦臣
　　　──「生活の情報化」をどう生きるか──

　　1　「医療・福祉の進展は，人間の情報化と同じである」…………168
　　　　医療・看護の「情報化」／福祉の「情報化」
　　2　メディアとその利用者の歴史……………………………………172
　　　　印刷技術・近代的個人・規律社会／新聞・公衆・公共圏／映
　　　　像メディア・大衆・管理社会
　　3　情報・メディア・プライバシー──「生活の情報化」の時代に………177

ICTと「生活の情報化」／個人情報・プライバシー・ライフログ／社会保障制度と個人情報

 4 きたる福祉社会と新しいメディア……………………………………181

第11章 感情を社会学的に考える 崎山　治男
―― 介護・看護・福祉における感情労働 ――

 1 感情社会学の誕生………………………………………………………187
   感情と私たち／感情社会学の誕生／感情社会学の系譜
 2 感情労働という分析視角……………………………………………189
   感情規則と感情管理／感情管理の方法論／感情労働と疎外
 3 感情労働の落とし穴…………………………………………………193
   感情労働とジェンダー／感情労働の不可視化／感情労働と他の仕事との調整
 4 感情労働としてのケア・ワーク……………………………………195
   ケア・ワーカーを取り巻く感情労働／共感と巻き込まれ／他者の感情管理／感情労働への動員

第12章 健康と健全 早坂　裕子
―― 晒される生命の訴え ――

 1 雇用の多様化と健康度…………………………………………………203
   雇用の多様化／健康への影響 ―― 青年労働者の実態／労働災害の急増
 2 自　殺……………………………………………………………………206
   自殺の国際比較／デュルケムの自殺論／日本の自殺／自殺と社会経済的背景の研究／自殺実態白書2008
 3 過労死……………………………………………………………………213
   過労死の現状／労働者災害補償保険（労災補償）／過労自殺

第13章 NPO・ボランティア 本郷　正武
―― 「良心的支持者」からなる集合行為 ――

 1 スポーツ・ボランティアはどこからやってくる？……………223

イベント・ボランティア／スポーツ・ボランティアの受け入れ／ボランティアをつなぎとめる工夫／社会関係資本

2　ただ「いるだけ」のボランティア……………………………227
　　伝統的ボランティア観／ホスピス・緩和ケアでのボランティア／社交としてのボランティア

3　「良心的支持者」概念の再提起………………………………230
　　事業性と運動性／良心的支持者／「当事者性」の獲得

第14章　環境運動と地域社会　　　　　　　　　熊本　博之
——環境をめぐる「意味づけの違い」を越えて——

1　環境社会学の研究領域……………………………………238
2　「よそ者」論の系譜………………………………………240
　　ジンメルの「よそ者」論／パークの「マージナル・マン」／鬼頭の「よそ者」論
3　普天間基地移設問題とジュゴン保護運動…………………243
　　問題の経緯／シュワブと辺野古／ジュゴン保護運動への違和感
4　「意味づけの違い」を越えて………………………………248

> コラム

◇理論社会学と学説史研究 …………………………………30
◇方法論的集合主義（methological collectivism）…………44
◇朝鮮人ＢＣ級戦犯 ………………………………………60
◇犯罪の測定 ………………………………………………78
◇家族とケア………………………………………………101
◇維持される教育機会の不平等…………………………120
◇セルフヘルプ・グループと「祈り」…………………138
◇「酸っぱい葡萄」問題の社会学？……………………164
◇支援技術（Assistive Technology, AT）とメディアとしてのパソコン…184
◇感情労働してしまうことの功罪………………………200
◇厚生労働省「人口動態統計」と警察庁「自殺の概要」…………220
◇「もう一方の当事者」の言い分………………………234
◇環境主義（environmental justice）……………………250

事項索引 …………………………………………………………252
人名索引 …………………………………………………………255
執筆者紹介 ………………………………………………………257

第1章

科学と医療・看護・福祉
――新たな人間理解に向けて――

広井　良典

　これからの医療や看護，福祉を考えていくにあたって，ある意味で最も重要な視点となるのは，「科学」というものをどう捉え，またそれとの関連で"人間という生き物"の全体をどう理解するかというテーマではないかと思われます。幸い，本章でみていくように，近年の科学においては，その中心的な主題が「生命」そして「人間」そのものに及びつつあるなかで，コミュニティや社会との関りの全体のなかで人間という存在を把握しようとする動きが顕著になり，そこに"文系・理系"といった壁を越えた興味深い展開が起こっています。

　こうした人間についての理解を深めていくことは，それ自体非常におもしろいテーマであると共に，医療や看護，福祉の現場での実践において基盤となる視点を提供してくれるものと考えられます。本章では，以上のような問題意識を踏まえながら，これからの医療やケアのあり方について幅広い視点で考えてみましょう。

■「現代の病」への対応――医療技術とケアをめぐる議論

　まず議論の前提として基本的な確認をしますと，17世紀にいわゆる「科学革命（scientific revolution）」と呼ばれるものがヨーロッパで起こり，そこで「近代科学」（ないし西欧近代科学），つまり私たちが今日「科学」と呼ばれるものが成立しました。それは自然や世界の理解に関して，一定の前提ないし考え方の枠組みをベースとするもので，特に，①人間と自然との明確な分離（ひいては「自然支配」ないし自然のコントロールという志向），②要素還元主義（あるいは経験的・実証的な客観性）ということを基本的な特徴とするものでした（広井，2005参照）。

そうした近代科学は，まず力学を中心とする物理学（天文学を含む），そして化学において展開していき，やがて"もっとも複雑な現象"である「生命」現象にもそのアプローチが及ぶようになり（生命現象に以上のような近代科学の分析的な理解が強い形で及ぶようになるのは20世紀に入ってからですが），医療分野についてみれば19世紀に「特定病因論」と呼ばれる考え方が成立しました。

　特定病因論とは，「1つの病気には1つの原因物質が対応しており，その原因物質を同定し，それを除去すれば病気は治療される」という理解の枠組みです。それは，(a)基本的に身体内部の物理化学的関係によって病気のメカニズムが説明されると考えること，また，(b)「原因物質」と病気との関係を比較的単線的な因果関係として把握し，そうした原因物質を同定してそれを除去すれば病気は治癒されると考えることに基本的な特徴があります。

　この説明から既に想像されるように，そこで想定されているのは明らかに感染症であり——感染症は，まさに細菌などその「原因物質」を明らかにしてそれを除去することによって治療されます——，また，そうした考え方の枠組み（パラダイム）の成立の背景には，端的にいえば"感染症と戦争の医学"ともいうべき，当時のヨーロッパにおける医学についての要請がありました。つまり，その前後の時期のヨーロッパは，文字通り戦争の連続の時代であると共に，その数世紀前の近世・近代の時代から，ヨーロッパの世界制覇のなかで様々な感染症がもたらされ——感染症の多くは文字通り「グローバリゼーション」の産物といえます——，したがって感染症や外傷の治療において強い有効性を持つということが，何よりも医学・医療に対して求められる任務だったのです。このように，医学のあり方は，その時代や社会において，何が最も優先度の高い疾病であるか，という社会的文脈において大きく規定されるものである点に注意する必要があるでしょう。

　しかし時代は大きく変わっていきます。現象面からみると，現在の日本の場合，個人のライフサイクルでみたときに，図1-1に示されるように，一生の間で使う医療費のほぼ半分（49％）は70歳以降の高齢期に使われます（2005年度）。医療費全体でみても，医療費33.1兆円（2006年度）のうち65歳以上の高齢者の医療費は全体の51.7％となっており，今後高齢化の進展のなかでこの割合は高齢化のピーク時の2050年頃には医療費全体の7～8割にまで及ぶことが予測さ

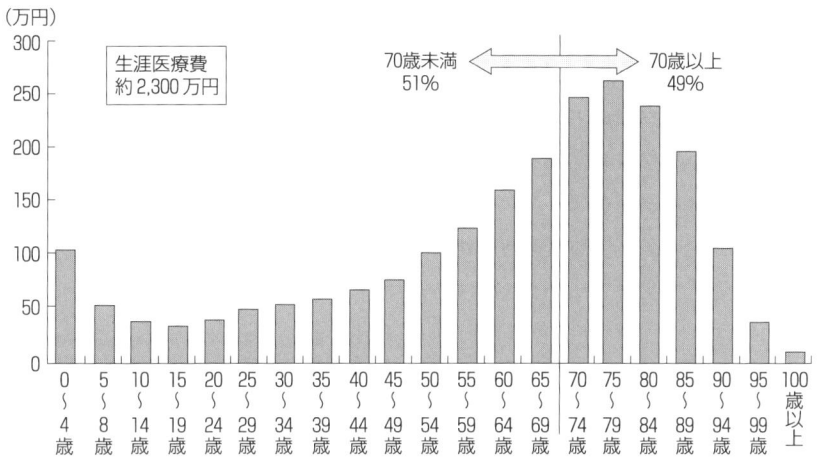

図 1-1 ライフサイクルと医療費（2005年度推計）

資料：厚生労働省大臣官房統計情報部「国民医療費」（2005年度），「平成17年簡易生命表」より保険局作成。
注：2005年度の年齢階級別1人当たり医療費をもとに，「平成17年簡易生命表」による定常人口を適用して推計したものである。

表 1-1　15-44歳の病気の負担（burden of disease 〔in DALYs〕）の主要要因（先進国，1990年）

男性		女性	
1）アルコール摂取	12.7	1）うつ病	19.8
2）道路交通事故	11.3	2）統合失調症	5.9
3）うつ病	7.2	3）道路交通事故	4.6
4）自傷行為	5.6	4）双極性障害	4.5
5）統合失調症	4.3	5）強迫障害	3.8

出典：世界銀行，2002，Murray and Lopez, 1996。

れています。

　他方，表1-1は，先進諸国における15歳から44歳までの病気の負担（WHO等で使われているDALY〔Disability-Adjusted Life Years〕と呼ばれる指標に基づく概念〔burden of disease〕で，どのような病気が寿命を短くしたり障害の原因となっているかを一定の基準で表すもの）を示したもので，これをみると，男性・女性ともに，うつや統合失調症，アルコール依存，交通事故など，精神的・社会的なものが中心になっていることがわかります。もし「人生前半の医療」という言葉を使うとすれば，そうしたものの多くはこのように精神関係や社会的なものが主体になっているのです。

ちなみにこうした変化を大きく把握する枠組みとして，「健康転換（health transition）」という考え方があります。これは感染症から慢性疾患，ひいては高齢者関係そして精神疾患関係へ，という病気の構造（疾病構造）の変化を一方で捉えつつ，医療システムのあり方（医療保険制度や医療サービスと提供システム等）もそれに応じて変化していく必要があるという理解の枠組みです（長谷川，1993）。

　「現代の病」という表現がありますが，まさに現在においては，がんを含めた様々な慢性疾患はもちろん，高齢者関係や，うつなどの精神疾患が病気の主要部分を占めるようになっています。そして，想像すればわかるように，これらは先ほどの「特定病因論」の考え方のみでは解決が困難なものがむしろ一般的になっています。

　すなわち，病気は身体内部の要因のみならず，ストレスなど心理的要因，労働時間や社会との関わりなど社会的要因，自然との関わりを含む環境的要因など，無数ともいえる要因が複雑に絡み合った帰結としての心身の状態として生じている，という視点が重要となります。近年，自然や社会の現象は，近代科学がこれまで想定してきたような単純な因果関係では把握できないという発想から「複雑系」ということがいわれるようになっていますが，病気や健康についてはまさに「複雑系としての病」という理解が求められているのです。

■ 心理的・社会的ケアへのニーズの高まり

　ところで，いま述べた「複雑系としての病」というテーマとも関連しますが，近年，医療における心理的なケアへのニーズが大きく高まっています。筆者は以前，医療消費者団体（COML）会員へのアンケート調査を行いました（2000〜01年実施。1400の調査票配布に対して515の回答。回答をいただいた方々の内訳は「患者・一般41.2％，医療従事者46.0％，その他〔学者・メディア等〕8.3％」という内容。調査の詳細については〔広井，2003〕参照）。

　このなかで，「わが国の病院の現状において，患者に対する心理的・社会的な面でのサポートは十分に行われているとお考えですか」との問いに対しては，①十分に行われている（0％），②まずまず行われている（1.4％），③あまり十分には行われていない（38.1％），④きわめて不十分である（58.3％），⑤どちら

ともいえない（61.2%），⑥その他（0.8%）という結果であり，「あまり十分には行われていない」と「きわめて不十分である」をあわせると96%を超えるという高率でした。

　また，「患者に対する心理的・社会的な面でのサポートに関して，わが国の病院において今後特に充実が図られるべきと思われるものを以下から3つまでお選びください」との問いに対しては，①患者の心理的な不安などに関するサポート（79.4%），②家族に対するサポート（47.4%），③医師などへの要望や苦情を間に立って聞いてくれる者の存在（63.3%），④社会福祉サービスなどの紹介や活用に関する助言（29.9%），⑤退院後のことや社会復帰に関するサポート（39.0%），⑥医療費など経済面に関する相談や助言（22.9%），⑦その他（14.8%），という結果となり，「患者の心理的な不安などに関するサポート」「医師などへの要望や苦情を間に立って聞いてくれる者の存在」「家族に対するサポート」が上位を占めました。

　さらに，自由回答欄では次のような意見が寄せられていました。

「診療報酬というと，医者の診療行為に主体がありすぎて，看護，介護，カウンセリングなどの心理的サポートへの報酬対象としての評価が低いと思う。患者への診療をこうしたことも含めた主体としてとらえるべきではないか。」（患者・一般）
「心理的サポートについては，何よりも必要であるにも関らず，日本ではほとんど手つかずの状態であるように感じます。報酬や人的問題についても，議論，検討をすすめたうえで，インフラ整備の充実を図ることが望まれると思います。」（患者・一般）
「20年以上大学病院に通院（10回以上入院）しているが，どうしてこうも心理的サポートがないのか不思議です。昨年も4か月入院した際，「カウンセリングを受けたい」と希望しましたが，そういうものはないとのことでした。どんなに元気にみえていても，不安のない患者はいません。その不安がどこから来るのか，説明不足か，情報不足か，病院に対する不満，家族のこと，将来のこと……。病状にも大きく影響すると思うのですが，精神的なことがほとんど無視されているのは残念です。」（患者・一般）

　このように，アンケート調査結果から，心理的・社会的サポートへのニーズが非常に大きいにも関らず，現在の日本の医療システムにおいて十分な対応が

表1-2 医療モデルと生活モデルの対比

	医療モデル	生活モデル
目的	疾病の治癒，救命	生活の質（QOL）の向上
目標	健康	自立
主たるターゲット	疾患 （生理的正常状態の維持）	障害 （日常生活動作能力〔ADL〕の維持）
主たる場所	病院（施設）	在宅，地域
チーム	医療従事者（命令）	異職種（医療，福祉等）（協力）

出典：長谷川，1993を一部改変．

なされていない状況が浮かび上がったのです。これは，診療報酬や人員配置など制度上の問題も大きいと同時に，現在の西欧近代医学のパラダイムでは，ここで述べている特定病因論的な見方が中心であり，心理的・社会的サポートといったことが，せいぜい医療の"周辺的なサービス"としてしか認識されていないという，基本的なパラダイム（病気観，人間理解のあり方）に原因の1つがあると思われます。

様々なケア・モデル

以上のような議論を，これまでの経緯にそくしてみてみましょう。まず高齢者ケアのあり方について，上記の特定病因論的な考えに基づいた，狭い意味での「医療モデル」のみでは解決が困難であることが徐々に認識されるようになり，高齢者の生活の全体に目を向けた「生活モデル」ということがいわれるようになると共に（表1-2），90年代前後からそうした考え方や，それを踏まえた様々なサービスや制度（介護サービスや施設，グループホーム等を含む）が整備されてきました。

一方，高齢者ケアに限らない様々な慢性疾患や，先ほども言及した（広い意味での）精神疾患関連そして心理的ケア等も視野に入れると，図1-2に示すような，より包括的なケアの全体像を考えることができます。この図は，上半分は人間の生物学的ないし物理・化学的な側面に主に注目した自然科学的なアプローチであり，下半分は人間の心理的・社会的等の側面に目を向けた人文・社会科学的なアプローチです。他方，図の左側は主として人間の「個体」としての側面に主たる関心を向けるもの，右側は個体を取り巻く環境全体に目を向け

図1-2 「ケアのモデル」の全体的な見取り図

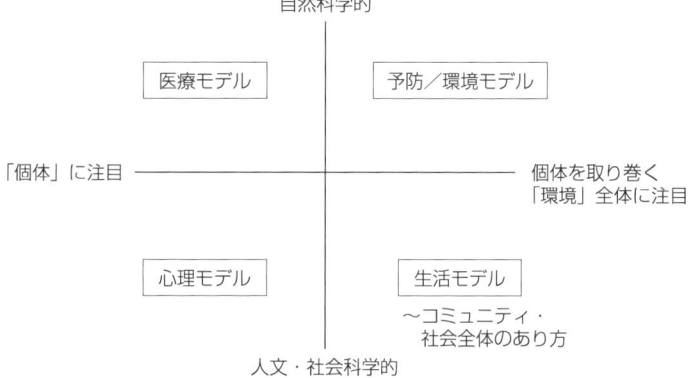

出典：筆者作成。

図1-3 健康転換と有効なケア・モデルの変容

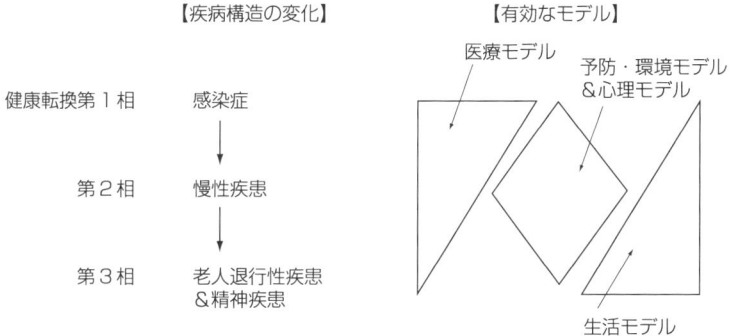

出典：筆者作成。

るものという区分です。

そして，先ほどの健康転換（感染症→慢性疾患→高齢者ケアおよび精神疾患関連）との関連を考えると，1つの大まかな見方として，図1-3に示すような，健康転換の各段階とそれぞれにおいて特に重要なケアのあり方を把握することができるでしょう。

■ 個体を超えた人間理解とコミュニティ

ケアについてのやや概念的な議論となりましたが，ここまでの範囲では，医療モデルから出発して，慢性疾患における予防・環境モデルや心理モデルを経

て，高齢者ケアや精神疾患等における生活モデルへ，という1つの大きな流れが浮かび上がり，先ほどから述べている生活モデルというものがある意味で1つの到達点のように響きますが，事態はそれで終わるのではありません。

というのも1つには，こうした生活モデルもまた，どちらかというと高齢者ケアなどのあり方をいわば「1対1モデル」的に捉えており，高齢者ひいては人間の全体の一部をみているに過ぎない面があるからです。ここで「1対1モデル」というのは，ケアということを主に「ケアする者―ケアされる者」（あるいはケアの提供者―ケアの受け手）という関係において捉えるような見方をさしています。

こうした1対1的な関係がケアの1つの原型であることは確かなことですが，しかしこうした見方だけではケアあるいは人間の全体性を捉えることはできないでしょう。例えば，90年代後半以降，認知症の高齢者などのために作られてきた小規模のグループホームというものがありますが，そこで重要なのは，高齢者が自ら台所での調理等の家事を行うなど，できるだけ「ふつうの生活」を送ることを通じて心身の状態の悪化を防ぐという面と共に，高齢者相互の――1対1対モデル的な視点からいえば「ケアの受け手」同士の――コミュニケーションそのものが，個人の心身の状態や生活の質の向上にとって本質的な意味を持つ，という点です。筆者自身はこうした点を「生活モデルの3段階〔①疾病から障害へ（種々の介護サービスの充実等），②受動性から主体性へ（グループホームでの実践等），③コミュニティ／環境に開かれたケアへ（高齢者・子ども統合ケア等）〕」という視点にそくして論じたことがあります（広井，2000参照）。

ここで重要なことは，個体"間"の相互作用やコミュケーション，そしてその基盤をなすコミュニティというものが人間（ひいてはその健康や幸福等々）にとって持つ本質的な意味というものを，医学を含めた現代の科学はなお十分に捉え切れていない，という点です。

これは，必ずしも現代の科学を一方的に非難しているというものではありません。というのも第一に，以上のような近代科学というものの性格――人間を含む生物を基本的に「個体」を中心に（ひいてはその個体を形成するよりミクロの要素から）把握するという考え方やアプローチの方法――は，近代科学そのものがいわばその原理として自ら認めるものですから，そのこと自体については

争いの余地がありません。そして第二に，現代の科学そのものが，次にみるようにそうした近代科学の限界に様々なレベルで気づき始めており，そのような限界を乗り越えるような様々な試みが，なお未開拓とはいえ始まりつつあるからです。

　一例を挙げてみましょう。近年，その功罪を含めて「脳」に関する議論が盛んですが，現在，今後の脳科学研究のあり方について，文部科学省・学術審議会の「脳科学委員会」での検討が進行中です（2007年11月にスタート。議論には貢献していませんが筆者自身も医療政策や社会科学的な視点ということで参加）。そこで議論されてきた「脳科学に係る研究開発ロードマップ（たたき台）」からの記述には，以下のような，本章でのここまでの議論に深く関連する興味深い指摘がみられます。少し引用してみましょう。

> 「急速な高齢化社会の進行に伴い，QOL（生活の質）を損ない，介護を要する神経疾患が大きな社会問題となりつつある。同時に，精神疾患を背景とした，交通事故死の3倍を上回る自殺率の高まりなど，現代人の心身の荒廃は著しい。また，脳は自律神経系，内分泌系の最高中枢として，免疫系との相互作用等により，生活習慣病などの発症にも大きな影響を及ぼしている。」
> 「脳の活動は，個体としての認識・思考・行動を司るに留まらず，異なる個体間や生物種・生態系との間に相互作用を生み出し，社会集団を形成する上でも決定的な役割を果たしている。このようなコミュニケーションや社会行動など，個体を超えたレベルで，脳がどう作動するかについての研究は，いまだ端緒についたばかりである。」

（傍点強調引用者）

　この，「個体を超えたレベル」で脳がどう作動するかについての研究がまだ端緒についたばかりという記述は，まさにその通りでしょうし，同時に，先ほどから議論してきたような近代科学というものの枠組を越える要素がここには存在しています。そして，

> 「従来，こうした人間と社会や教育にかかわる問題に対するアプローチは，人文・社会科学的なものに限定されがちであったが，今後，自然科学の一学問領域としての脳科学の壁を打破し，人文・社会科学と融合した新しいアプローチが求められている。」

という指摘も，まさにその通りのことと思われます。

　要するにここで示されているのは，脳を媒介ないし拠点とした，個体を超えたモデルやより包括的な人間の理解への展望といえます。個体間のコミュニケーション（ひいてはそれを通じたコミュニティないし社会の形成）ということが扱われるのはほかでもなく「脳」においてですから――より正確にいうと，人間の情報伝達には「遺伝情報」と「脳情報」の伝達があり，前者は遺伝子のバトンタッチを通じて行われ，後者は個体間の直接的なコミュニケーションによって行われます――，個体を超えた人間理解そしてコミュニティというものの把握が自然科学の分野において行われるとすれば，（サル学や進化生態学などを含む生態学や動物行動学等の領域は別にして）脳研究はその大きな突破口の1つになるでしょう。また，近年脳科学の分野で展開している「ソーシャル・ブレイン」，つまり人間ないし生物の社会性や他個体との「関係性」と脳に関する研究も，こうした動向と重なっているでしょう（藤井，2009；内田，2008参照）。

▍環境問題としての医療――そもそも病気とは何か

　以上の「個体を超えた人間理解」というテーマに関して，「環境問題としての医療」という見方，あるいは進化医学と呼ばれる領域の知見について補足しておきたいと思います。

　「環境問題としての医療」と記すと，奇妙な印象を受ける人が多いかもしれません。全く異質の問題である「医療」と「環境」とがなぜ結びつくのかと。ところが，実は医療あるいは健康をめぐる様々な課題と，環境とは次のような意味で深く関連しているのです。

　そもそも私たちはなぜ病気になるのでしょうか。あるいは，人間にとって病気とは一体何でしょうか。こうした根本的なテーマについて，90年代頃から大きく発展してきた分野に「進化医学（Evolutionary Medicine）」と呼ばれるものがあります。進化医学とは，人間にとっての病気というものの意味を原点に立ち返って掘り下げる研究領域であり，その基本的な理解は"病気とは，環境に対する個体の適応の失敗あるいはその「ズレ」から生まれる"というものです。要するに，人間あるいは個人が，周囲の環境に十分に適応できないところに病気が生まれると考えるのです。

進化医学は，このことを人類が地球上に存在するようになって以降の大きな時間の流れで捉えます。つまり，私たちの祖先である「新人」（ホモ・サピエンス）が地球上に登場したのは今から5～10万年前頃ですが，当時から現在まで人間の生物学的な組成はほとんど変化していません。一方，当時の人類の生活はどうだったかといえば，食糧が概して不足がちであるなかで，野原をかけまわるなどして狩猟・採集を行うか，せいぜい農耕生活を営む程度でした。つまり，私たち人間の体はそうした生活ないし環境にもっとも合うように「できている」のです。しかし人間を取り巻く環境は大きく変化し，当時の状況とはおよそ異なるものとなっています。

例えば，いま述べたように当時は食糧が欠乏しがちだったので人間の体には「飢餓に強い血糖維持機構」が備わっていますが，"飽食の時代"である現在ではこれが逆に糖尿病等の原因となっています。また，野原を走っていた当時はよく怪我をしていたので「止血系」が大きく発達していますが，これが現在ではかえって血栓や動脈硬化の要因となっているのです。さらに花粉症や各種アレルギーなどは環境の変化に人間の体が追いついていないために生じるものであり，また，何といってもこれだけスピードが速くなった時代において，様々なストレスが生じるのはごく自然のことです（以上につき Nesse and Williams, 1994；Stephen C. Stearns (ed.), 1999；井村，2000等）。

本章で述べてきたように，西欧近代医学は"身体の内部に物質的な原因があり，それを除去すれば病気は治癒される"という考えのもとで発展してきました。それは感染症については大きな成果をもたらしましたが，慢性疾患を中心とする「現代の病」には十分な解決をもたらしていません。

例えば，過労気味でうつになりがちな人が，その労働時間や働き方を変えないままで，精神科に行って薬をもらい，また職場に戻るが事態は一向に改善されない，といった話をよく耳にします。私たちは「病気」というものについての見方を根本から変えるべき時期に来ています。つまり「病気はもっぱら身体のなかにある」という見方ではなく，実はむしろ環境と私たちとの関り，あるいは環境あるいは社会そのもののなかに病気の原因はあるのであり，社会や労働のあり方を含めてそれらを変えていかないと真の解決にはなりません。病や健康を環境全体との関りのなかでとらえる，新しい病気観がいま求められてい

図1-4 高齢単身世帯（一人暮らし）割合と介護の軽度認定率の相関（都道府県別）

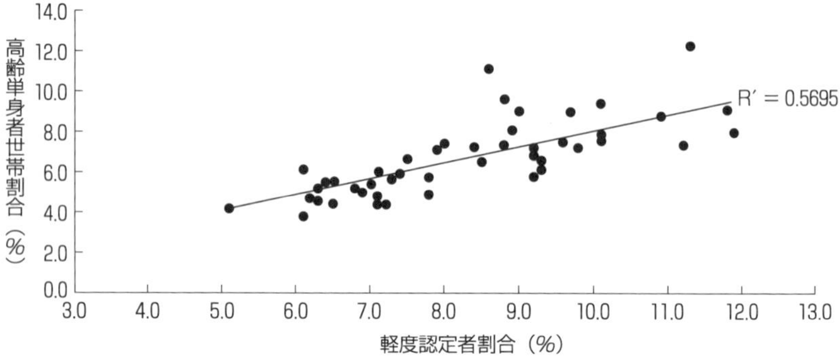

注：厚生労働省老健局「介護保険事業状況報告」および総務省統計局「国勢調査」より厚生労働省政策統括官付政策評価官室作成。
軽度認定者割合は2003年の値，高齢単身世帯割合は2000年の値。
出典：『厚生労働白書　平成17年版』ぎょうせい，2005年。

るのです。

■ 様々な試み──社会的関係性への注目

　一方，医療・福祉に関する他の領域でも，人間にとって他者との様々な関りやコミュニティ，社会的なつながり等といったものが重要な意味を持つことが，様々な側面で明らかになってきています。
　例えば，図1-4は，高齢者の単身世帯（一人暮らし）割合と介護の軽度の認定率の相関を都道府県単位でみたものですが，単身世帯割合の高さと介護認定率との間に若干の相関が示されています。単純にいえば，一人暮らしで他者とのコミュニケーションなどが少ないと，（軽度の）要介護状態になる可能性が相対的に大きいということです。
　こうした話題に関しては，近年，「社会疫学（Social Epidemiology）」と呼ばれる分野，あるいは「病気の社会的決定要因（social determinants of health）」というテーマに関する研究が発展し，人間の病気というものが，心理的・社会的・経済的等の要因と深く関り，それらを視野に入れ対応を行っていかなければ解決にならないということが広く議論されるようになっています。経済的な要因に関しては，貧困など個人の経済的状況と健康との相関に関する研究も広がっています（Marmot, Wilkinson, Kawachi et al. 全体の概観として近藤，2005；ウ

ィルキンソン，2009参照）。また，近年，社会科学の分野で広く論じられている「ソーシャル・キャピタル（社会関係資本。人と人との関係性やつながりのあり方に関する概念）」に関して，それと健康や医療との関りについても多くの研究や議論がなされています（パットナム，2006；Ichiro Kawachi et al.〔eds.〕，2007）。

■ ケアとしての科学――現代科学は「古人の知恵」に還る

　ところで，先ほど「人間にとって他者との様々な関りやコミュニティ，社会的なつながりなどといったものが重要な意味を持つことが，様々な側面で明らかになってきている」という言い方をしましが，そうしたことはある意味で"あたりまえのこと"であって，何もわざわざ「科学が明らかにする」までもないことのようにもみえます。

　この点を少し距離を置いて考えると，現代の科学は「古人の知恵」あるいは"常識"に回帰している，という大きな傾向が指摘できるように思われます。振り返れば，「近代科学」が提示する物の見方はことごとく"常識破壊的"でした。いわく「動いているのは太陽ではなく地球である」，「生物は機械と同じである」，「精神と物質は完全に別物である」等々……。そしてこうした常識破壊的な前提の上で，近代科学は一定の成果を上げてきたわけです。

　これに対して，現代の科学が明らかにしつつあることは，少なくともその結論だけを見る限り，むしろきわめて"常識的"で，古くからの知恵を再確認するようなものが多いといえます。例えばしばらく前から「ストレスと免疫」の相関（＝ストレスが免疫機構の働きに大きな影響を与える）が明らかにされ，近年では「精神免疫学」といった分野も発展していますが（神庭，1997；川村則行，1998参照），そこでの基本メッセージは要するに"病は気から"ということであり，近代科学の「心と身体の分離」という世界観とは逆の方向を示しています。また経済学の分野では「行動経済学」（ないし「経済心理学」）ということが話題となり，人間が"純粋に利己的ではない"ということが様々な実験等を通して明らかにされていると論じられていますが，そこで示される結論自体は多くの場合きわめて常識的なものです（もともと「行動科学（behavioral science）」という言葉は戦後のアメリカにおいて，心理学を含めてあらゆる科学を"客観的・検証可能"なものにするという理念のもとで唱えられたもので，人間という存在を大幅に単純化し

て捉えるものでした)。

　私はここで,現代の科学が明らかにしつつある事柄の多くが"常識回帰的"であることをもって科学の意義を否定するつもりはありません。むしろ,あえて希望的な観測を述べるとすれば,現在は「科学を人間の手に取り戻す」にあたっての好機であるともいえるでしょう。

　実際,人間という生き物は,現在の科学が想定するよりもはるかに「複雑」です。例えば医療におけるリハビリなどでは,概して機械的・外形的な「訓練」がなお中心ですが,農園の草いじりが好きだった人にとっては,そうした日常的活動や他者との関りこそが心身の最大の「リハビリ」であるでしょう。今後,脳科学などが発展して人間という存在の複雑性が明らかになればなるほど,ベッドに寝かせきりで薬漬けの"治療"ではなく,日常的な他者との関りや「ふつうの生活」ができるようなサポート体制こそが,最大の治癒や予防であることが示されるでしょう。その時科学や医学はもっと人間や生活に寄り添った本来のものとなりえます。私自身は,こうした今後の科学のあり方を「ケアとしての科学」と呼んでみたいと思います。

■「モード2・サイエンス」と医療・看護・福祉

　最後に,これからの科学のあり方に関する「モード2・サイエンス」という視点と医療との関りについて考えてみましょう。これは,医療ないし医療政策における患者・消費者の視点の重要性という点ともつながるものです。

　「モード2・サイエンス」とは,イギリスの科学論(ないし科学技術政策)の研究者であるマイケル・ギボンズらが唱えている次のような考え方です。

　簡潔に述べると,これまでの科学や学問の一般的なパターンであった「モード1・サイエンス」では,知識は個々のディシプリン(学問分野)の文脈のなかで生み出され,また実質的にはそれは,特定の科学者コミュニティ(共同体)において,主として学術的な関心が支配する世界のなかで問題が設定され解決されます。研究成果の価値は,その学問分野の知識体系の発展にいかに貢献しているかによって決まり,そして研究の成果は,学術雑誌,学会などの制度化されたメディアを通じて普及します。

　これに対し,「モード2・サイエンス」の知識は,より広いコンテクスト,

表1-3 モード1・サイエンスとモード2・サイエンスの比較

	モード1・サイエンス	モード2・サイエンス
知識の創造	個々のディシプリン（学問分野）の文脈のなかで	個別の学問分野を超えた社会的・経済的文脈のなかで
問題の設定と解決	特定の科学者コミュニティにおいて	研究者（科学者）のみならず市民，NPO，産業界，政府などが広く参加
研究成果の公表	学術雑誌，学会など制度化された媒体	幅広い媒体
研究組織	階層的 その形態を維持しようとする傾向	非階層的
品質管理の方法	科学者内部	社会的な説明責任

出典：ギボンズ，1997の内容を要約。

　つまり個別の学問分野を超えた，"社会的文脈"のなかで生み出され，またそうしたいわば応用的な文脈のなかで問題が設定され解決されます。そこでは，個別の学問分野を超えた問題解決の枠組みが用意され，独自の理論構造，研究方法，研究様式が構築されます。そして参加者の範囲は広く，大学研究者のみならず，市民，産業界，政府なども必要に応じて参加するし，また参加する必然性があります（以上をまとめたのが，表1-3）。

　医療あるいは医療政策における患者・消費者の視点の重視という方向は，こうした近代科学のあり方全体の変容というテーマと重なっていると考えられます。また，「モード2・サイエンス」という視点は，本章での「個体を超えた人間理解」，つまり特定病因論的な見方を超えて，コミュニティや社会，環境との全体的な関りのなかで人間の病や健康，あるいは人間という存在そのものを捉えていくという方向とも重なっていると思われます。

　いずれにしても，医療や看護，福祉といった「ケア」に関する領域は，生命や人間そして社会の理解という点において，本章でみてきたような現代科学の先端的で興味深い展開と深く関連しており，そうした新たな人間理解を深めつつ，個々の実践を行っていくことが，それ自体において価値あるものと考えられるのです。

参考文献

藤井直敬『つながる脳』NTT出版，2009年
M. ギボンズ編著／小林信一監訳『現代社会と知の創造』丸善ライブラリー，1997年
長谷川敏彦「日本の健康転換のこれからの展望」，武藤正樹編『健康転換の国際比較分析とQOLに関する研究』ファイザーヘルスリサーチ財団，1993年
広井良典『ケア学』医学書院，2000年
――――『生命の政治学――福祉国家・エコロジー・生命倫理』岩波書店，2003年
――――『ケアのゆくえ　科学のゆくえ』岩波書店，2005年
――――『コミュニティを問いなおす』ちくま新書，2009年
井村裕夫『人はなぜ病気になるのか――進化医学の視点』岩波書店，2000年
神庭重信『こころと体の対話』文春新書，1997年
Ichiro Kawachi et al. (eds.) *Social Capital and Health*, Spronger, 2007
川村則行『自己治癒力を高める』講談社ブルーバックス，1998年
近藤克則『健康格差社会』医学書院，2005年
Murray C. J., Lopez A. D. "The Global burden of Disease", WHO, Geneva, 1996; "Global Health Statistics", WHO, Geneva, 1996
日本統合医療学会編『統合医療　基礎と臨床』ロータス企画，2005年
ロバート・パットナム『孤独なボウリング――米国コミュニティの崩壊と再生』柏書房，2006年
Randolph M. Nesse and George C. Williams *Why We Get Sick*, Vintage, 1994
Stephen C. Stearns (ed.) *Evolution in Health and Disease*, Oxford UP., 1999
内田亮子『生命をつなぐ進化のふしぎ』ちくま新書，2008年
ウィルキンソン著／池本他訳『格差社会の衝撃』書籍工房早山，2009年

第2章

社会学の学び方
──社会を生き，社会を学ぶ──

三谷　武司

　本書は社会学の教科書です。教科書というと，基本的なところからスタートして，練習問題などを解きながら応用能力を身につけていく，といったイメージでしょうか。あるいは，重要事項を中心に，一問一答形式で書き取りをしたりして，暗記して知識を増やしていく，といった使い方もありますね。ところが社会学の場合，こういった態度で臨んだのでは，おそらく途方に暮れることになります。社会学が嫌いになるかもしれません……。でも，大丈夫。社会学には，読み方のコツのようなものがあるのです。それさえつかめば，本書に限らず，社会学の文献を読めば読むほどに，社会学が好きになること間違いなしです。この章では，そのコツについて紹介します。そして実は，それこそが，社会学とは何か，という根本問題へのヒントにもなるのです。

1　社会学は先端研究の集まり

▌社会学の「教科書」？

　本書の目次をご覧ください。科学，集団，政治，犯罪，家族，教育，労働，宗教，コミュニケーション，メディア，感情，健康，NGO・NPO，環境。トピックの多彩さに目がくらんでしまいそうです。しかし，実はこの分類自体がかなり大きな括りで，実際の研究はもっと細かい対象領域設定で行われていますし，この大分類の水準でいっても，抜けている対象領域はたくさんあります。それから，各章の文章をパラパラみてみましょう。そこに含まれている情報量にまた圧倒されるはずです。とても，全部覚えるなんて無理ですし，それが意味のあることだとも思えません。

この章を除いて，各章の内容は横並びで，基礎から応用へ，といった関係にはなっていません。同じ文系の学問でも，法学や経済学はそうなっているのに，社会学では，そうなっていないのです。教科書によっては，「基礎」とか「理論」といったタイトルがついた章が最初の方におかれているものもありますが，そこで書かれていることと，それに続く各論の章が，きちんと基礎／応用の関係になっているものはほとんどありません。そうなると，応用問題を解くなかで基礎をマスターする，といったこともなかなかむずかしいところです。

　それなのに，教科書に書いてあることを全部覚えてやろう，とか，「社会学」という知識の体系を，教科書の記述から読み取ってやろう，と意気込んで勉強を始めてしまうと，これはもう失敗するしかありません。社会学って「むずかしい」，「範囲が広すぎ」，「なんだかよくわからない」と感じてしまい，社会学が嫌いになってしまう人も実際多いのです。

　しかし本当は，社会学はおもしろいし，学問としてそれほどむずかしいわけでもないですし，学べばためになることを，筆者は知っています。そう思えない人は，教科書の読み方がちょっと間違っているのです。そこで，社会学を楽しむための読み方，社会学の「正しい」勉強方法を，簡単に教えてあげたいというのが，この章の目的です。

▌プロの社会学者でも

　そのために，まず心得ておいてほしい事実があります。それは，プロの社会学者といえども，例えばこの本に挙げられている各研究領域の詳細について全部きちんと知っている人はいないし，各領域の間に，どんな理論的・体系的な関係が成立しているのかを理解できている人も一人もいない，ということです。各領域共通の基礎をつくろうと努力している社会学者はいます。そういう研究領域を理論社会学といいますが，少なくとも現在のところ，その試みはあまり成功しておらず，共通の基礎というよりは，各研究領域と並立する領域の1つに甘んじているのが現実です。ですから，これから社会学を学ぼうというみなさんが，プロでもできていないことを目指そうというのはあまりにも無謀ですし，望ましいともいえません。

　とはいえ，それでも，社会学の研究者は，必要に応じて各領域の研究を利用

して，自分に必要な情報や知見を読み取り，自分の専門研究に活かす技術を持っています。本章では，それをぜひ，初学者のみなさんにもお裾分けしたいというわけなのです。

▌社会と時代の先端で

　社会学者は新しいもの好きです。いえ，好き嫌いでいうと嫌いな人もいますが，嫌いは嫌いなりに研究対象にはします。これには歴史があります。19世紀に社会学が誕生した時，その生みの親たちが感じていたのは，社会の近代化による急激な変化とそれが各所に及ぼす影響を，科学的に認識することの必要性でした。「社会学」(sociologie) という言葉を発明したフランスのオーギュスト・コントは，「未来を知るために今を知る」(savoir pour prévoir) といいましたが，これから一体どうなるのか，科学的な認識に基づいて予見する必要があるほどに，社会の変化が急激だったわけです。

　この傾向は，現在も続いています。ここ最近をみても，携帯電話やインターネットの爆発的普及，イラク戦争を始めとする国際紛争の激化，米国初の黒人大統領の誕生，若者の就業状況の悪化，といった比較的大きな話から，アニメ・漫画・ゲーム等における「萌え」の氾濫のような，一見卑近とも思えるような現象まで，ものすごい勢いで社会は変化しつつあり，しかもその変化のそれぞれが，また別の変化の原因になったりしている，といった関係さえみえてきます。

　社会学者は，この変化，新しい現象を見過ごすことができません。その変化にどんな意味があるのか，どんな影響があるのかを知るために，その領域における過去の研究や資料・データをひっくり返したり，イメージと実態の違いを知るために科学的方法論にのっとった調査を行ったり，その結果を利用して国際比較をしてみたり，さらには，現象の理解に必要とあらば，哲学や思想などの隣接分野の研究も参照します。

　いわば社会学というのは，社会の変化の先端で，つまり時代の先端で，初めてみる現象を，何とか認識と理解のなかに持ち込もうとする，人間の知的努力の総体につけられた名前なのです。その試みの冒険性のゆえに，なかなか学問としての体系性が追い付いてこず，そのために「むずかしい」といった印象を

与えがちな社会学ですが，逆に，だからこそ，それを学び研究する者にとって，知的な興奮を与えずにはおかないというのも，まぎれのない社会学の本質なのです。

2　社会学の読み方

　それでは，時代の先端で社会に生じる現象を把握し，理解可能にしようとする社会学の研究に対して，必ずしも社会学研究者ではない一般の読者は，どういう態度でのぞむのが有意義なのでしょうか。それは結局，本書をどう読めば有意義かということでもありますし，大学などでの社会学の授業をどう聞けば有意義かということでもあります。

▎知らなかったことを知る

　といっても，別に，最初からむずかしいことをいおうというのではありません。まずは，気楽に，知識を得るための読書ということで大丈夫です。普通に，新聞を読んだり，テレビを観たり，教養書を読んだりする感じで読めばいいのです。社会学は，社会で起こっている様々な現象について，また人間が関る様々な活動について，多くの情報を与えてくれます。読者としてはとりあえず，そのひとつひとつを，「へぇ，そうなんだ」とか「これは知らなかった」とかつぶやきながら，情報として消費することにしましょう。最初から「社会学的意義」を読み取るぞ，みたいに身構えてしまうと大変です。

　この，知識を得る，という側面は，あたりまえすぎると思われがちなのか，あまり注目されることがありません。あるいは，研究者という人たちは，「意義」にまで踏み込まないと論文としては価値がない，といった規範のもとで訓練を受けてきているので，読者にもそれを求めてしまうものなのかもしれません。しかしもちろん，さしあたり研究者になろうというのでもない素人読者としては，研究者の世界の規範につきあってあげる必要はありません。

　例えば，合計特殊出生率という指標があります。これは，「1人の女性が一生に産む子ども数」を年ごととか月ごとに数値化してみたものです。最近よくいわれる「少子化」というのは，この数値が小さくなっていることを表した言

葉ですね。研究者としては，この数字にどんな意味が含まれているかとか，その増減に影響を与える要因は何かといったことが気になってきますが，素人読者としては，1947年に4.32人だったのが60年後の2007年には1.34人にまで激減しているとか，しかし2005年が1.26人だったのをみると，短期的には増えているみたいだとか，1960年代は大体2人くらいなのに，1966年だけ1.58人と異常に少なくなっているとか，それにはどうやら「丙午（ひのえうま）」の迷信というのが関っているらしい，といったことを，知識として仕入れてやれば，とりあえずはいいのです。

　そうやって肩の力を抜いて，とりあえず知らないことを知れればいいやという態度で読んでみれば，社会学の論文や著書は，情報の宝庫だということに気づくはずです。「へぇ」の連続です。それぞれの文章の著者自身は，そこから分析とか考察をして，含意を引き出そうとしますが，その辺は，ちょっと読んでみてわからなければ，とりあえず飛ばしてしまいましょう。知識を得る，というのは，忘れられがちではありますが，知的な営みとして非常に大切なことです。

　実際，知らなかったことを知る，というのは，ほんとうは社会学者の仕事のなかでもかなり大きな部分を占める作業なのです。私たちは，日常生活を送っている限りでは，自分やまわりの人のことしか知ることができません。「○○さんとこの息子さん，内定もらえなくて来年からフリーターだって」といった感じでしょうか。それは特定個人についての知識ですが，そこから，では日本全体だとどうなんだろう，といったことが知りたくなったら，あるいは，どうも最近の若者は右傾化している感じがするぞ，とか。これはただのイメージですが，その本当のところが知りたくなったら。そういう時，社会学者は，既に集められたデータがあればそれを調べてみますし，まだデータがない場合には，自分でデータを集めにいきます。

　どんなデータがあればどんなことがわかるか，どんなやり方をすればどんなデータが集められるか，その時どんなことに注意しなければならないか，そういったことを標準的にまとめた方法論を「社会調査法」といいます。社会調査法は，社会学のなかでは例外的といってもいいくらい体系性が高く，また研究者の間で標準化されたツールとして共有されています。社会学者はこの社会調査法を身につけ，それを駆使して，日常生活を普通に送っていたのでは得られ

ないような知識を，自ら調査することによって生み出しているのです。

　社会調査というと，サンプリングを使った統計調査によって，全体の傾向を推定する，といったイメージの人が多いのではないでしょうか。でも，実はそれだけではありません。例えば介護労働に従事する若者というのは，近年登場してきたばかりの人たちで，そのため，その労働実態がどんなものなのかについて，日常生活で深く知ることはまずできません。そういう時，社会学者はその労働の現場に乗り込んでいって，当事者にインタヴューをしたり，時には自分も介護労働をやってみることによって，労働実態の詳細を知ろうとします。その種の調査を質的調査といって，これも立派に社会調査の一種ですし，その方法論も，ある程度標準化され，共有されています。

　いずれにしても，社会調査法という「知るためのツール」が高度に標準化され共有されているという事実こそが，社会学において知識を得るということの重要性を示しているともいえるわけです。そうである以上，読者としても，そうやって得られた貴重な知識を，存分に享受すべきなのです。

▌疑問を持つ

　社会学の論文や著書を読むことで，たくさんの「へぇ」が得られました。それだけで十分に価値があります。そこでやめてしまってもかまわないのですが，なかには社会学をもっと楽しみたい，という欲張りな人もいることでしょう。そんな人のために，次のステップです。とはいえ，まだまだ敷居は低い方がいいでしょうから，ここでも気楽に臨めるような読み方です。

　それは一言でいうと，疑問を持つことです。学問というのは，疑問とその解決というのが基本構造ですから，実はこのステップはすごく重要な一歩なのです。とはいえ，そんなに身構える必要はありません。よく学生さんで，「どんな疑問を持ったらいいのかわかりません」とかいう人がいますが，おそらく疑問の持ち方に「正しい／正しくない」があると思っているのでしょう。だから，ここではっきりいっておきましょう。そんなものはありません。どんな疑問でも，自由に持てばいいのです。

　あるいは，社会学を読んで得た知識を，すべて自動的に疑問文にしてしまうという手もあります。これは簡単です。「なぜ」をつければいいだけですから。

なぜ少子化になったのだろう，とか，なぜフリーターが増えたのだろう，とか。ほかにも，「どうやって」といった疑問もあります。合計特殊出生率というのはどうやって計算するのだろう，計算に使うデータは誰がどうやって集めてくるのだろう，といったものですね。それから，「よそではどうなのだろう」といったものもあります。日本の少子化の様子はわかったけれど，米国では？ 韓国では？ 欧州では？ といった疑問ですね。また「昔はどうだったのだろう」といったものもあります。こういうふうに，いくらでも疑問を持つことができます。そして，一度持ってしまうと，どうしても解決したくなるというのが，疑問というもののおもしろいところであり（同時におそろしいところであり），だからこそ学問は疑問によって駆動されるのです。

さて，ところが残念なことに，そうやって持った疑問の多くは，その時読んでいる文章のなかでは解決されないでしょう。紙幅には限度がありますからね。そういう時は，参考文献として紹介されている著書や論文にあたってみます。ここで，疑問を持ったからこそ，別の文献を調べてみようという動機が発生していることに注意しておいてください。これはすごく大事なことです。

そうやって，読書の幅を広げていくと，知識が増え，それに伴って疑問も増え，また増えた知識によって疑問が解決され，といった循環的なプロセスで，社会学の知見はどんどんあなたのものになっていきます。ただ，覚悟しておいてほしいこともあります。それは，おそらく多くの疑問が，どれだけ勉強しても解決されないままにとどまるだろう，ということです。要するに，社会学の知見から発生する疑問のなかには，社会学者でもまだわかっていないこと，というのがたくさんたくさんあるのです。これは，社会学が人間の関る非常に広い範囲のトピックを相手にしていることもありますし，時代の先端でそれまで未知だった現象を扱っていることもありますし，人間とそれがつくる社会というものの，本来的な理解しにくさというものが存在するのかもしれません。いずれにしても，社会学は未解決の疑問であふれています。これはフラストレーションのもとにもなりますが，逆にいえば，新しい知見によって未解決だった疑問が解決された時には，強い知的興奮を味わうことになるでしょう。実はそれこそが社会学者を研究に駆り立てているものなのですが，もし新しい知見が出るまで待っていられないと，そう思うほど疑問が強くなったならば，それは

あなた自身が研究を始めるときです。先行研究をさらに調べ，社会調査法を身につけて，フィールドに出ていきましょう。

自分の知識を相対化する

社会学を勉強することによって知識を得る，知らなかったことを知る，といいましたが，ここで少し問題が出てきます。私たちは，社会学が扱っているトピックについて，全然知らないということはありません。むしろ，結構知っているはずです。例えば家族社会学という分野がありますが，私たちはある程度の年齢になれば，父親とは，母親とは，子どもとは，兄弟姉妹とは，彼氏彼女とは，といったことについて，かなりの程度知っています。知っているからこそ，父母に対し子どもとして，兄に対し妹として，彼氏に対し彼女として，振る舞うことができ，また相手の「不適切な」振る舞いを非難することができるわけです。知らなければそのようなことをできるはずがありません。

そこで，そうやって私たちがあらかじめ持っている知識と，社会学を勉強することによって得られる知識の関係がどうなっているのか，ということが気になってきます。これは，他の多くの学問分野では，あまり出てこない問題です。たとえば数学で「1＋1＝3」だと思っている人がいたら，その「知識」は間違っているだけです。それは，その知識の正しさを，人がどう思っているかということとは独立に確かめることができるからです。これは数学以外にも，すべての自然科学と，社会科学の大半について成り立つことです。ところが社会学の場合は，その本質的な部分において，それが成り立ちません。

日本の家族における親子関係のあり方はどうなっているのか，これを知りたいとしましょう。しかし，一体「正解」はどこにあるのでしょうか。実際に親子関係を営んでいる親とか子自身が「親子関係というのはこういうものだ」と思っているその「知識」と無関係に，まるで自然科学の対象のように親子関係が成立している，などとはいえません。私たちは，親子関係についてあらかじめ知っているからこそ，親子関係を営めているのですから。それに，社会学者の研究というのはどうやっているのかといえば，調査票を使うかインタヴューにするかといった違いはあっても，基本的には「人に聞く」というやり方をとっているわけです。研究対象である人びとがあらかじめ持っている「知識」を

前提にして初めて，社会学の研究は成り立っているのです。しかしそれだと，社会学の存在意義って何なの？　ということになってきそうです。知識は既に存在していて，社会学者はそれを教えてもらっているだけ，だとしたら。

　1つには，私たちの日常の知識って，なんとなく，ぼやーっと，漠然と持っているものだということがあります。それに対して，社会学の知識は，概念の用語法が（比較的）明確です。なんとなくの知識に，明確な言葉が与えられることで，その知識によって成り立っている日常世界が整理され，秩序化されます。社会学の概念で日常語になっているものというのは結構あって，例えば「カリスマ」というのは，もともとはマックス・ウェーバーというドイツの超大物社会学者が使った概念でした。最近だと「ニート」という言葉が専門家の手を離れて日常語になりました。これは学術的用法を置き去りにしてかなり独り歩きしている感はありますが，まあ，いずれにしても，名前を与えられるというのは非常に重要なことです。

　それから，日常の知識というのは，規範的な性格のものになってしまいがちです。それに対して，社会学の知識は，科学的知識一般がそうであるように，反証可能性に対して真摯です。修正すべきところがあったらすぐ修正できるような準備ができています。日常的な知識というのは，しばしば，例えば「父親というのは一家の大黒柱である」といった形をとっています。ここでは「大黒柱である」というのが「大黒柱であるべきだ」ということをほぼ含意していることに注意してください。社会学が科学である以上，こういう規範性を含意した命題を，そのまま科学的知識として採用するわけにはいきません。

　このような規範的知識に対して，社会学は次の二段階の手続きを踏んで相対化します。まず，たくさんの人に聞きます。すると，父親＝大黒柱という等式にあてはまらないような内容の「知識」も得られることがわかってきます。もし「父親とは〇〇である」というのが自然科学の命題だとしたら，正しい「知識」は1つですから，それ以外の「知識」は間違っているはずです。得られた様々な「知識」のなかから，正解を1つみつけて，不正解の「知識」を持っている人には，「あなた間違っていますよ」と教えてあげないといけません。しかし，社会学はそういうことはしません。

　その代わり，人びとの日常知識の多様性を許容するような，より一般的な概

念を,別の水準で立てるのです。上の例でいえば,「役割期待」という概念です。これは例えば,「父親」という役割に,人びとがどういう行動や態度を期待しているか,ということを記述するための概念です。簡単にいうと,「人びとの,父親役割への役割期待は○○である」という形で,「人びとは,『父親とは○○である(べきだ)』と思っている」ということを記述するわけです。これによって,たくさんの人から得られた,「父親」についての異なる複数の「知識」は,父親役割についての異なる複数の役割期待として捉え直されます。役割期待なら,互いに矛盾する内容のものが複数存在していてもかまわないわけです。社会学自身はそうして,その役割期待の分布のあり方とか,時代による変遷とか,他の(例えば「母親」についての)役割期待のあり方との関係とかについて,研究を行い,正しい/正しくないの議論を積み重ねていくことになります。以上が,社会学による,日常知識の相対化です。

では,そうして社会学によって相対化されることは,その日常知識の持ち主にとってはどんな意味があるのでしょうか。つまり,社会学を学ぶことで私たちの「知識」はどんな影響を受けるのか。残念ながら,この問いに対して,ここで確定的なことはいえません。実はそれ自体,社会調査法を用いて調べてみないと,学問的に正しいことはいえないからです。ここで,データの裏付けもないままに,「社会学を学ぶとこうなる!」などと断言してしまえば,それは社会学的には,社会学者(の一人としての私)が社会学に対して抱いている役割期待を吐露していることにしかならないでしょう。

とはいえ,自分自身の体験を踏まえて,またそこに理屈づけをしつつ,社会学を学んで得られる効果のようなものを仮説的に示すことは可能ですし,学問的な手続としても正当な第一歩です。そこで,少しやってみることにしましょう。

1つには,生活環境に対する柔軟な適応能力が得られるような気がします。社会的現象についての日常知識というのは,当人の生き方を縛ることがあります。男として,とか,長男として,とかいった形で,生き方の可能性を特定の方向に限るわけです。もちろん,それでうまくいっているうちはいいのですが,そうそううまくいかないのが人生でして,そうなった時に,自分の「知識」を役割期待の1つのあり方として相対化することができれば,生き方の可能性をひろげることもできるかもしれません。

それから，他人に対して寛容になれる，といった効果があるかもしれません。人間関係における問題は，役割期待の相違と，その相違の存在に気づかないことによって起こることが多いですから，役割期待という概念を学び，その多様性を知ることで，相手の生き方，振る舞い方に対して過剰な評価・介入をしなくてすむかもしれません。

最後に，上の2点にも拘らず，いや上の2点において可能性が拡張したからこそ，それまで感じなかった不自由を感じることがあるでしょう。自分の生き方を柔軟に捉えることができるようになり，また他人に対して寛容な態度をとることができるようになったがゆえに，自分の柔軟な生き方を許さない不寛容な他人の存在と，その種の固定的な役割期待に結びつき，それを基礎とした社会の仕組みが，突如としてみえてくるのです。自分にとって親密な，重要な他人ほど，自分に対して不寛容で拘束的であるように感じられます。

もちろん，一緒に社会学を学ぶことによって，また自分が得た知見をもとに説得をすることによって，相手も柔軟で寛容な態度を身につける可能性はあります。しかしその場合ですら，自分や相手を取り巻く社会的な仕組み，社会的な関係のために，「わかっちゃいるけどやめられない」とでもいうべき，歯痒い経験をする可能性は消えません。そこで私たちは，役割期待が単独で存立しているのではなくて，他の様々な期待や制度と複雑に結びついて，大きな1つのまとまりをなしていることを，否応なく感じることとなります。

科学的知識が日常知識に与える影響のことを，一般に「啓蒙」といいます。それは，通常の科学においては，正しい知識を示すことで間違った知識をただす，という形をとるわけですが，社会学における啓蒙は，日常知識を相対化するような視座を与えることによって，私たちの認識の可能性を拡張します。ところが，ここまで述べてきたように，それは，必ずしも個人の幸福に直結するとは限りません。独断のまどろみは心地よいものです。にもかかわらず社会学は目覚めを強いるのです。見開いた目に入ってくるものが，当人の人生にとって幸福や善をもたらすという保証はありません。むしろ，幸福とは何か，善き生とは何か，といったことを問い直さざるをえなくなるでしょう。そういう意味では，社会学はすごく危険な学問です。そしてそれこそが，社会学のいいようのない魅力であることを，社会学者の一人として，筆者は告白せざるをえな

いのです。

3　社会学を学ぶということ

■ あなたの社会学

　前節で述べたとおり，社会学の知識は，社会についての私たちの日常知識を前提にしています。このため，社会学を研究して知識を生み出す社会学者の側でも，また社会学を学ぶことで知識を享受する学生の側でも，本人がどのような日常知識を持っているかということが，学習による効果や，さらには研究のあり方にも強く影響してきます。

　それは要するに，社会学を学び研究することと，自分の人生を生きることとが，本質的な部分で切っても切り離せない関係にあるということです。もちろん，研究の成果は，研究者個人の経験に左右されないように標準化されて発表されますし，内容の妥当性も客観的に判断されます。しかしそれでも，どのような人がどのように学び，それによってどのような効果を得るのかという観点抜きに，社会学がどのような学問かを理解することはできないと思うのです。社会学とは近代社会の反省だという言い方がされることもありますが，これも同じことをマクロな水準で述べたものだといえるでしょう。

　男か女か，いま何歳か，出身は都会か田舎か，国籍はどこか，既婚か未婚か，子どもはいるか，学生か会社員か自営業かフリーターか無職か，大卒か高卒か，○○の経験があるか，などなど，人はきわめて多種多様です。そして，それぞれの立ち位置によって，当然，社会の見え方は異なります。社会についての「知識」，そしてその「知識」に対する態度が異なります。社会学というのは，そういう人間の多様性を実証的に明らかにする学問でもあるのですが，一方で，社会学を学ぶことによって得られる意義や効果もまた，その多様性によって多様でありうるわけです。

　だから，誰にとっても共通の，1つの「社会学」というものはどこにもない。私の社会学があり，それと全く同様に，あなたの社会学があるだけなのです。そこでは，あなたの人生経験と，それによって得た日常知識，あなたが社会学その他の学問から学んだ知識，それらの知識によって成立するあなたの日常世

界，それに対するあなたの疑問や葛藤，そこからあなたが社会学に求める知的な解決，社会学には期待できず，それゆえあなた自らが下すしかない実践的な決断，そういったものが，複雑にからみあって，危うい均衡を保ちながらあなたの人生を形成している。それが，社会学の唯一可能なあり方であって，要するにそれは，生きるということと同じなのです。

■ 社会学を学ぶための準備

　結局，例えば本書を読むといったような，いかにも社会学を勉強しているといった感じの行為は，社会学を学ぶという観点からすると，氷山のほんの一角にすぎません。それ以外の部分で学ぶための準備ができていなければ，本当に学んだことにはならないでしょう。ではその準備とは何か。それは一言でいえば，「真摯に生きる」ということに尽きると思います。

　日々を生きていると，様々な問題が現れてきます。そのひとつひとつに真摯に立ち向かうこと。自分や，自分の大切な人の人生がより善いものになるように，考え，行動すること。その基礎にあり，自分や自分の大切な人だけでなく，見ず知らずの人をも包摂する社会の仕組みにまで想像力を働かせ，より善い社会を構想し，行動すること。そうやって，希望と絶望の間を行き来しながら懸命に生きることが，ほかでもない社会学を学ぶ準備なのです。

　社会学者が本や論文の形で与えてくれるのは，標準化した匿名的で客観的な知識でしかありません。ところが読者の側で上のような準備ができているならば，その匿名的な知識が，途端に個別具体的な色彩を帯び，実践的な意義を持ち始める。それは，社会学の知見が，あなたの人生に有機的に組み入れられた瞬間を表すシグナルなのです。

　社会学を活かすも殺すもあなた次第。なかなかおそろしい結論が出てしまいましたが，しかしまずは，気軽に，でも真摯に，社会学の知見に触れてみてください。おやっ，と思ったところがあれば，そこで少し自分の生活を反省的に捉えかえしてみてください。それこそが，唯一正しい……とまではいえないかもしれませんが，非常に有意義な社会学の学び方だと，筆者は思っています。

> コラム

理論社会学と学説史研究

　実は筆者の専門は，理論社会学というか学説史研究なのですが，本文ではその内容についてほとんど書きませんでした。なぜかというと，初学者にとってはあまり意味がないからです。理論社会学というのは，簡単にいうと，社会学の全研究分野に共通の基礎理論をつくろうという試みのことです……が，今まで一度も成功したことがありません。やっている人もあまりいません。そういう共通の基礎がなくても，各研究分野は立派に発見を積み重ねていますし，各分野の内部で一定の理論化や仮説構築ができていますから，どうやら社会学では，共通の基礎理論というのはなくても大丈夫なようです。

　それでも，社会学という１つのまとまりが存在する証がほしいという欲求はあって，そういう時には（理論社会学がその役に立たないので）共通の先祖を参照することになります。だいたい19世紀末から20世紀初頭に活躍したドイツのマックス・ウェーバーとかフランスのエミール・デュルケムとかが，今の社会学の礎石を築いたとか，社会学はその時代からあまり進歩していない（！）とかいわれたりします。こういう古典の文献研究を主とするのが学説史研究です。しかし，100年くらい前の人たちですから，別に読まなくても，最新の社会学を理解するのに問題はありません。

　米国のタルコット・パーソンズは理論社会学の大物ですが，学説史研究と理論研究を組み合わせたすごい議論を展開しました。デュルケムとかウェーバーの理論が，一つのゴールをめざして収斂しているというのです。しかも，そのゴールに位置しているのが自分の理論なのです。パーソンズは自分の社会的システム理論を，共通の基礎理論に据えようとし，一瞬成功したようにもみえましたが，一時的かつ局所的な現象に終わりました。それも，もう半世紀も前の話です。

　理論社会学で現在の流行りは，ニクラス・ルーマンの社会的システム理論で，これが筆者の専門です。あらゆる社会的単位を，コミュニケーションを可能にし，そのコミュニケーションによって再生産される社会的システムとみなす彼の一般理論は，その野望の大きさとか，なかなか魅力的だと思うのですが，きちんとした検討はまだまだこれからです。もちろん，ルーマン理論がダメでも，現在進められている各分野の研究には影響はありません。しかし，もしかしたらルーマン理論をもとに，社会学の統一理論ができるかもしれない，という根拠のない期待感は持ってしまうのです。

　まあ，この辺はもう趣味の世界ですから，初学者のみなさんはこういうのにまぎらわされることなく，社会調査法をきちんと身につけ，実証的な研究から多くを学んでほしいと思います。

推薦文献

　本書を読み終わったら，次の一歩として，一人の著者が一冊まるまる書いた社会学の入門書を何冊か読んでみましょう。社会学研究の多彩さのなかに〈一本スジを通す〉ための知的工夫を楽しむことができます。

宮台真司『14歳からの社会学――これからの社会を生きる君に』世界文化社，2008年
　――社会学の知見が，社会で〈生きる〉ためにどう役立つのか。1つの立場が明確に示されています。

稲葉振一郎『社会学入門――〈多元化する時代〉をどう捉えるか』NHK ブックス，2009年
　――社会学を「近代の反省」として，近代社会それ自体の構成要素として捉える理論社会学入門です。

竹中均『自閉症の社会学――もう一つのコミュニケーション論』世界思想社，2008年
　――自閉症という〈特殊〉を足掛かりにすることで，〈普通〉の社会の〈特殊〉さを浮き彫りにするユニークな理論社会学入門です。

第3章

社会と集団
　　──社会の生まれ出づるところ──

　　　　　　　　　　　　　　　　　　　　　　　　　周藤　真也

　本章では,「社会」と「集団」について，最も基礎的なことがらを論じます。「社会学」という学問は，字義どおりにとれば「社会」を対象にする学問であるようにみえます。「社会学」に対するこのような素朴な理解は，必ずしも間違っているわけではありません。しかしながら，そこには，往々にして重大な勘違いが含まれることがあります。そして，このことがわかるかどうかが，社会学という学問を真に理解できるかどうかの「分水嶺」になっていると筆者は考えています。

　本章では，このことがらを「集団」を題材に論じていきます。「集団」は,「社会」を考える上での一つの材料になります。「集団」はそれそのもので即「社会」となるわけではありません。「集団」はどのような条件のもとで「社会」になりうるのか，こうした「集団」と「社会」との違いに目を向けることは，「社会」というものを理解する上で肝要になります。

1　「社会」はどこにあるのか？

　「社会学」という学問が，仮に「社会」を対象にする学問であるとしても，その「社会」とはどこにあるのでしょうか？
　私たちは「社会」というものをイメージする時いくつかのパターンがあります。政治や経済，文化といった社会的機構（メカニズム）を考える人，組織や集団といった（具体的あるいは抽象的な）人の集まりを考える人，私たちが日常的な実践を行うこの世界が社会なのだと考える人，国家や世界社会といったものを考える人，あるいはただ漠然として「全体社会」的なものを考える人もい

るでしょう。「社会学」が「社会」を対象にする学問であるとしても，その「社会」にはこのようなバラエティがあるのです。

　では，「社会」というものを「集団」との関係に限って考えてみるとどのようになるでしょうか。「集団」というものが，複数の人間から構成されるというのは，おそらく異論はないところでしょう。それでは，どのくらいの数の「個人」の集合で，「社会」は成り立つのでしょうか。

　これにはいくつかの考え方があります。1つは2人までは「社会」というのは成立しておらず，三者関係が成立してはじめて「社会」が成立するという考え方です。あるいは，別の考え方によれば，「社会」というのは，数人を超える集団においてはじめて成立するといいます。しかしながら，重要なのは，何人から「社会」が成立するということではなく，どのような状態において「社会」というものが成立していると考えられるのかということです。

　二者関係と三者関係の違いに着目した社会学者としてジンメル（G. Simmel）の名前を挙げることができます（Simmel, 1908）。ジンメルによれば，二者関係では，関係性の維持において互いが互いに依存するほかなく，親密性をもつと共に関係が不安定であるといいます。それに対して，第三者の存在は，個人と個人との関係を超えて，「全体」を維持するために，より強い結合を持つことがあることに着目します。例えば，子どもができることによってより強く結びつくことになる夫婦といった事例がこれにあたりますが，その時には，もはやそれまでの二者関係での濃密な結びつきは不可能になっていることに注意しなければなりません。こうしたジンメルの三者関係への注目は，「支配」をめぐる議論にもみられ，対立する二者に対する仲介・仲裁者として第三者が，支配的な力を持つことになる場合があることを論じています。

　その一方，数人を超える集団においてはじめて「社会」が成立するという考え方は，個人的な関係性を超えた集合的な表象として他者を扱わなければならなくなるとき，「社会」が生まれるという考え方です。こうしたタイプの議論として知られているのはドイツの社会学者ウェーバー（M. Weber）の都市の定義についての議論です（Weber, 1921）。ウェーバーは，都市を「住民相互間の相識関係が存在しえないような大集落」と定義しますが，そこでみられるのは，集団の各メンバー間の個人的な関係性にはとどまらない（あるいは個人的な関係

性では認識できない）関係性を含み込んだ集団のあり方です。例えば，私たちはお金を持って店に行けば，しかるべきお金と引き換えで商品を引き渡してもらえる（通常このことを私たちは「売買」と呼びます）であろうことを信頼しています。その店のレジ係とは，面識がないし，初対面であるにも関らず，なぜ私たちは商品を売ってもらえるのでしょうか。そこには，個人的な関係性にはとどまらない何らかの仕組みがあると考えざるをえません。私たちは，それを「社会的仕組み」と呼ぶのです。

　重要なことは，これらの議論に共通するのは，単純な個人間の関係性とは異なった水準の関係性が発生する時に「社会」の成立をみていることです。三者関係に着目する時には，第三者とはそれまでの二者とは異なった水準の存在であることに注意する必要があります。すなわち，そこでの第三者は二者関係に重大な影響を及ぼす特別な存在であって，それまでの二者とは同等な位置づけは持っていません。

　このように「社会」とは，個人の集合に対して，それを超えた何ものかが創発するときにはじめて成立するものであると考えられるのです。このことは，「社会」が単なる個人の集合としての「集団」には還元されない何ものかであることを示しています。

　しかしながら，ではその「社会」はいったいどこに存在するのでしょうか？私たちは，「社会」というものを，人や物といった実在物と同等なものとしてさし示すことはできません。「社会」は目にみえません。先に示したように，私たちが「社会」といわれて具体的にイメージするものは，「社会」というものの抽象度と比較して相対的に具象的な組織や集団，日常世界や国家であったりします。むしろ私たちは，そうした「社会」にまつわる具象的なものの先に「社会」というものをみているのです。そうした意味において，「社会」というものは，具体的にさし示すことができる実在物であるというよりも，私たちの想像のなかにしか存在しないもの，つまりいわば私たち一人ひとりの心のなかにしか存在しないものであると考えられるのです。

2　社会学における集団論

　それではこのような「社会」という概念は，歴史的にみるとどのようなところから必要になったとみることができるものでしょうか。このことを社会学における集団についての議論を参照することによって，考えていくことにしましょう。

　社会学における集団についての議論は，近代というものをどのように考えるのか，ということと密接に結びついています。例えば，テンニース（F. Tönnies）が提起した「ゲマインシャフト」と「ゲゼルシャフト」という対比は，人間の結合が，愛情や相互理解に基づいた有機的な人間の結合としての「ゲマインシャフト」から，利益や契約関係といった人為的結合を中心とした機械的な結合を特徴とする「ゲゼルシャフト」に近代化とともに中心を移すという議論です（Tönnies, 1887）。また，マッキーヴァー（R. M. MacIver）が提起した「コミュニティ」と「アソシエーション」との分類は，人間生活の全領域にわたって関心をもつ「コミュニティ」が拡大し，その内部において，特定の利害関心に基づく「アソシエーション」が分化することによって社会が進化すると考えるものでした（MacIver, 1917）。

　こうした集団論は，「ゲマインシャフト」から「ゲゼルシャフト」へ，「コミュニティ」から「アソシエーション」へという形での，積み重なった過程として，社会の歴史としての「近代」を捉えるものであると共に，個人の歴史の議論として私たちの経験とも重なってきます。血縁・地縁といった出自や属性をもとにした直接的な情緒的結合を出発点とするクーリー（C. H. Cooley）の「第一次集団」という概念に対して，特定の利害関心に基づいて人為的に組織され間接的な接触しか存在しない「第二次集団」を位置づける議論は，個人にとって基礎となる集団から超え出ることを通して，それぞれの〈私〉（ひとりひとりの人間）が形づくられることを示す個人の成長と社会化の物語にもなっています。

　こうした個人の歴史，つまり社会化の過程において個人がものの見方や態度を形成したり変容したりする際に参照されるのが「準拠集団（reference group)」です（Marton, 1957）。マートン（R. K. Merton）は，準拠集団の機能として，個人が自己や他者を評価する際の判断基準となるだけでなく，その集団に受容されたいと考える個人が，その集団の規範を先取りすることがあることに注目しました。例えば将来，医療や福祉の現場で働きたいと考えている人が，一般の人に比べて生命の尊厳に対して敏感であったりするのは，医療や福祉の現場で必要とされる職業倫理を先取りしていると考えることができます。

以上のような社会学の集団論に共通するのは，時間的に先行する集団類型と後続する集団類型とを区分し，それを前近代／近代という社会の歴史における区分，あるいは一次的社会化／二次的社会化という個人の歴史（子どもの成長，社会化過程）における区分に対比させると共に，後者のほうにより強く「社会」なるものを見出すことです。こうした考え方にしたがえば，「社会」なるものの成立は，後者の出現によって初めて可能になったと考えられます。というのも，後者の関係性において初めて，前節で説明したようなそれまでの単純な個人間の関係性とは異なった水準の関係性が発生したと考えられるからです。

たしかに，家族や民族や村落などの「基礎集団」に対して，学校や病院や企業などの「機能集団」は，それまでにはなかったすぐれて近代的なものであり，そこに着目したくなるのはよくわかります。そしてそうした新たな集団の形態に対して，「社会」を等価なものとして位置づけることも魅力的です。しかしながら，「社会」というものの認識においては，これだけではまだ不十分であるといわざるをえません。というのも，近代に成立する「機能集団」を「社会」と等価なものとみなすとき，「基礎集団」もまた「社会」とみなしてそこに個人的な関係性とは異なった水準の関係性を見出すことができるからです。

3　大衆社会の集団論

ともあれ，ここではしばらく近代に特有の集団の形態を社会と等価なものと仮定して考えていくことにしましょう。前節でみたように，社会学における集団論において，近代的なものとして位置づけられた類型の集団に特徴的なのは，特定の利害関心に基づいた個人の集合という観点で捉えられることにおいてです。しかしながら，重要なことはそうした集団＝社会は，「全体社会」という

ものを考えた際，そのなかの一部のメンバーによって構成される「部分社会」であるか，「全体社会」が一部のメンバーによって構成されるものであることを示すことになってしまいます。すなわち，様々な人間が様々な利害関心のもとに集まっている「全体社会」になると，「ゲゼルシャフト」や「アソシエーション」といったあり方は，ほとんど不可能であるとも考えられるのです。

　ここで，こうした「全体社会」に比較的近いものとして「国家」という集団を考えてみたいと思います。テンニースもマッキーヴァーも国家というものを「ゲゼルシャフト」や「アソシエーション」として位置づけています。たしかに国家というものは，組織化されていますが，必ずしも人びとが共通の利害関心のもとに集まっているとは限りません。近代の国家は，様々な階級・階層の人びとから成り立っており，例えば資本家階級の人びとと労働者階級の人びとの利害が一致することはまれであるといわざるをえないでしょう。それでもなおかつ，彼らが一つの集団として，国家というものを維持しているとするならば，そこには共通する主題，例えば地理的な同一性（同一の地域に住んでいること）や，民族・文化的な同一性などを見出さなければなりません。

　注意しなければならないのは，近代のものとして掲げられる「アソシエーション」といった集団類型が，多分に「社会契約説」を前提とした観念になっているということです。すなわち，そこで想定され描かれる個人とは，特定の利害関心に基づいて個人が主体的に集まってくると共に，その集団に対して個人は主体的に参加し，またその集団に対して積極的に貢献することが想定されるものとなっています。こうした個人と集団との関係性は，集団＝社会というものが個人の意志によって形づくられるものであるという認識を強く持つものです。そうした意味において，そこでは集団＝社会は，人間によって意志的に形づくられ，操作され，また操作できうるものとして考えられています。

　こうした近代の集団に対する考え方は，非組織集団の類型では，タルド（G. Tarde）が示した「公衆（public）」の概念に対応しています（Tarde, 1901）。集団を組織性の度合いにより組織集団と非組織集団に分類したのはソローキン（P. A. Sorokin）ですが，①共通の目標・目的，②地位・役割の分化，③規範・規則の存在を組織集団の特徴として挙げています。それに対し，そうした特徴を持たないのが非組織集団ということになりますが，なかでも「公衆」は，19

世紀の市民社会を形成した市民（ブルジョアジー）に相当しており，空間的には散在していても共通する争点と問題意識を持っており，新聞を始めとするメディアを通して理性的に討論し世論を形成する合理的存在であると位置づけられています。

　ところで，重要なことは，こうした「公衆」によって位置づけられる19世紀の市民社会というのは，社会のなかの一部のメンバー（つまり資本家階級＝ブルジョアジー）のみによって構成されていたということです。近代社会の成熟において，自らが積極的に社会を構成するというあり方は，すべての階級・階層の人びとに浸透していきます。こうして出てくる20世紀以降の大衆社会状況において，▶大衆（mass）は公衆からの偏差として表れてきます。すなわち，大衆は起源としては公衆と同様に理性的に合理的に主体的に社会を構築していく存在として位置づけられつつも，すべての階級・階層の人びとが社会のメンバーになることによって，もはや共通の利害関心のもとに共通の目標を持つことは困難になってきます。そうした大衆社会状況においては，例えばある程度の共通の目標が設定できたとしても，すべての人びとがその課題に対して高い関心を持って主体的に関ることは困難になります。つまり，大衆社会を構成するメンバーは，全員が理性的に物事を考える合理的な存在であるということはありえないと帰結せざるをえないのです。

　大衆状況が出現することによって，ジャーナリズムも変質します。公衆による議論の媒体として出現した新聞などのメディアは，大衆に対して一方的に情報を供給するマスメディアへと変質していきます。人びとはそれぞれが何らかの領域に対して精通することはあるとしても，すべての領域に対して精通することは不可能です。社会は分化し，またそのことで専門家あるいは専門家集団は存立可能であると共に，マスメディアは限定的に擬似的な議論の媒体として

▶**大　衆**
　公衆や群集とならぶ非組織集団の類型の1つ。空間的に接近したなかで集合行動をとる群集に対して，大衆は空間的に散在し間接的に接触する様々な属性や背景を持つ多数の匿名者です。このような大衆は，20世紀に入ってマスメディアの受け手となると共に大量の商品の消費者となり，その衝動性や受動的・非合理的性格と，エリートやマスメディアからの操作されやすさが批判されたが，高度消費社会の進展において，今日ではかつてのような明らさまな大衆批判は影を潜めるようになっています。

市民社会的な機能を果たしていきます。例えば、マスメディアは、特定の主題を取り上げることを通して、それが社会的な主題であることを社会に植え付けていくのです。

こうしたことからわかることは、現代社会において考えなければならないことは、前節でとりあげた「アソシエーション」のような近代的な集団の形態はすぐれて原近代的なものであると共に近代における社会構築の理念となってしまっていることです。それは、社会をアソシエーションと等置し、そうした社会＝集団の操作性に社会を見出します。しかしながら大衆社会状況を考えると、社会＝集団のその先にも「社会」は見出すことができるのです。言いかえれば、「社会」というものが主題に基づいた人びとの結びつきから想像されるという原近代性を負いつつ、そうした結びつきの不可能性や、その先に見出される人びとのありかたにおいても、「社会」というものは見出されるのです。

4　アソシエーションとコミュニティの交錯

再びテンニースの議論に戻ることにしましょう。「ゲマインシャフト」と「ゲゼルシャフト」を対比させたテンニースは、「ゲゼルシャフト」というものが人間疎外▶を引き起こすとし、それを乗り越え全人的なあり方を回復させるものとして「ゲノッセンシャフト」というものを提起しました。それは相互扶助的な労働組合運動を意識したものでした。あるいは、マッキーヴァーの「アソシエーション」概念にも同様に相互扶助の観念と労働組合運動への意識が含み込まれていることが知られています。

こうしたことからわかることは、こうした近代の集団形態の概念に共通にみられるのは、前近代との質的な差異性を見出すと共に、近代の集団形態を人間

▶疎　外
　人間の精神活動によって生まれた観念や労働活動によって生まれた生産物に代表的なように、人間の活動によって生まれたものが、独立して活動をし始めることによって、逆にそれを作り出した人間に対して、支配するような疎遠なものとして現れること。そうした力は人間の労働や精神的な活動を人間であることの根拠とする時、個人個人に対して強い疎外感を引き起こします。ここでは、利害関心に基づいて形成された集団（アソシエーション）が、逆に人間にとって疎遠なものとして感じられるものになることです。

疎外を引き起こすものとして位置づけることです。そして，これらの概念では，そうした人間疎外の問題を相互扶助的なあり方でもって近代のその先で解消することが目論まれていました。

しかしながら，そうした人間疎外を解消するものとして，もう1つ「ゲマインシャフト」や「コミュニティ」的なものを回復させるという方向が考えられます。

テンニースやマッキーヴァーは，国家というものを「ゲゼルシャフト」や「アソシエーション」という枠組みで捉えましたが，逆に国家を「コミュニティ」という枠組みで捉えた人物としてアンダーソン（B. Anderson）を挙げることができます。

アンダーソンは，近代に登場する「国民国家（nation-state）」という国家のあり方を「想像の共同体（imagined community）」として捉え，国民という感情が人びとの心のなかにどのようにして生まれ，世界的に普及するに至ったのかを議論しています。国家が国民によって構成されるということは，あたりまえのように思われるかもしれませんが，国民が主体的な立場で国家の構成に関るようになったのは，市民革命以後のことです。国民国家は，近代の国家構築における理念です。民族的なまとまりを持った地域性に基づいて国家は建設されると共に，国家を民族単位によって統一しようとする▶ナショナリズムの運動へとつながっていきます。この運動は，南北アメリカ諸国の独立に端を発しますが，ヨーロッパに導入された時，国民的出版語が重要な意味を持ち，ナショナリズムは民衆の言語ナショナリズムとして現れました。15世紀に発明されていた金属活字による活版印刷技術は，大量の書物を人びとに行き渡らせることを可能にすると共に，さまざまな方言の広がりがあったヨーロッパ世界を少数の出版語に分割していきました。そして，近代中央集権的な学校教育制度において，そうした出版語は「国語」として教え込まれるだけでなく，何をどのよう

▶**ナショナリズム**
　民族や国民という観念を用い，その統一や独立，発展を希求する意識や運動。生まれ育った土地やその土地の文化伝統に対する愛着や一体感といった郷土愛をベースにしつつも，それが抽象的な実在としての国民国家に向けられるようになったのは近代社会になってからのことです。

に教えるべきであるかについて教科書を始めとする印刷物によって流通することを通して，国家という均質な広がりを一般の人びとの実感としても可能にすることに成功しました。

　今日国家というものは，私たちのアイデンティティにも関るようになっています。例えば，日本人であると思ったり，スポーツイベントにおいてナショナル・チームを応援したりするといったことがらは，国家というものは私たちの出自や属性に関ったものであるという認識を示しているでしょう。このように，国家というものが私たちの基礎集団にかわるものとして，位置づけられている時，国家はむしろコミュニティとして機能しているのです。

　しかしながら，国民国家を可能にするナショナリズムは，実際には様々な民族が混淆して定住しているところに無理矢理区分けをしようとするあり方ですので，必然的に様々な民族同士の衝突や多数民族による少数民族の支配を生ずる要因にもなっており，今日においてもまだなお，絶えることのない民族紛争を引き起こすところとなっています。それと共に，近年，国民国家の内部において，その成立の過程で境界周辺において包摂された人びと（例えば，沖縄やアイヌの人びと），政治的・経済的事情により定着したエスニック・グループ（例えば，在日韓国・朝鮮人や，日系ブラジル人）に注目が集まっています。かつて「日本は単一民族国家である」という「神話」がありましたが，国民国家というものも決して「一枚岩」ではないことが示されるようになっています。

　こうした国家の例でわかることは，疎外の議論でもあったように「アソシエーション」は「冷たい社会」であるということです。人間は誰しもそうした「冷たい社会」だけでは生きることができず，人間同士のふれあいといった温かさを求めたりします。例えば，「企業戦士」たちが，家庭よりも企業のほうに自分のより所を求める時，そこでは企業のほうにコミュニティ的なものをみてとっているからにほかなりません。私たちは，「アソシエーション」的なものを「コミュニティ」と取り違えたり，「アソシエーション」の先に「コミュニティ」的なものを見出したりすることを通して，人びとは生きることを示していると受けとれましょう。

　以上，国家を事例に考えてきましたが，このことは，社会というものもまた「想像の共同体」としての性質を持っており，「コミュニティ」としての性質を

想像的に取り込んでしまうことを意味するかもしれません。例えば，「アソシエーション」というあり方を考える時，利害関心の下に人びとが集まるだけでなく，その集団に対して主体的に関りその集団の存続に貢献する個人が見られるのは，成熟した近代社会の組織に対して，まさにそうした原近代的なあり方が人間的，「コミュニティ」的なものであるからにほかならないのです。こうした意味において，「アソシエーション」的なものを「コミュニティ」と取り違えたり，「アソシエーション」の先に「コミュニティ」を見出したりすることを通して生きる時，近代的なもののなかに前近代的なものを見出しているとみることができるでしょう。私たちが社会というものを考える時には，目にみえる集団の形態にとらわれるのではなく，集団あるいは集団との関りのなかで，人びとは実際にどのように生きているのかという人間のあり方に目を向ける必要があるのです。

5　医療や福祉の現場を考える

　最後に，医療や福祉の現場における集団というものを考えてみましょう。
　例えば，医療や福祉の現場は複数の専門職あるいは非専門職から構成されています。専門職として思い浮かぶのは，医師，薬剤師，看護師，診療放射線技師，臨床検査技師，理学療法士，作業療法士，放射線技術士，社会福祉士，介護福祉士などの国家資格を持った専門職たちです。これらの資格の多くは，その資格を持っていなければ特定の業務をすることはできない業務独占資格ですが，社会福祉士，介護福祉士，理学療法士，作業療法士のように，その業務自体は資格を持っていなくても行うことはできますが，その名称そのものは有資格者にしか名乗ることができない名称独占資格もあります。
　専門家集団は，特定の利害関心のもとに集団が形成されますので，アソシエーションであるようにみえますが，それ以前に，ギルドとしての性質を持っています。ギルドとは，ヨーロッパの中世都市において，商工業者の同業者組合として成立した団体組織ですが，自己の営業上の独占権を主張し保持することを目的に持ちます。例えば，上述した専門職によるいくつかの同業者団体は，有力な政治勢力として機能していることはよく知られています。

医療や福祉の現場は，こうした専門職同士がそれぞれの専門領域を超えて合議によって意思決定を行う「合議制アソシエーション」が成立します。しかしながら，今日医療や福祉の現場では，患者や利用者といった当事者もまたそれらの集団の構成員として考えることが広がってきているように思われます。例えば，専門家と素人のあいだには，専門知識において圧倒的な格差があります。素人である当事者は「無知」であり専門的な立場から「正しい判断」を下すことができないと考えられるため，専門家からパターナリスティックな介入や干渉が起こりやすくなります。こうしたなかで当事者の自己決定権をいかにして確保するのかという主題が生まれる時，「インフォームドコンセント」の考え方が生まれます。

こうした当事者を含めた医療や福祉の現場の構成は，前節までで述べてきた議論とどのように関連させて論じることができるでしょうか。専門家という一部の人びとによってその集団が形づくられていたという認識から，当事者という一般の人びともその集団のメンバーに含める時，そこでは一見すると市民社会から大衆社会への移転と比較することができるように思われます。しかしながら，例えばインフォームドコンセントという考え方にみられるのは，当事者もまた「アソシエーション」のメンバーであることを期待するあり方であり，そこでは専門職によって構成されていた集団からの変質が求められます。このように，医療や福祉の現場を考える時，前節までで述べた社会学の集団論を応用して考えることによって，深い洞察を得ることができるのです。

以上，本章で社会と集団について議論をしてきました。繰り返しになりますが，政治や経済や文化，組織や集団，生活世界，国家や世界社会，あるいは「全体社会」をただ単純に捉えているだけでは社会に迫ることはできず，社会学にはなりえません。そこで起こっていることの真相に迫り，「一般的なものの見方とは異なった見方で物事を眺める」ところに社会学の真髄があるのです。

> コラム

方法論的集合主義 (methodological collectivism)

　方法論的集合主義という語は，社会学では，方法論的個人主義と対比され，また社会実在論と社会唯名論の対立と重ね合わされて理解されてきました。すなわち，方法論的集合主義とは，全体はそれを構成する部分や要素の総和を超えた独自の性質を備えた客観的実在であり，部分や要素に還元するのではなく独自の実在として包括的に説明しなければならないという立場から研究することです。社会という対象であれば，社会を構成する諸個人には還元されない独自の実在であるとする，社会実在論的な立場がこれに相当しています。

　この概念は，社会学においては，デュルケムとウェーバーの対比として用いられ，社会的事実を社会的行為に還元するとされるウェーバーの社会学の議論を方法論的個人主義とおいてきました。しかしながら，このような多くの社会学の教科書でとられてきた考え方は，不正確であるか，端的に誤っているといわざるをえません。

　フランスの社会学者エミール・デュルケムは，「社会」というものを「個人」や「集団」には還元されない独自の実在として位置づける一方で，その「社会」というものを，なおかつ意識のなかにしか実在しないものとして置きます。デュルケムのこうした考え方は，むしろ「社会唯名論」に近いのです。

▌引用・参考文献

Anderson, B. *Imagined Communities: Reflections on the Origin and Spread of Nationalism*, 1983（白石隆・白石さや訳『想像の共同体』リブロポート，1987年）

MacIver, R. M. *Community: A Sociological Study*, 1917（中久郎ほか訳『コミュニティ』ミネルヴァ書房，1975年）

Merton, R. K. *Social Theory and Social Structure*, revised ed., 1957（森東吾ほか訳『社会理論と社会構造』みすず書房，1961年）

Simmel, G. *Soziologie*, 1908（居安正訳『社会学』上・下，白水社，1994年）

Tarde, J. G. *L'opinion et la foule*, 1901（稲葉三千男訳『世論と群集』未來社，1964年）

Tönnies, F. *Gemeinshaft und Gegellschaft*, 1887（杉之原寿一訳『ゲマインシャフトとゲゼルシャフト』岩波文庫，1957年）

Weber, M. "Typologie der Städte", *Wirtschaft und Gesellschaft*, 1956（世良晃志郎訳『都市の類型学』創文社，1964年）

▍推薦文献

Durkheim, É. *Le suicide: Etude de sociologie*, 1897（宮島喬訳『自殺論』中公文庫，1985年）
——社会学の古典として名高い書物であるが，自殺について論じられた書物として単純に読むのではなく，デュルケムがどこでどのようにして社会なるものを発見したのかという観点で読んでもらいたい。

大澤真幸『ナショナリズムの由来』講談社，2007年
——アンダーソンの『想像の共同体』の議論を踏まえ，1980年代後半以降の新たなナショナリズムのうねりを「最後・後の波」として捉え本格的に論じた大著。

第4章
国家と社会
―― 変わりゆく国民国家 ――

烏谷　昌幸

　オリンピックやサッカーのワールドカップ，野球の WBC を観戦するというのは楽しい経験です。日本代表チームが劇的な勝利を収めようものなら日本中大騒ぎになり，祭り特有の高揚感を味わうことができます。このことは，多くの人々が日本人，日本国民であることを自らのアイデンティティの重要な一部として生きていることを物語っています。この意味において，いまなお私たちは国民国家の時代を生きているといえます。本章では，「国民国家」とはどのようなものかについて概観し，私たちの生活の土台を形づくっているこの政治的枠組みが現在どのような変化のなかにあるのかを素描します。

1　国民国家とは

▍国民国家に覆われた世界

　現在世界にはおよそ200もの国が存在します。世界地図を広げると無数の国境線が走り，それぞれの国家の領土が示されています。世界地図をみる限りでは，人類のほとんどすべての人が国家を単位としてそれぞれの生活を営んでいるようにみえます。これは一見あたりまえに思えることかもしれませんが，大変画期的なことです（福田，1978）。20世紀の前半にまで時間をさかのぼれば，アジアやアフリカの広大な地域が欧米や日本の植民地であったことが思い起こされます。自分たちの国家を持ちたくても持てない人たちが大勢いたのです。
　第二次世界大戦後，アジアやアフリカの各地で植民地からの解放が進みました。新しい国家が次々と誕生し，今日のような世界地図ができあがってきました。いまや政治的に安定し経済的に豊かで福祉が行き届いた国から，社会秩序

が崩壊し，最低限度の治安維持すらおぼつかない国に至るまで，同じ国家という概念のなかに含まれるようになりました。ひとくちに国家といっても，その内実はおそろしく多様になっています。国家の性質の多様化は，国家を論じる問題意識の多様化につながっています。本章で取り上げる国民国家をめぐる議論だけに限っても，どの地域のどの時代に焦点をあてるのか，また議論しているのが歴史学者なのか，社会学者なのか，政治学者なのか，国際政治学者なのかによって議論の力点が変化してきます。

さて，現在の地球上を覆い尽くしている国民国家と呼ばれる政治的単位は，ここ200数十年ほどの間に発展を遂げてきたもので，人類の長い歴史からすればまだまだ新しいものです。西欧でいえばフランス革命の起きた18世紀，日本でいえば19世紀の明治時代以降にできあがってきたものです。国民国家（nation-state）という言葉は「国境線に区切られた一定の領域から成る，▶主権を備えた国家で，その中に住む人々が国民的一体性の意識を共有している国家のこと」と定義されます（木畑，1994，4頁）。ここでは国民（nation）とは何かという点から考えていく必要があります。

▌ネーションとはなにか

国民という日本語は，英語のネーション（nation）に該当しますが，この英語は「民族」という日本語に訳されることもあります。国民と訳すほうが適当な場合と民族と訳すほうが適当な場合があるのです。民族という言葉は，ネーションの文化的共同体としての側面を強調する場合に使用されます。つまり言語，生活様式，宗教などを共有し，同一の先祖を持つ血縁集団としての同胞意識をもとに国家を建設した人間集団をさす言葉が民族であるといえます。これに対して，国民という言葉は，ネーションの政治的共同体としての側面が強調

▶主　権

主権という言葉は，政治的統治に関する最高の権力を意味するもので，少なくとも次の2つの含みがあります。第一に他国との関係においては，独立した国民国家が外部から加えられる干渉を排除する権利を持つことを意味します。第二に国内の文脈においては，特定の領土内に住む住人に対して，共同生活のためのルールを設定する権利を意味します。国民国家という場合，そのルールを設定する力の源泉があくまでも国民の側にある（国民主権）という含みがあります。

される場合に使用されます。国民とは，ある特定の国家に所属し，同一の国籍や市民権を保有する人びと全体をさす言葉です。国民概念には，共通の法のもとに生きる市民たちというニュアンスが含まれているのです。

　歴史的にみれば，最初に登場したネーションの考え方は，後者でした。「自由・平等・友愛」をスローガンに成し遂げられたフランス革命においては，「人権宣言」（正式には「人間および市民の権利の宣言」1789年8月26日）のなかで，「あらゆる主権は国民に由来する。いかなる団体も個人も，そこから生じたことがあきらかでない権威を行使してはならない」という国民主権の原理が謳われました。国家を私物化する特権層に対して蜂起した市民たちが，自らを国民とし，最高の権力（主権）の源泉は自分たちの側にあると主張したのです。このように文化的属性に頼らず政治的，法的理念を前面に押し出してネーションとしてのまとまりをつくる方法は，アメリカ合衆国のような多民族国家においても採用されてきたものです（関根，1996）。

　これに対して同じ西欧の国でもドイツの場合では事情が異なり，「同じドイツ語を話すドイツ人」という文化的絆が強調されました。フランスでは既に確定されていた領域のなかで国王の主権を国民の側が奪い取る形で「国民・国家」が生まれたのに対して，ドイツの場合は同じ言語を共有し，血統を共有するドイツ民族が国家統一を成し遂げるという道筋を辿って「民族・国家」が建設されたのです。小さな領邦国家が群雄割拠し，国家の領域すら明確ではなかったドイツにおいては，分立する諸勢力を同じ言語，同じ祖先という民族意識を覚醒させることでまとめあげるという選択がとられたのです（谷川，1999）。

■ ネーション形成の前提

　ネーションの歴史的，文化的起源を厳密に探ろうとすれば，近代社会以前にまで古くさかのぼらなければなりませんが（スミス，1999；吉野，1997），ここでは，以上のようなネーションというまとまり方について，いち早くその必要性を感じて行動した一部の開明的な人間と普通の人たちとのズレの問題に注目したいと思います。言語を共有する人びととでまとまるべきだと考えたドイツの場合でも，共通の市民的理念のもとにまとまるべきだと考えたフランスの場合でも，一部の政治的指導者層の意識の覚醒と普通の人びとの意識との間にはズレ

表 4-1　国民統合の前提と諸要素

1	交通（コミュニケーション）網／土地制度／租税／貨幣・度量衡の統一／市場	←経済統合
2	憲法／国民議会／（集権的）政府・地方自治体（県）／裁判所／警察・刑務所／軍隊（国民軍, 徴兵制）／病院	←国家統合
3	戸籍・家族／学校・教会（寺社）／博物館／劇場／政党／新聞（ジャーナリズム）	←国民統合
4	国民的なさまざまなシンボル／モットー／誓約／国旗／国歌／暦／国語／文学／芸術／建築／修史／地誌編纂	←文化統合
5	市民（国民）宗教・祭典（新しい宗教の創出, 伝統の創出）	

出典：西川, 1999年, 43頁（一部筆者修正）。

がありました。

　かつてベネディクト・アンダーソンは、『想像の共同体』においてネーションが「イメージとして心に描かれた想像の政治共同体」であるという有名な定義を打ち出しました（Anderson, 1991）。こうした「想像の共同体」としてのネーションを普通の人びとが心に描けるようになるためには、一定の社会的条件が出揃う必要がありました。

　西川長夫は国民国家建設に際して必要ないくつかの前提と要素を表 4-1 のようにまとめています（西川, 1999）。一部の開明的な人びとだけでなく、多くの普通の人びとが「想像の共同体」としてのネーションに目覚めるためには、人びとが共通の政治制度、経済制度、文化的環境のもとに新たに統合される必要がありました。これら一連の領域における変化が社会的に定着していくことがネーション形成の前提であり、国民国家の発展にとって欠かせないことだったのです。なお、こうしたネーションの統一・独立・発展を希求する思想、感情、運動（より一般的には自らが所属するネーションを尊重する意識と行動）のことをナショナリズムといいます。西欧で生まれた国民国家はその後、世界中に普及・拡大していきましたが、それは同時にナショナリズムの世界的流行が生まれていくプロセスでもありました。

2　国を守るために戦えるか？

▌祖国を守る兵士

　国民国家をそれ以前の国家と明確に分け隔てる特徴の1つに、国家に忠実な

軍隊，祖国のために命を賭けて戦う兵士の存在があります。国民国家が登場する以前の戦場では，カネで雇われた傭兵が大きな役割を果たしていました。しかし金儲けを主目的とした傭兵たちは互いに殺しあうことを極力避けながら，相手を捕虜にして身代金を稼ぐことを優先したり，仕事が無い時期に手近な村や集落から略奪をはたらいたりしたために，雇う側にも苦労が少なくありませんでした。祖国を守るという大義を信じて，時に無制限な殲滅戦に挑む国民国家の兵士たちはこうした傭兵たちとは対照的な存在であったといえます（Fuller, 1961）。

「祖国を守る兵士」の先駆的事例は，フランス革命においてみられます。革命の担い手たちは，革命に対する周辺国の干渉から革命の成果を守るために，近代的な徴兵制度をつくり，他国に先駆けて大規模な国民軍を創設しました。革命に続く対外戦争を通じてフランスはヨーロッパ大陸を席巻し，その強さをみせつけ，大規模な国民軍の強さを示し，傭兵中心の戦場の姿を一変させたのです。

フランス革命期に登場した国民軍には，いま一つ見落とせない重要な意味合いが存在します。かつて社会学者のマックス・ウェーバーは，「正当な物理的暴力行使を独占」し，「国家以外のすべての団体や個人に対しては，国家の側で許容した範囲でしか，物理的暴力行使の権利が認められない」点にこそ，近代国家の本質があると論じました（Weber, 1919）。近代以前の中世ヨーロッパでは，宗教的権威が君臨し，政治的権力も多数の封建領主に分有され，それぞれの領主が自前の軍隊を所有している群雄割拠の状態にありました。そのため近代国家が登場してくるプロセスにおいては，まずなによりも，領域内の多様な政治勢力から国家を守るための物理的暴力の独占が必要とされました。これに対して，祖国を守るための国民軍は，国家と領域内住民の間の軍事的対立の構図が一通り解消された後に，統一された祖国を守るための軍隊として成立したのです。究極の物理的暴力手段である軍隊が，国家を支配する特権層が「社会から身を守るため」に利用されるのではなく，「ネーションの安全と独立を守るため」に位置づけられた点に，近代国民国家の大きな特徴があるといえるのです（萱野，2005）。

第4章　国家と社会

▎平和の楽園

　大規模な犠牲者を生み出した2つの世界大戦の後には，国民国家に重要な変化が生まれました。国家が国民に対して「国のために死ぬ」ことを強要することがむずかしくなったのです。これは日本において何より顕著です。2000年に世界60か国を対象に行われた「世界価値観調査」で「戦争が起きたら国のために戦いますか？」という質問が行われました。この質問に対して「はい」の回答率が最も高かったのがベトナムの94.4％，最も低かったのが日本の15.6％でした（電通総研・日本リサーチセンター，2004）。日本の「はい」の少なさが非常に際立っています。日本人は世界で最も戦争を嫌う国民であるといえそうです。

　この背景には「戦争放棄」を掲げた憲法9条のもとに再出発した戦後日本のユニークな経験があるといえるかもしれません。しかし国家が国のために死ぬことを国民に要求することがむずかしくなっているのは，自由で民主的な先進産業社会に共通の現象であり，日本に固有のことではありません。国家の存亡をかけた戦争が現在の世界では現実に差し迫った問題で無くなっていることがその背景にあります（三竹，2007）。著名な国際政治学者のジョセフ・ナイは，こうした国際環境（平和の楽園）が第二次世界大戦後に先進国の間に広がってきたことについて以下のような要因を指摘しています（Nye, 2004）。

　第一に核兵器に象徴される大量破壊兵器の登場があります。人類の破滅につながる今日の大量破壊兵器の存在は，全面戦争を回避させる背景となっています。第二に，ナショナリズムの世界的流行は，大国が小国をあからさまな暴力と搾取によって支配することを実質的に不可能にしました。ベトナム戦争におけるアメリカの敗北は，民族のプライドを賭けた小国のゲリラ戦をねじ伏せることがいかに難しいかを人びとに教えています。第三に，民主的な先進国においては価値観が変化し，他国に対して国威をみせつけることよりも，国民の幸福が重視されるようになりました。戦争によって自国民の損害が多数にのぼることを多くの国の国民が嫌うようになったのです。現在では力を持った国であっても，他国を征服する意欲というものをほとんど喪失しています。

▎民間軍事会社の台頭

　国のために命を賭けることを国家が国民に要求しづらくなってきたことは，

男子徴兵制を採用する国が第二次世界大戦後一貫して減り続け，多くの国が志願兵制度に移行してきたことにもよく表れています。1970年代までにカナダ，アメリカ，オーストラリア，イギリスが，また冷戦終了から2000年代にかけてベルギー，オランダ，フランス，イタリアなどが徴兵制度を改めるようになりました。ここで注目すべきは，近年の国家が，嫌がる青年男子に兵役を強要するよりも，軍隊勤務を希望する女性や，民間軍事会社に多く依存するようになり始めたことです（Enloe, 2000）。

ここでは民間軍事会社に絞って話を進めます。ピーター・シンガーによると，民間軍事会社，民営軍事請負企業（Privatized Military Firm＝PMF）とは，戦争と深く関連する専門的業務を売る営利組織のことで，具体的には戦闘作戦，戦略計画，情報収集，危険評価，作戦支援，教練などの軍事技能を提供する企業をさします（Singer, 2003）。シンガーはPMFが1990年代を通じて成長を遂げ，いまや世界中でその活動を展開しており，アフリカ大陸のほとんどの国で，また欧州，旧ソ連，中東，アジア，南北アメリカなど世界各地にその活動範囲を拡大していることを報告しています。イラク戦争では現地に派遣された民間の軍事要員の数は2004年の夏時点で2万人に達し，それは世界各地からイラクに派遣された兵士全体のうち，非アメリカ人兵士全体にほぼ匹敵する数でした（Singer, 2003）。

この新たな現象は，ウェーバー以来の政治学，社会学における国家論の常識に修正を迫るものでした。現在のPMFの活動は，いかなる国家の支配的管理からも独立し，ほとんどなんの規制も受けることなく放置されており，軍事的能力が公開の市場で，金さえあれば誰でも買える状況が生まれています（Singer, 2003）。PMFのサービスはすべての顧客に開かれているため，テロリストに対する軍事教練なども実施されているのが現状です。なかには紛争地帯で活動するNGOや国連組織職員の身の安全を守るためのサービスを提供する企業もあり，PMFの活動の善悪を一概に論じることはできませんが，活動に一定の規制が必要であることは確かなことです。

2つの世界大戦を経験した20世紀においては，多くの人が，国民に死ぬことを強制する国家の抑圧的な権力を問題にしてきました。しかし現在では「正当な物理的暴力手段の独占」が崩れつつあることの問題についても考えなければ

なりません。国家の規制の手を離れた軍事ビジネスの台頭を，誰がどのように制御していくべきなのかという新しい問題が登場しているのです。

3　国民であること

▍国民の掌握

　国民国家の発達に伴って，国境線が明確化していきました。現在のような国民国家間の境界線が明確にされた世界は，第一次世界大戦後にようやく生まれたものです。それ以前は，国と国との領土の境目はかなり曖昧なものでした。国境を越えた人の移動を規制する仕組みが国際的に発展したのも同じ頃です。大規模な総力戦となったこの世界大戦で，各国はスパイの入国の阻止，兵役義務者の逃亡の防止，大量の難民の流入を規制するなどの必要性を認識するにいたったのです（春田，1994）。科学技術や工業力が国力を左右する重要な資源として認識されるようになると，科学者や技術者など先端的な知識を身につけた人材が国外へ流出する頭脳流出が国益を損ねるものとして懸念されるようにもなりました。国家は国益を維持するために，人の移動を管理することに神経を尖らせるようになったのです。

　今日私たちは海外旅行に行きたければ日本政府の発給しているパスポートを取得しなければなりません。パスポートを取得するためには戸籍謄本を提出し，自らが日本国籍を所有する日本国民であることを証明しなければなりません。ここからわかるように国境を越えた人の移動を管理できるようになったことは，国家が国民の身元を書類上で把握できるようになったことを意味しています。このことは国民国家の発達にとって決定的に重要な意味を持っていました（Torpey, 2000）。

　国民の身元を把握することは，効率的に税金を徴収するためにも，徴兵制度をつくるためにも必要なことだったからです。例えばフランス革命期のフランス国家では，それまで教会が管理していた婚姻・出生・死亡の情報を行政機構が収集するようになりました。政府は新たに創設した「民籍証書」に国民の出生地，両親の名前，性別，年齢，婚姻上の身分などを記載し管理するようにしました（渡辺，1999）。これをもとにして政府は国民を徴兵するための詳細なリ

ストをつくりあげ，徴兵制度を設立し，自発的な志願にだけ頼るのではなく，国民を強制的に動員することが可能になったのです。国家が国民の個人情報を詳細に把握することで，国内の人的資源，財政的資源を広く吸い上げることができるようになり，国民国家はそれ以前の国家が持ちえなかった巨大な権力を手にしたのです。

国民と外国人

　国家が国民を掌握していく制度を整えていくなかで，国民と外国人との間の線引きが大きな意味を持っていくようになりました。国民年金も国民健康保険もない時代に納税の義務と国を守る義務ばかりを強いられた人間からすれば，国民であることは負担以外の何物でもなかったことでしょう（小熊，1998）。しかし20世紀に入って，先進国のなかで政治的権利が拡大し，社会福祉の制度が整備されていくにつれ，経済的に発展した福祉国家の国民であることが利益をもたらす側面が拡大してきました（Hammer, 1990）。同時に国民国家における国益とは，あくまでも国民がより豊かに，より安全に，より健康に生きていけることにあるという考え方が定着していきました。

　こうして現在では，政治参加の権利が国民に限定されていたり，福祉サービスの提供のされ方が国民と外国人で異なることは普通になっています。またそれ以前に，外国人であることは，国民が普通にできることにも逐一国から許可を得なければならないことを意味しています（広渡，2002）。現在の日本では，日本国籍を有しない外国人が2007年時点で，およそ210万人住んでいます。外国人には「在留資格」と「在留期間」が指定され，この在留期間を超えて日本にとどまるオーバーステイ，在留資格を得ずに入国する不法入国，在留資格を踏み越えて仕事に就く不法就労などはいずれも法律で禁じられており，発見されれば本国に強制送還されることになります（表4-2）。

　円高が進んだ80年代中頃以降，多くの外国人が日本に仕事を求めてやってくるようになり，日本社会では外国人労働者の受け入れをめぐる議論が活発になりました。この時期以降，日本政府は，高度な知識や技術を有する外国人を積極的に受け入れる一方，工場や建設現場で働く「単純労働者」の受け入れには一貫して慎重な姿勢を維持してきました。外国人の日本における地位や資格に

表 4-2　在留資格一覧

```
◆活動に基づく在留資格
◇各在留資格に定められた範囲で就労可能
  外交，公用，教授
  芸術，宗教，報道，投資・経営，法律・会計業務，医療，研究，教育，技
  術，人文知識・国際業務，企業内転勤，興行，技能
◇原則就労不可
  文化活動，短期滞在，留学，就学，研修，家族滞在
◇法務大臣が個々の外国人に与える許可により就労可能
  特定活動（ワーキングホリデーや研修生など）
       ◆身分または地位に基づく在留資格
◇活動制限なし
  永住者，日本人の配偶者，永住者の配偶者，平和条約関連国籍離脱者の子，
  定住者，特別永住者
```

出典：鈴木江里子，2005年，24頁。梶田ほか，2005年，117頁も参照。

ついて定めた入管法（出入国管理及び難民認定法　1989年改正）では，「専門的・技術的労働」の分野に該当する「在留資格」を具体的に特定して就労を認める一方，これらに該当しない人びとには原則就労を認めないとしています。しかしこうした政府の方針とは別に安い人件費で雇える外国人労働者への需要は少なくなく，不法就労者や，法の抜け穴を利用する形で外国人の労働力を利用しようとする企業が現在も少なくありません。

▍定住外国人

　外国人は参政権を持たない，公務員になれないなどの点でも国民と区別されています。現在の日本では国政，地方自治共に外国人の参政権は認められていません。また公務員についても長い間日本国籍取得者のみが公務員になれるとの国籍条項が設けられてきました。しかし，90年代以降，在日コリアンを中心にこれらの制限を緩和するための運動が活発化し，公務員に限っては国籍条項を撤廃する地方自治体が次々と生まれてきていることも事実です。参政権をめぐっても地方参政権を中心に現在活発な議論が行われるようになっています。
　これらの変化は，在日コリアンが他の「短期滞在者」としての外国人とは異

▶参政権
　国会や地方議会の議員に立候補する被選挙権，議員を選ぶ選挙権，さらに地方の首長を選ぶ選挙権などをさす言葉です。

なる特殊な地位にあることを前提としています。ここでいう在日コリアンとは，戦前の日本が朝鮮半島を植民地とした1910年から1945年までの間に朝鮮半島から経済的理由や強制連行などで日本にやってきて，その後定住した人びととその子孫のことをさす言葉です。在日コリアンのなかには日本国籍を取得して日本国民となることを選択した人がいる一方で，歴史的経緯や民族的な意識から日本国籍を取得することに心理的抵抗感を持ち，日本社会に定住し市民として活躍しながらも外国籍のままという人が依然少なくありません（佐々木，2006）。

　国民と外国人という単純な分類に収まりきらない在日コリアンのような存在は，「定住外国人」（デニズン）と呼ばれ，その社会的権利を拡大していくべきとする議論はここ数十年の間西欧などで広くみられるようになっています（Hammar, 1990）。西欧においては第二次世界大戦後の労働力不足を補うために大量に受け入れた移民の処遇をめぐってこうした議論が活性化しました。移民とは入国時点で永住を前提として受け入れられる外国人のことで，日本はこの意味における移民受入国ではありません。しかし日本においても今後少子高齢化の時代を向かえ，不足する労働力の補充や活力維持のために本格的な移民政策の立案を考える段階に来ていることが多くの人に指摘されるようになっています（依光，2005）。こうした環境変化のなかで，日本社会は「国民とは何か」を改めて考え直す必要に迫られているといえます。

4　戦争の記憶とメディア・ナショナリズム

▍グローバル・メディアの発達

　今日，国境を越える金・情報・人・物の流れがその規模とスピードを増大させていることは誰の目にも明らかになり，グローバル化時代の国家の変容に注目する議論があらゆる分野で活発に行われています（Held, 2000）。情報の流れに注目する場合，何より印象的なのはグローバル・メディアの急速な発達です。ここでいうグローバル・メディアとは「地球上のいかなる場所をも瞬時に結びつけることを可能にする」メディアのことです（小野，2007）。クリック1つで地球上のあらゆる地点を結びつけることを可能にするインターネットはその筆

頭といえるでしょう。衛星を介したテレビニュースの報道もいまや地球の裏側で起きている出来事をリアルタイムに伝えることが可能です。国境を越えて情報が行き交う現象は古くからみられますが，情報伝達のスピードはこれらのメディアの登場によって劇的に短縮することになりました。

とりわけインターネットはここ10数年の間に急激な成長を遂げ，2009年3月時点で利用者人口が既に15億人を突破しています。グローバル・メディアとしてのインターネットの発達において特に重要なことは，長距離情報通信のコストが格段に安くなったことです。これによって，国家のように潤沢な政治的，経済的資源を持ちあわせていないNGOや各種市民団体，国際的テロネットワーク組織などの小規模な組織や団体であっても，グローバルに活動を展開することが容易になりました（Nye, 2007）。これら小規模な非国家的組織の活動は，今後，地球規模の問題を考えていく上で一層重要な存在になってくることは間違いないでしょう。

▌メディア・ナショナリズム

しかし国境を越える情報量が増大したからといって，地球上に住む人びとの意識が簡単に国境を越えられるようになるわけではありません。国家は地球規模の問題に取り組むにあたって依然として国益を最優先して行動していますし，人びとのネーションへの愛着は未だ根強いものがあります。地球市民としての感覚が誰にとっても自明となるのはまだまだ先のことでしょう。

そのことを思わせる1つの例が，「戦争の記憶」に関する争いです。戦後60年以上を経た今日にいたっても過去の戦争に関する歴史解釈をめぐって，日本と中国・韓国の間には鋭い対立が残っています。例えば2005年春に中国全土で噴出した大規模な日本への抗議デモ（3月から5月にかけて中国の北京，上海，広州，

▶ グローバル化

国境を越えて金・情報・人・物などが急激な速度で移動する現象に関する言葉。こうした現象は国境を越えた相互作用を可能にする社会的基盤が発達し，経済，文化，政治それぞれの領域における活動が地球規模に拡張され展開していることで生まれています。言葉のニュアンスを理解する上で大切なのは，このような状況のなかで，いまを生きる私たちが国境で閉じて並存する「別々の世界」ではなく，「1つの世界」に生きていることを強烈に実感し始めている事実そのものだといえます。

重慶，深圳，西安，瀋陽など各都市で数千人から数万人規模の人間が参加）は，国連の安保理常任理事国に日本が加わることになるとの見通しが強まったことへの反発として生まれたものですが，その背景には「歴史を反省しない日本」が政治大国化することを許容できないとする論理がありました。

「日本は歴史を反省していない」という中国側の主張が必ずしも正しいわけではありませんが，当時の小泉首相の靖国神社参拝が中国側の猛烈な反発を招いていたことは事実です。中国のインターネット上では小泉首相を激しく糾弾する議論が沸騰し，その過激さは日本の新聞でもしばしば取り上げられました。デモ参加者の一部が暴徒化して日本料理店や日本車が破壊された際には，それらの衝撃的映像が何度も何度も繰り返し繰り返しテレビで放映されました。冷静な批判は大きなニュースにはなりませんが，常軌を逸した過激な批判や行動は大きなニュースになりやすいのです。こうして中国側の過激な日本批判が大きなニュースとして取り上げられ続けた結果，日本社会の対中感情は著しく悪化することになり，中国との協調姿勢を示そうとする政治家や有識者は日本の「国益を損ねる奴ら」だと批判される雰囲気が生まれました。

こうした排外主義的な雰囲気は，自分たちの国益やプライドを守ろうとするナショナリズムの意識が過剰に煽られた結果生まれたものといえます。マス・メディアやインターネットなどのメディアが，ナショナリズム意識を増幅していくこうした現象を政治学者の大石裕は「メディア・ナショナリズム」（大石，2006）という言葉で表現しています。

国境を越えて猛烈なスピードで情報が行き交うプロセスは，国境を越えた相互理解の可能性を高める一方で，国境を挟んだ対立や抗争を活性化させることにもつながるのです。2005年に日本と中国の間に生まれたメディア・ナショナリズムの現象からは，グローバル化の時代においても，国民国家という政治的単位とナショナリズム意識が依然として重要な問題であり続けていることが読みとれるのです。

■ 国家に翻弄された人びとの記録

以上，これまで3つの側面から変わりゆく国民国家の現在を概観してきました。最後にふれた戦争の記憶の問題と関連して，ここでは国家に翻弄された人

びとの記録にふれることの重要性を指摘して本章を閉じたいと思います。上記の例からわかるように，戦後60年以上を経てもなお，第二次世界大戦の悲惨な記憶は消えていません。また戦後これまでの間，戦争に人生を翻弄された人びとのおびただしい量の証言が伝えられてきました。そのなかには，ナチスの強制収容所の過酷な環境を生き抜いた人の想像を絶する証言や，日本の南京侵略に伴って生じた耳を塞ぎたくなるような悲劇の証言にはじまり，広島・長崎の被爆者，中国残留孤児，朝鮮人ＢＣ級戦犯（コラム参照）のように戦後も一貫して戦争による重荷を背負い続けなければならなかった人びとの証言が存在します。国家あるいは国民国家というはっきりと目にみえるわけではない大きな対象に関心を向けていくにあたって，これらの証言は，いまなお貴重なものといえます。

> コラム

朝鮮人BC級戦犯

　第二次世界大戦は，世界中で5千万もの死者を生んだといわれています。こうした甚大な被害を引きおこす戦争を二度と繰り返さないために，戦後ドイツ，日本などの枢軸国の責任者を戦争犯罪人として処罰するための戦争裁判が行われました（林，2005）。この裁判のなかで「通例の戦争犯罪」（B級戦争犯罪），「人道に対する罪」（C級戦争犯罪）に問われた人のことをBC級戦犯といいます。日本のBC級戦犯裁判は日本を含めアジアの49か所で開かれ，5700人が起訴されましたが，このなかに148人の朝鮮人が含まれていました（内海，2008）。

　彼らは戦前日本の植民地であった朝鮮半島から主に捕虜監視員として戦地に動員され，捕虜に対する虐待などの罪に問われた人びとです。日本の植民地下にあって軍隊に動員され，日本人として罪を問われた彼らの半生からは，戦争によって，国家によって人生を翻弄された人びとの過酷な境遇が伝わってきます。社会学者である内海愛子氏の著作（推薦文献参照）や，NHKのドキュメンタリー「シリーズBC級戦犯　第一回 韓国朝鮮人戦犯の悲劇」（2008年8月18日放映）に接して印象に残った点を以下に記します。

　第一に，日本人として罪を問われながら，日本人ではないことを理由に他の日本人戦犯とは異なる差別的待遇のもとにおかれたということ。戦後サンフランシスコ講和条約によって日本が独立した後，彼らは日本国籍を失い日本人ではなくなりましたが，刑が科された戦犯裁判の時点において日本人であったことを理由に，日本人として罪を問われることになりました。のみならず日本人戦犯には国から軍人恩給，遺族年金，弔慰金などの援護措置がとられたのに対し，彼らには日本国籍が無いからという理由（国籍条項）で当初全く援護の手が差し向けられませんでした。

　第二に，アイデンティティのより所を失うことによる特殊な苦しみがありました。絞首刑になった朝鮮人BC級戦犯の多くは，死刑台にのぼった際に「独立万歳！」「大韓独立万歳！」「天皇陛下万歳！」と戦後独立を遂げた祖国と日本の天皇陛下を祝福して死んでいったといわれています。しかし残された人たちは，「誰のために」「何のために」罪を背負わなければならないのか苦しむことになりました。戦犯という汚名に耐え忍ぶために，日本人戦犯には「自分は国のために精一杯戦ったのだ」という心のより所があったのに対して，日本人ではなくなった彼らからはそうした精神的基盤が失われていました。しかも，日本に協力した対日協力者として，戦後の韓国社会では民族の裏切り者として白い目でみられることになったのです。

　こうした不条理な環境に放置された彼らは互助組織「同進会」を結成し，日本政府に対して謝罪と補償を求める運動を起こしてきましたが，依然として満足のゆく成果は得られていません。彼らの活動は戦後60年以上を経た現在も続いています。

参考文献

Anderson B. *Imagined Communities: Reflections on the Origin and Spread of Nationalism*, Verso, 1983（白石さや・白石隆訳『増補　想像の共同体』NTT出版，1997年）

電通総研・日本リサーチセンター編『世界60カ国　価値観データブック』同友館，2004年

Enloe C. *The International Politics of Militarizing Women's Lives*, University of California Press, 2000（佐藤文香訳／上野千鶴子監訳『策略――女性を軍事化する国際政治』岩波書店，2006年）

福田歓一「民主主義と国民国家」『世界』1978年1月号（福田歓一著／加藤節編『デモクラシーと国民国家』岩波書店，2009年，所収）

Fuller J. *The Conduct of War（1789～1961）*, Eyre & Spottiswoode, 1961（中村好寿訳『制限戦争指導論』原書房，2009年）

藤原帰一『国際政治』財団法人放送大学教育振興会，2007年

Hammar T. *Democracy and the Nation State: Aliens, Denizens and Citizens in a World International Migration*, Avebury, 1990（近藤敦監訳『永住市民と国民国家』明石書店，1999年）

春田哲吉『パスポートとビザの知識［新版］』有斐閣，1987年

林博史『ＢＣ級戦犯裁判』岩波新書，2005年

Held, D. *A Globalizing World?: Culture, Economics, Politics*, Rutledge, 2000（中谷義和監訳『グローバル化とは何か――文化・経済・政治』法律文化社，2002年）

広渡清吾「外国人・移民政策と国民国家の論理――日本の場合」梶田孝道・小倉充夫編著『国際社会③　国民国家はどう変わるか』東京大学出版会，2002年

萱野稔人『国家とはなにか』以文社，2005年

梶田孝道・丹野清人・樋口直人『顔の見えない定住化――日系ブラジル人と国家・市場・移民ネットワーク』名古屋大学出版会，2005年

木畑洋一「世界史の構造と国民国家」歴史学研究会編『国民国家を問う』青木書店，1994年

三竹直哉「国民と国家」岩崎正洋・坪内淳編『国家の現在』芦書房，2007年

西川長夫「帝国の形成と国民化」西川長夫・渡辺公三編『世紀転換期の国際秩序と国民文化の形成』柏書房，1999年

Nye J. S. jr. *Soft Power: The Means to Success in World Politics*, Public Affairs, 2004（山岡洋一訳『ソフト・パワー――21世紀国際政治を制する見えざる力』日本経済新聞社，2004年）

―――*Understanding International Conflicts: An Introduction to Theory and History, 6th ed*, 2007（田中明彦・村田晃嗣訳『国際紛争――理論と歴史〈原書第6

版〉』有斐閣，2002年）
大石裕編著『メディア・ナショナリズムのゆくえ——日中摩擦の検証』朝日選書，2006年
小熊英二『〈日本人〉の境界——沖縄・アイヌ・台湾・朝鮮　植民地支配から復帰運動まで』新曜社，1998年
小野善邦編著『グローバル・コミュニケーション論——メディア社会の共生・連帯をめざして』世界思想社，2007年
佐々木てる『日本の国籍制度とコリア系日本人』明石書店，2006年
Singer P. W. *Corporate Warriors: The Rise of the Privatized Military Industry*, Cornell University, 2003（山崎淳訳『戦争請負会社』NHK出版，2004年）
Smith A. *The Ethnic Origins of Nations*, Blackwell, 1986（巣山靖司・高城和義訳『ネイションとエスニシティ——歴史社会学的考察』名古屋大学出版会，1999年）
園田茂人「〈ナショナリズム・ゲーム〉から抜け出よ」『世界』7月号，78-85頁，2005年
鈴木江理子「第一章　外国人労働者から，外国人，移民へ」依光正哲編著『日本の移民政策を考える』明石書店，23-33頁，2005年
多文化共生キーワード事典編集委員会編『多文化共生キーワード事典』明石書店，2004年
谷川稔『国民国家とナショナリズム』山川出版社，1999年
Torpey J. *The Invention of the Passport: Surveillance, Citizenship and the State*, Cambridge University Press, 2000（『パスポートの発明——監視・シティズンシップ・国家』法政大学出版局，2008年）
津田正太郎「ナショナリズムの生成および再生産過程におけるマス・メディアの役割」『マス・コミュニケーション研究』70号，195-211頁，2007年
吉野耕作『文化ナショナリズムの社会学——現代日本のアイデンティティの行方』名古屋大学出版会，1997年
依光正哲『日本の移民政策を考える』明石書店，2005年
渡辺公三「世紀転換期フランスにおける市民＝兵士の同一性の変容」西川長夫・渡辺公三編『世紀転換期の国際秩序と国民文化の形成』柏書房，1999年
Weber M. *Politik als Beruf*, 1919（脇圭平訳『職業としての政治』岩波文庫，1980年）

▍推薦文献

陳天璽『無国籍』新潮社，2005年
　　——無国籍である著者自らの経験をもとに，国籍とはなにか，国籍が無いとはどういうことかを追及した書。国民であるとはどういうことかを考えさせられる一冊。

Singer P. W. *Children at War*, 2005(小林由香利訳『子ども兵の戦争』NHK出版, 2006年)
　——世界の紛争地帯で増える子ども兵の実態を追った書。物理的暴力手段を独占できない国家が生み出す悲劇を理解する上で重要な一冊。

内海愛子『キムはなぜ裁かれたのか――朝鮮人ＢＣ級戦犯の軌跡』朝日新聞出版, 2008年
　——第二次世界大戦中，日本人として動員され，戦後日本人ではなくなった後も戦争犯罪の罪を背負い続けなければならなかった朝鮮人ＢＣ級戦犯たちの半生を辿った書。国民とはなにかを考えさせられる一冊。

第5章

犯罪の社会学
――犯罪問題を通してみる私たちの社会――

岡邊　健

　「犯罪に手を染める人は，自分とは異質の特別な人間だ」「犯罪なんて，自分の仕事や生活には関係のない話だろう」。そんな考えを持つ人は，少なくないでしょう。そういう人たちに「私にも関係のある話なんだな」と気づいてもらうのが，本章の大きなねらいです。以下ではまず，社会学では犯罪をどう捉えるのかについて概説し，次に「犯罪はなぜ起きるのか」という問いに答える犯罪社会学の主な理論を紹介します。その後，今日のわが国の犯罪をめぐる諸問題について，具体的に検討を進めていきます。社会には，犯罪に関する紋切り型の言説があふれていますが，ここではなるべく先入観を捨てて，考えてみることにしましょう。

1　社会学では犯罪をどう捉えるか

　初めに検討したいのは，犯罪の定義についてです。いきなり，肩の凝りそうな話題から入るのには，理由があります。実は，犯罪社会学が追究する大きなテーマの1つが，「犯罪とは何か」という問いそのものなのです。どういうことでしょうか。

▍犯罪化と非犯罪化

　国語辞典で「犯罪」を引けば，刑罰を定めた法令に違反する行為といった説明が書かれています。私たちはふだんなにも意識することなく，このような意味で犯罪という言葉を使っています。しかし，少し考えればわかるように，何が犯罪であり，何が犯罪でないかは，時代や社会によって大きく異なっていま

す。

　日本では以前，例えば日記に天皇の批判を書くなどの行為が，不敬にあたるとして処罰されていましたが，不敬罪の条文は戦後に削除されました。一方，以前は犯罪として認識されていなかった夫婦間の暴力（ドメスティック・バイオレンス）は，現在では明白な犯罪とみなされるようになり，DV防止法という法律もできています。また，主として宗教的な背景から，同性愛行為が犯罪とされている社会は，現在でも珍しくありません。

　法令があったとしても黙認されたり，軽い処分ですまされたりすることは，しばしばあります。そうかと思えば，ある時を境にして，罰則が適用されるようになることもあります。犯罪社会学では，ある行為が犯罪とみなされるようになったり，科される刑罰が重たくなったりすることを，犯罪化といいます。その反対は，非犯罪化です。

　法律は，自然に存在するわけではなく，その制定や適用は，特定の時代や社会の文脈のなかで，何らかの理由に基づいて行われ，また特定の誰かによって担われています。その内実を明らかにすることこそ，犯罪とは何かという問いに答えることにほかなりません。そのようなわけで，犯罪の定義は，犯罪社会学の重要な探求課題なのです。

▌デュルケムの犯罪論

　犯罪について，社会学的な視点にたって初めて体系的に論じたのは，フランスのデュルケムでした。デュルケムは，社会学全般にわたって後世に多大な影響を与えましたが，犯罪についても，数々の含蓄深い文句を残しています。その1つが，先に述べた犯罪の定義に関わることです。

　私たちは，ある行為が犯罪であるからこそそれを非難する，普通はこう考えます。しかしデュルケムはそれとは正反対に，「われわれがそれを非難するから犯罪なのである」（Durkheim, 1893=1989, 143頁）と主張します。例えば，戦争中に敵兵を殺すことは犯罪にはなりません。一方で，人口妊娠中絶を胎児の殺人とみなす文化も存在します。殺人という重罪ですら，「非難に値する」という人びとの意味付けがあって，初めて成立するものなのです。

■ 求められる反省的考察

　かつてアメリカの社会学者ミルズは，犯罪などの社会問題を研究対象とする学問（当時は社会病理学と呼ばれていました）に対して，根源的な批判を行いました。社会病理学者たちは，中流階級でプロテスタントの白人，すなわち現行体制に順応している自分たちの立場から，体制にそぐわないものに社会病理という判定を下し，一方的に矯正や教化を目指している。彼はそう述べたのです（Mills, 1943）。

　私たちは，身につけている文化的・社会的な常識や，自分の持っている価値観に照らして，犯罪問題を考えてしまいがちです。しかし犯罪という概念は，先にみたように絶対的なものではありません。犯罪について社会学的に考える際には，自分の身につけている価値観に自覚的である必要があるのです。

　完全に中立的・客観的な立場に立つというのは，原理的に不可能です。しかし，自分はこう考えるが，全く別の見方もできるかもしれないという具合に，反省的な考察を行う努力を，私たちは怠るべきではないでしょう。このような構えは，社会学一般に共通して求められることですが，犯罪という概念そのものの持つ相対性を踏まえれば，犯罪社会学においては，とりわけ重要であるといえます。

2　犯罪社会学の諸理論

　人間はどうして犯罪に手を染めるのでしょうか。19世紀後半まで，この問いへの答えは生物学や心理学に依拠するものがほとんどでした。犯罪の原因は，犯罪者の持つ遺伝的な要因や生まれつきの性格などに求められていたのです。これに対して，社会学的な観点から犯罪の原因を解き明かそうとする動きが，デュルケムの登場以降，とりわけ20世紀に入ってから，急速に台頭してきます。

■ 社会構造と犯罪

　最初に注目されたのは，社会構造と犯罪との関係です。社会構造とは，そう簡単には変わることのない社会の仕組みのことです。シカゴ学派の研究者たちによって確立された社会解体論と，マートンの唱えたアノミー理論は，社会構

造に着目した犯罪学理論の代表例といえます。

社会解体論は，急激に進む産業化や都市化に伴って，特定の地域に生じた貧困の集中などの諸現象に注目します。このような構造的な要素によって，特定の地域で犯罪に対する社会的な統制の弱体化（社会解体）が生じます。社会解体論は，これによって犯罪発生率の地域的な差異を説明したのです。ショウとマッケイは，地域別の犯罪発生率などのデータによって，社会解体論に実証的な裏付けを与えたことで知られています（Shaw & Mckay, 1942）。

他方，マートンのアノミー理論は，ある文化的目標が共有された社会において，その目標を達成するための制度化された手段を利用できないアンバランスな状態を，アノミーと定義し，社会構造に由来するこのようなアノミーへの対応として，犯罪が生じると説明しました（Merton, 1949）。

この理論の生まれた当時のアメリカ社会は，豊かさの追求という文化的目標が広く共有される一方で，豊かな生活を達成するための手段，すなわち教育や就労の機会は，特定の階層にしか開かれていませんでした。貧困状態にあえぐ低階層の人びとが，富の獲得という目標を達成するためには，非合法的手段，すなわち犯罪を選ぶほかない。マートンはこのように考え，アメリカンドリームという美徳が，犯罪という悪徳を生み出す皮肉を浮き彫りにしたのです。このような考え方は，1960年代にアメリカで展開された「貧困との戦い」と呼ばれる諸政策を，理論面から支えることになります。

▎分化的接触論

一方，サザランドが注目したのは，犯罪的文化（犯罪を是認するような考え方が支配的な文化）です（Sutherland, 1939）。彼の唱えた分化的接触論によれば，ある人が犯罪をするようになるか否かは，その人がどんな人間やどんな文化と接触したか，そしてその接触がどのような度合い（頻度や期間など）でなされた

▶ シカゴ学派

1920～1930年代を中心に，アメリカの大都市シカゴをフィールドにして，コミュニティ，家族，人種・民族などの領域で，多様な研究を展開した社会学者たちの総称。犯罪の分野においても，観察や聞き取りに基づいて犯罪へといたるダイナミックな過程に迫る事例研究，犯罪多発地区の地理的分析など，現代にも影響を及ぼす重要な研究がなされています。

かによって決まります。犯罪行動も他の行動と同様に、身近な他者との相互作用を通じて、後天的に学習される。つまりは、「朱に交われば赤くなる」というわけです。

サザランドの議論でとりわけ重要と思われるのは、次の2つです。1つは、自らのおかれた環境や条件次第で、誰もが犯罪に手を染める可能性があるということです。もう1つは、様々な接触と学習のプロセスを通じて、同じ人間がある時期には犯罪者になり、別のある時期には反犯罪的な存在になるということです。

後者の点は、特に少年犯罪の説明に適しています。ほとんどの非行少年にとって、犯罪への関与は一過性のものであり、やがて彼らは遵法的な社会生活へと戻っていきます。この点に関連してサイクスとマッツァは、非行少年と非行をしない少年との区別自体を批判し、前者を異質な存在とみなすべきではないと指摘しています（Sykes & Matza, 1957；Matza, 1964）。少年たちは、合法的な世界と非合法的な世界との間を漂流するように生きており、非行に走る場合には、自らの行為を中和の技術を駆使して正当化するというのが、彼らの主張です。

犯罪的文化に着目したサザランドの議論は、その後、コーエンの非行下位文化論（Cohen, 1955）へと引き継がれます。この理論は、低い階層の少年が、中流階層の価値観が支配する社会に適応できず、社会的に成功する機会の乏しい状態に置かれることで、非行下位文化と呼ばれる独自の文化を形成するというものです。

▍ラベリング論

先に述べたデュルケムのアイデアをもとに、1960年代に体系化されたのが、

▶ 中和の技術

反社会的行動をとる際、自らの規範意識と行動とのギャップを埋めるために用いられる言い訳の仕方。ほかの人もやっている、誰にも迷惑をかけていない、相手にも落ち度がある、仲間のためにやったなどがその典型で、それぞれ責任の否定、被害の否定、被害者の否定、より高い忠誠心の誇示と呼ばれています。私たちが日常生活のなかで自分の行為を正当化する際に用いる技術もまた、中和の技術であるといえましょう。

ラベリング論です。代表的な論者のベッカーは，犯罪者にラベリング（レッテル貼り）を行うことが，さらなる逸脱を生み出すという驚くべき視座を提示します（Becker, 1963）。犯罪に対する人びとの反応こそが，犯罪の原因になるというのです。

　例えば，服役を終えて社会復帰した人が，再犯を恐れる周囲の人から排除されるとしましょう。その結果，地域社会から孤立し，職にも就けない状態が続けば，その人はやがて本当に再犯にいたることでしょう。そうなると周囲の人は，ますます排除を強めるに違いなく，その結果とうとう彼には，犯罪者として生きる以外の道がなくなってしまいます。このような予言の自己成就と呼ばれるプロセスによって，ラベリング論は，犯罪のエスカレートを説明したのです。

▎社会的ボンド理論

　マートンのアノミー理論には，人間は本来なら犯罪に走らないものだという性善説的な前提がありました。これに対して，人間が犯罪に手を染めるのはごく当然のことであり（性悪説），むしろ「なぜ犯罪に走らないのか」を説明するべきだと主張したのが，ハーシの社会的ボンド理論です（Hirschi, 1969）。

　ハーシは，非行少年の置かれた状況や周囲との人間関係のあり方に着目し，少年が非行に走らないのは，彼らを社会につなぎ止めておく社会的ボンドがあるからだとしました。社会的ボンドには，両親や仲間への「愛着」，進学や就職を目指してどれだけ努力してきたかを示す「投資」，スポーツや受験勉強などの合法的な活動で忙殺される程度を示す「巻き込み」，社会のルールにしたがわなければいけないという「規範観念」の4つが挙げられています。

　ハーシの研究は，少年への質問紙調査に基づいて，ボンド理論の妥当性を説得的に示すという画期的なもので，1970年代以降に隆盛した実証的犯罪研究のモデルの1つとなります。

▎ライフコース論

　1980年代に入ると，個々人の犯罪への関与を，時間経過に沿った「犯罪経歴」として捉え，犯罪の開始・反復・終息などのプロセスがどのように生じて

いるかを分析する研究が，進展します。このうち，各人の社会生活上の経験や出来事の推移から，犯罪経歴を説明しようとする考え方は，ライフコース論と呼ばれています。

　ライフコース論に依拠する犯罪研究として最も有名なのは，サンプソンとラウブの研究です（Sampson & Laub, 1993）。彼らは長期にわたる縦断的研究▶に基づいて，少年期に犯罪を重ねたとしても，誰もが常習犯罪者になるわけではなく，結婚と就職という出来事が，犯罪からの離脱にとって重要な転機になると結論づけました。また，ラベリング論の知見を背景に，刑務所への収容が，転機となる出来事を彼らから遠ざけてしまう可能性について，指摘しています。

　彼らの議論は，年齢犯罪曲線の解釈をめぐる論争にも一石を投じました。年齢犯罪曲線とは，犯罪者の年齢に着目し，横軸に年齢，縦軸に犯罪発生率をとって作成したグラフの形状のことです。この曲線は，時代や文化の違いを問わず，10代の初めから徐々に上昇し，10代後半にピークに達して，その後下降する形となることが知られており，その解釈をめぐって，様々な議論があるのです。成人への移行期に経験する結婚や就職が，当人の社会的ボンドを回復させ，犯罪からの離脱を促進するからこそ，年齢犯罪曲線はピークの後に下降するのだ。サンプソンとラウブはこのように主張しました。

　ライフコース論は，社会的ボンド理論やラベリング論などの諸理論を統合的に理解する枠組みであり，今日の犯罪社会学における有力な考え方となっています。

3　現代日本の犯罪をめぐる諸問題

　ここからは，今日のわが国の犯罪をめぐる諸問題について，考えてみることにしましょう。

▶**縦断的研究**
　一定の間隔をあけて，同一の個々人に複数回の調査を実施する方法を用いた研究のことで，一時点での調査のみに基づく横断的研究に対してこう呼ばれます。例えば就職と犯罪行動の関係のように，変数間の因果関係を厳密に検証するのに有用な手法であり，欧米の犯罪社会学の研究では，縦断的な調査が多用されています。

■ 社会を映す犯罪

　しばしば犯罪は，社会のあり方やその変化を映し出す鏡となります。例えば近年，新しい形態の犯罪として問題となっている電話を使った詐欺は，お金に余裕のある高齢層が主なターゲットです。この犯罪の続発は，ATMや携帯電話などの新しい技術に翻弄される「弱者」の存在を，私たちに気づかせてくれます。高齢者のみの世帯が増加を続ける日本社会の現実を，如実に反映した犯罪の形態ともいえるでしょう。

　一般に，生活に利便性をもたらす技術やシステムは，犯罪の遂行をも便利にしてしまいます。それらが，新しい様相を帯びた犯罪を生み出すことも少なくありません。例えばインターネットは，不特定多数の他者に対して，誰もが情報を公開できるという点において，画期的なメディアですが，いたずらの延長のような軽い気持ちで，犯罪予告や他人の名誉を傷つける文章などが公開され，大きな被害をもたらすケースが続発しているのは，周知の通りです。ネットはまた，従来の枠を超えた対人的なつながりをもたらす反面，犯罪の加害者と被害者とを容易に引き合わせてしまうという否定的な側面も持っています。

　一方，私企業が違法な行為を行ったとして，社会から非難を浴びたり刑事罰を受けたりするケースが，近年顕著にみられるようになっています。食品業界の偽装販売や衛生上の問題点の隠蔽，建築業界の談合やカルテルなどです。これらは，先述のサザランドが概念化したホワイトカラー犯罪の一形態です（Sutherland, 1949）。

　これらの犯罪も，社会のあり方を反映していると考えられますが，異なる2つの解釈が可能です。1つは，市場競争の激化です（宝月，2004）。企業はもともと利潤の追求を目標とする組織ですが，近年の競争圧力の高まりを受けて，結果として違法な行為が選ばれることが多くなったという解釈です。もう1つは，問題自体は昔からあったというものです（河合，2009）。発覚が増えた背景としては，コンプライアンスを重要視する社会的な意識の高まり（一種の犯罪化）や，会社への「忠誠心」を持たない従業員の増加などが考えられるでしょう。

　サザランドが指摘したように，ホワイトカラー犯罪は，経済的損失がきわめて大きく，社会の成立基盤である「他者への信頼」を揺るがすという意味で，

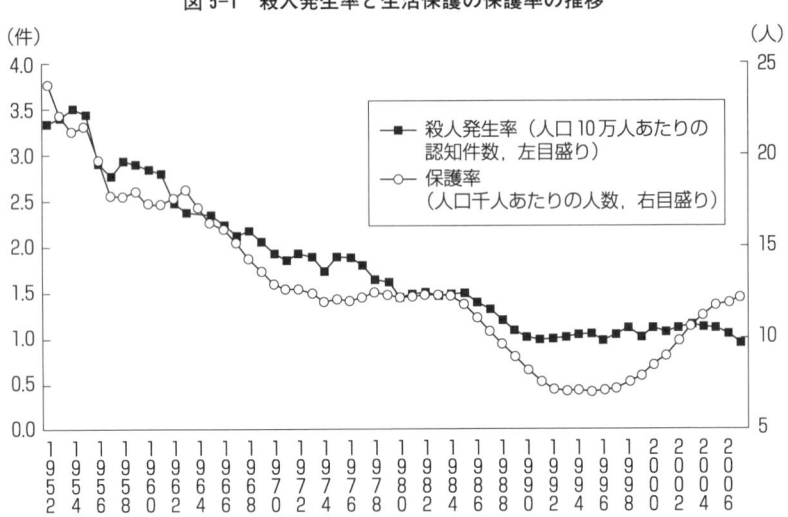

図 5-1 殺人発生率と生活保護の保護率の推移

(件) 縦軸左：0.0～4.0
(人) 縦軸右：5～25

凡例：
— 殺人発生率（人口10万人あたりの認知件数，左目盛り）
— 保護率（人口千人あたりの人数，右目盛り）

横軸：1952～2006年

出典：警察庁『犯罪統計書』・厚生労働省『社会福祉行政業務報告』・生活保護の動向編集委員会編『平成20年版生活保護の動向』・総務省の人口統計資料をもとに筆者作成。

それ以外の犯罪より重大であるとさえいえます。上のいずれの解釈をとるにせよ，問題が明るみに出る傾向が以前より強まったことは，公正な社会の実現という観点から，基本的に歓迎すべきことでしょう。

■ 日本の治安をどうみるか

ところで，いま挙げたような犯罪も含めて，犯罪の情勢が年々悪化しているという印象を持っている人は，少なくないでしょう。法務省の2008年の調査によれば，現在の日本は治安が悪いと認識している人は，過半数にのぼります。かつて日本は，世界で最も安全な国の1つといわれていましたが，それは過去の栄光にすぎないのでしょうか。

『犯罪白書』の国際比較のページを読めば，答えは一目瞭然です。日本は今でも，相対的に犯罪の少ない社会であり，人を殺傷するような重罪については，とりわけそうです。例えば殺人の推移をみると（図5-1），今日の日本で他人に殺されてしまうリスクは，以前よりむしろ低くなっています。ちなみに，「少年犯罪の凶悪化」という言葉を耳にすることがありますが，これも実態とは異なっています。人口の多寡を考慮しても，1960年代までは今の3～4倍の未成

年が殺人で検挙されていたのです。

　「人間関係が希薄になった」「モラルが低下した」「ゲームの世界と現実との区別がつかなくなった」……。殺人などのセンセーショナルな事件が起きるたびに，このようなどこかで聞いたことのある犯罪原因論を私たちは耳にします。しかし，もしこれらが正しいのであれば，殺人の長期的な減少傾向は，どのように説明できるのでしょうか。この種の原因論には，たいていの場合さしたる根拠がありません。

　ある出来事を契機として世論に火がつき，道徳的に「正しくない」状態をめぐって，事実とは無関係に社会不安が高まる事態を，社会学ではモラルパニックと呼びます。犯罪情勢をめぐる実態とイメージとの大きな乖離は，主としてマスメディアの報道により誘発されたモラルパニックによって，説明できると考えられます。

　牧野（2006）は，戦後およそ60年間の少年の殺人に関する新聞記事の分析から，1事件あたりの記事数が近年大幅に増えていること，報道される事件がきわめて少数の特定のケースに集中していることなどを明らかにしています。私たちがメディアを通じてうかがい知ることのできる事件は，全体のごく一部にすぎません。そもそも，殺人の認知件数は刑法犯全体の0.1％にも及ばないのです。マスメディアの流す情報には，一定のバイアスがかかっているということを踏まえた上で，これを適切に読み解く力を養うことが，犯罪について真剣に考えるためには不可欠です。

■ 少年犯罪の一般化は本当か

　一方犯罪問題をめぐっては，一般の人だけでなく，研究者や刑事司法の実務家の一部に支持されている言説もあります。一例としてここでは，少年犯罪の一般化論を取り上げてみましょう。

　かつての少年犯罪は，貧困や親の不在などの不遇な生育環境に置かれた子どもたちが起こしていたが，近年は，そのような環境とは無関係に，誰もが少年犯罪に手を染めるようになった。このようにみるのが，少年犯罪の一般化論です。この種の指摘は実はかなり以前から存在していて，例えば1970年の『犯罪白書』には，少年犯罪が一般化しているという記述がみられます。もし，この

表 5-1　年齢別の両親の状態と少年犯罪（2005年）

	親族世帯に属する子供の数（人）注1				検挙（補導）者数（人）注2			
	両親あり (a)	母のみ (b)	父のみ (c)	その他	両親あり (d)	母のみ (e)	父のみ (f)	その他
12歳	994,326	153,583	26,985	6,935	2,307	1,201	262	35
13歳	1,005,001	160,802	28,642	7,297	8,010	3,754	861	136
14歳	997,107	164,685	30,425	7,801	14,726	6,152	1,579	194
15歳	1,002,290	170,300	31,826	9,276	18,140	6,829	1,709	266
16歳	1,014,557	176,139	34,602	10,951	20,790	6,074	1,684	273
17歳	1,040,758	182,583	35,848	11,891	14,217	3,994	1,144	192
	検挙（補導）者発生率				相対リスク（対「両親あり」）			
	両親あり (d)／(a)＝(あ)	母のみ (e)／(b)＝(い)	父のみ (f)／(c)＝(う)		母のみ (い)／(あ)		父のみ (う)／(あ)	
12歳	0.23%	0.78%	0.97%		3.4		4.2	
13歳	0.80%	2.33%	3.01%		2.9		3.8	
14歳	1.48%	3.74%	5.19%		2.5		3.5	
15歳	1.81%	4.01%	5.37%		2.2		3.0	
16歳	2.05%	3.45%	4.87%		1.7		2.4	
17歳	1.37%	2.19%	3.19%		1.6		2.3	

注1：父母との同居の状態をもって，両親の状態とみなした。数値はそれぞれ「両親と同居」「女親と同居」「男親と同居」「親と非同居または親との同居の有無が不明」の人数である。なお，親族世帯に属さない者（子どもだけの単独世帯など）や既婚者は，この表には含まれない。
注2：それぞれ「両親あり」「母あり父なし」「父あり母なし」「両親なしまたは不明」の人数である。
出典：警察庁『犯罪統計書』・総務省統計局『国勢調査報告』をもとに筆者作成。

主張が妥当なのだとすれば，前節で紹介した社会構造と犯罪との関係に着目した犯罪社会学の理論は，わが国の近年の少年犯罪にはあてはまらないということになります。本当にそうなのでしょうか。

　各種の統計を子細に検討すると，少年犯罪の一般化論には疑問符を付けざるをえません。例えば，少年鑑別所では，収容された全少年の家庭の生活程度を，富裕・普通・貧困の3区分で調査していますが，それによれば，貧困と判定された人の割合は全少年の24％と，かなりの割合にのぼります（2008年『矯正統計年報』）。ちなみに家庭裁判所では，鑑別所に収容されない少年も含め，より多くの対象者をカバーした同様の調査を継続していましたが，不可解なことに1999年以降，家庭の生活程度は調査項目から外されてしまいました。

　家庭環境の指標の1つである両親の状態（一人親か否か）と少年犯罪との関係はどうでしょうか。試みに12～17歳について，2005年の国勢調査と警察統計を用いて検討してみると（表5-1），今日もなお，家庭環境に恵まれない少年の

方が，犯罪の世界へ参入する確率は高くなっていることがわかります。①両親のいる少年，②母子家庭の少年，③父子家庭の少年を比べると，②は①の1.6～3.4倍，③は①の2.3～4.2倍，それぞれ刑法犯で検挙される可能性が高くなっているのです。

医療・福祉と犯罪の接点

　少年か成人かを問わず，犯罪が貧困や経済的な不平等などと結びついていることは，犯罪社会学の実証研究によって明らかにされています。例えばロバーツとラフリーは，過去半世紀の日本の公式統計に基づいて，生活保護の保護率（人口千人あたりの受給者数）と殺人の発生率（人口10万人あたりの認知件数）が相関することを指摘しています（Roberts & LaFree, 2004）。試みに，最新のデータを補って，上記2つの変数の推移を重ねたグラフを描いてみると（図5-1），長期的な推移として，保護率が減少するとともに殺人の発生率が減っていることが，はっきりと読みとれます。

　保護率と殺人の発生率との関係は，別の角度からみることもできます。都道府県ごとに計算される保護率と殺人発生率の2つの数値を，前者を横軸に，後者を縦軸にとった平面上にプロットすると（図5-2），明らかに，この両者の間に相関関係が読みとれるのです（両変数間の関係を，スピアマンの順位相関係数という指標で示すと0.44となります）。

　貧困などの経済的な変数と犯罪との関係が，因果関係にあると結論づけるためには，より厳密な検討が不可欠です。ただ，少なくとも貧困の多くみられる地域や時代においては，犯罪が多く発生する傾向があるということを，これらのグラフは示唆しているといえます。

　さて，これまでにあげてきたデータから，「親がしっかりしていないから，子どもが非行に走るのだ」「貧乏な人は，事件を起こしやすいから危ない」などと考える人も，いるかもしれません。しかし，問題を個々人に帰責し彼らを排除して事足れりとするのでは，何の解決にもならないどころか，ラベリング論的にいえば，問題を深刻化させる恐れすらあります。

　経済状態，家庭環境などの面で不利な状況におかれ，社会からドロップアウトしてしまった人と，犯罪に走ってしまった人とが，オーバーラップしている

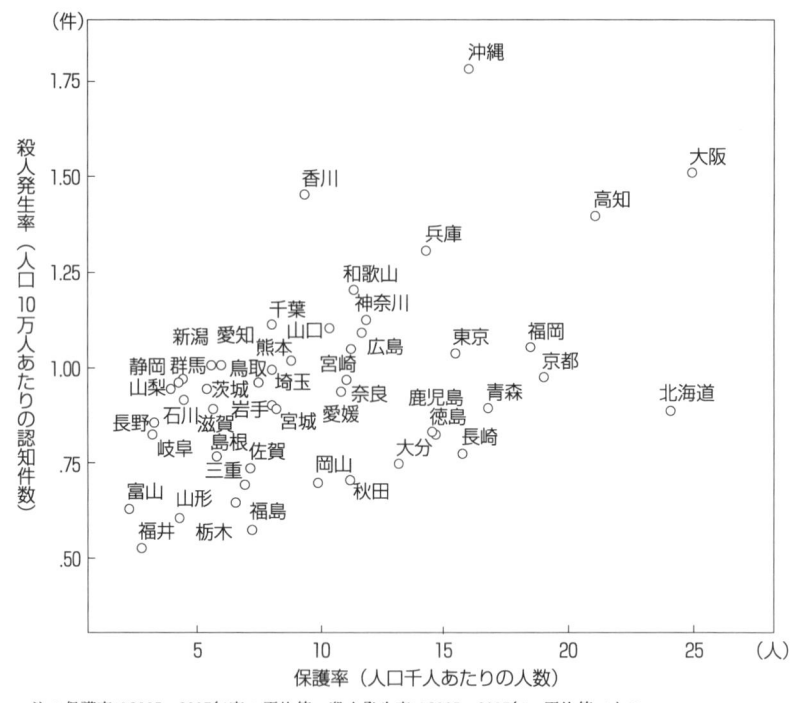

図 5-2　都道府県別の殺人発生率と生活保護の保護率

[散布図：横軸 保護率（人口千人あたりの人数）、縦軸 殺人発生率（人口10万人あたりの認知件数）。沖縄、大阪、高知、香川、兵庫などが右上・上方に位置する。]

注：保護率は2005～2007年度の平均値，殺人発生率は2005～2007年の平均値である。
出典：警察庁『犯罪統計書』・厚生労働省『社会福祉行政業務報告』・総務省の人口統計資料をもとに筆者作成。

という現実――。このような現実を踏まえれば，社会から犯罪を減らすために最も大切なのは，そのような不利な境遇におかれる人の少ない社会，そして不利な境遇であってもドロップアウトさせない社会をつくることではないでしょうか。

　特に医療や福祉に携わる人たちに知っておいてほしいことがあります。それは，罪を犯して刑務所に入ってくる受刑者の多くが，本来なら医療や福祉のケアを受けてしかるべき社会的弱者であるということです。受刑者の実に4人に1人は，知的障害が疑われるレベル，すなわち知能指数が70未満の人です。5回以上服役している人の割合は受刑者全体の19％なのに対して，刑務所で知的障害の診断を受けた人，65歳以上の高齢者に限ると，その数字はそれぞれ26％，45％となります（いずれも2008年『矯正統計年報』）。

もちろん，知的障害者や高齢者が犯罪を起こしやすい特性を持っているわけでは，決してありません。彼らの多くは，医療や福祉のセーフティネットが機能していれば，刑務所に入らなくても済んだ可能性が高かったといえます。それが機能していなかったがゆえに，「福祉施設の代替施設と化してしまっている」（山本，2009，39頁）刑務所が，いわば彼らを抱え込んでいる状況にあるのです。

4 犯罪社会学的想像力

ミルズ（Mills, 1959）の「社会学的想像力」にならい，「犯罪社会学的想像力」というキーワード（筆者の造語）で，本章をまとめてみます。

これまでみてきたように，犯罪は社会のあり方と密接に関連しており，それゆえ私たちは，社会のなかの解決すべき課題について，犯罪問題を通じて考えることができます。このように，犯罪と犯罪以外の諸事象，例えば貧困などの社会事象とを結びつける想像力が，犯罪社会学的想像力です。ただし，例外的な事件に過度に象徴的な意味を付与するのは，ミスリーディングになることもあるので，慎重であるべきでしょう。

犯罪社会学的想像力は，犯罪にコミットしてしまう人たちのおかれた状況を想像する力といいかえることもできます。近年の日本社会は，犯罪者に対して厳しい罰を求める傾向を強めています。しかし，厳罰化によって犯罪者に対する社会的排除を強めることは，彼らの更生を妨げ，長い目でみれば社会全体に不利益をもたらすことが知られています。ライフコース論の論者が指摘したように，何らかの出来事をきっかけとして犯罪から離脱する人は少なくありませんが，彼らを社会から排除することは，このようなきっかけを奪うことにほかなりません。

社会をそのようなネガティブな方向から転換するためには，彼らを自分たちとは違う異常者とみるのではなく，同じような状況におかれれば，自分も犯罪に手を染めていたかもしれないと考える想像力が必要になってきます。分化的接触論が強調したように，自らのおかれた環境や条件次第で，誰もが罪を犯しうると考えてみるのです。どのような条件があれば，彼らは犯罪に走らずに済

んだのだろうか。このような仮定法的な問いこそが，犯罪の少ない社会，すなわち社会からドロップアウトしてしまう人の少ない社会について考える出発点となるのです。

　私たちは，犯罪という問題に対して，過剰に不安がらずに，また過度に楽観することもなく，犯罪社会学的想像力を持って対峙していきたいものです。

コラム

犯罪の測定

　私たちは，ともすると特異な犯罪に目を奪われがちですが，犯罪問題を大量現象として理解することなしに，その実態や背景に迫ることはできません。大量現象としての犯罪の測定方法としては，大別して公式統計，自己申告調査，犯罪被害調査の3つがあります。

　公式統計（官庁統計とも呼ばれます）とは，官公庁が作成し公表する統計のことで，警察統計のほか，検察や裁判所の統計，法務省の矯正統計，厚生労働省の死因に関する統計などがあります。有名な『犯罪白書』は，各年の警察統計や法務省の統計などの要約版と考えればよいでしょう。警察統計のなかで，しばしばマスメディアで取り上げられるのは，認知件数と検挙件数です。このうち認知件数という用語は，以前は発生件数と呼ばれていました。発生していても警察などに認知されない犯罪のことを，暗数と呼びます。犯罪が実際に発生した件数は，暗数の多寡がわからない限り算出不能なので，今日の警察統計では認知件数という用語を用いているわけです。犯罪の被害を受けても，その被害を届けなければ暗数になります。一般に，人びとが犯罪被害に対して敏感になったり，積極的に警察に通報するようになったりすると，それだけで認知件数は増加します。公式統計を参照する際には，この点に注意する必要があるでしょう。なお，殺人のように暗数がきわめて少ないと考えられる犯罪もあります。

　自己申告調査は，犯罪の経験を自己申告によってたずねる社会調査です。プライバシーの問題から一般成人を対象とする調査はむずかしく，実施されているのは，青少年を対象としたものがほとんどです。この手法は，様々な非行の経験だけでなく，家庭環境，友人関係など非行との関連が予想される要素について同時にたずねることにより，非行の原因を探る仮説検証型の調査研究でしばしば用いられています。本章でふれたハーシの研究は，その先がけといえます。

　犯罪被害調査は，一般の人をランダムに選んで犯罪被害の経験を問い，被害ありの人には警察への通報の有無などをたずねる社会調査で，暗数調査とも呼ばれます。英米では以前から国家予算を使って大規模な調査が頻繁に行われてきましたが，近年は日本でも，小規模ながら実施されるようになりました。2008年の法務省の調査

によれば，最も被害が多かったのは自転車盗で，対象者全体の4%に，過去1年以内の被害がみられました。このうち警察に被害を申告した人は46%。つまり自転車盗の54%は暗数化しているというわけです。犯罪被害調査は，自己申告調査とならんで，公式統計の弱点をカバーする有力な犯罪測定の方法です。英米では，犯罪被害調査が定着した結果，公式統計の限界と可能性をめぐる実証的な検討が進んでいます。日本はこの点で大きく遅れをとっており，研究の発展が強く望まれます。

引用・参考文献

Becker, H. S. *Outsiders: Studies in the Sociology of Deviance*, Free Press, 1963（村上直之訳『完訳アウトサイダーズ――ラベリング理論再考』現代人文社，2011年）

Cohen, A. K. *Delinquent Boys: The Culture of the Gang*, Free Press, 1955

Durkheim, É. *De la division du travail social*, Félix Alcan, 1893（井伊玄太郎訳『社会分業論（上）』講談社，1989年）

Hirschi, T. *Causes of Delinquency*, University of California Press, 1969（森田洋司・清水新二監訳『非行の原因――家庭・学校・社会へのつながりを求めて　新装版』文化書房博文社，2010年）

宝月誠『逸脱とコントロールの社会学――社会病理学を超えて』有斐閣，2004年

河合幹雄『日本の殺人』筑摩書房，2009年

牧野智和「少年犯罪報道に見る「不安」――『朝日新聞』報道を例にして」『教育社会学研究』78，129-146頁，2006年

Matza, D. *Delinquency and Drift*, Wiley, 1964（非行理論研究会訳『漂流する少年――現代の少年非行論』成文堂，1986年）

Merton, R. K. *Social Theory and Social Structure: Toward the Codification of Theory and Research*, Free Press, 1949（森東吾・森好夫・金沢実・中島竜太郎訳『社会理論と社会構造』みすず書房，1961年）

Mills, C. W. "The Professional Ideology of Social Pathologists", *American Journal of Sociology*, 49(2), pp. 165-180, 1943（青井和夫訳「社会病理学者の職業的イデオロギー」青井和夫・本間康平監訳『権力・政治・民衆』みすず書房，1971年）

Mills, C. W. *The Sociological Imagination*, Oxford University Press, 1959（鈴木広訳『社会学的想像力』紀伊國屋書店，1965年）

Roberts, A. & LaFree, G. "Explaining Japan's Postwar Violent Crime Trends", *Criminology*, 42(1), pp. 179-210, 2004

Sampson, R. J. & Laub, J. H. *Crime in the Making: Pathways and Turning Points through Life*, Harvard University Press, 1993

Shaw, R. & Mckay, H. D. *Juvenile Delinquency and Urban Areas: A Study of Rates of Delinquency in Relation to Differential Characteristics of Local Communities*

in American Cities, University of Chicago Press, 1942
Sutherland, E. H. *Principles of Criminology*, 3rd ed., Lippincott, 1939
Sutherland, E. H. *White Collar Crime*, Dryden, 1949（平野龍一・井口浩二訳『ホワイト・カラーの犯罪——独占資本と犯罪』岩波書店，1955年）
Sykes, G. M. & Matza, D. "Techniques of Neutralization: A Theory of Delinquency", *American Sociological Review*, 22, pp. 664-670, 1957
山本譲司「刑事司法と社会福祉——出所者支援活動の実践から」日本犯罪社会学会編『犯罪からの社会復帰とソーシャル・インクルージョン』現代人文社，2009年

▍推薦文献

Hirschi, T. *Causes of Delinquency*, University of California Press, 1969（森田洋司・清水新二監訳『非行の原因——家庭・学校・社会へのつながりを求めて　新装版』文化書房博文社，2010年）
——社会調査の手法を用いて，各種の非行理論の妥当性について実証的に検討し，社会的ボンド理論を提唱した。

瀬川晃『犯罪学』成文堂，1998年
——生物学や心理学の知見も含めて，犯罪学の主要な理論と実証研究についてくわしく解説した数少ない日本語文献。

宝月誠『逸脱とコントロールの社会学——社会病理学を超えて』有斐閣，2004年
——犯罪と逸脱の社会学の中級者向けの解説書。コントロールという概念を軸に，著者の理論が展開されている。

浜井浩一編『犯罪統計入門——犯罪を科学する方法　第2版』日本評論社，2013年
——犯罪に関する公式統計の入手法や読み解き方を解説。コラムでふれた犯罪被害調査の具体例も紹介されている。

第6章

家族を社会学することの醍醐味
―― 「社会」における「家族」の絶えざる発見と創出 ――

天田　城介

　家族を社会学する。家族はおおよそ誰にとっても比較的身近な集団であるため，それは容易なことであるかのように思えてしまいます。ところが，事はそう単純ではないのです。実は，その身近さゆえに，その社会に占める圧倒的な位置づけゆえに，家族を社会学することはとてもむずかしいことでもあるのです。本章ではこのことを論じていきたいと思います。

　そのためにも，本章では，最初に，家族社会学において「家族」をいかに捉えてきているのかという現在性を押さえたうえで，家族をめぐる社会的規則のもとで行なわれている家族介護がいかに解読されてきているのかを明らかにします。その上で，これまで家族社会学においては十分に議論されてこなかった「家族」と「政治」の歴史的変容を明示しつつ，現代社会において家族とは個人と国家あるいは社会を媒介とする空間であることを描き出してみましょう。そして，まさにこうした個人を統治していく「家族」という空間こそ解明することが「家族を社会学する」ためにとても大切であることを強調したいと思います。

1　家族社会学の現在

　以下では家族社会学の学説史をごく簡単に敷衍した上で，近年の家族研究の「パラダイム転換」と呼ばれる潮流を概括し，現在の「家族」をめぐってどのように「家族」が問われているかを整理します。その上で，家族社会学が「近代家族論」を経由したことによって，かつての「家族を社会学すること」において"何が""いかに"問われてきているのかを論じてみましょう。

■ 家族の通念＝常識の自明性崩し

　教科書的にいえば，日本における家族社会学は「制度論」から「集団論」へ，そして「近代家族論」や「構築主義」などの視点に立脚した理論的視座へと転回しているといわれます。これはどのようなことなのでしょうか。多少くわしく確認してみましょう。

　家族社会学の学説史を整理すれば，おおよそ，19世紀後半においては家族の「制度論的研究」が中心でしたが，20世紀には「科学的」な立場から家族の「集団論的研究」が主流となってきたといわれています。そして，1950年代は「集団論的研究」がいわゆる「通常科学化」する時期にあたると言及されますが，それはそもそも「近代家族（modern family）」が欧米諸国において圧倒的に優位になった（と想定されるようになった）時代状況に呼応する形でそのように位置づけられるようになったと指摘できるでしょう。

　特筆すべきは，かつての「制度論」があくまでも家族類型の1つとして「近代家族」を捉えていたに対して，「集団論」は「近代家族」の特性こそ家族なる本質であると定式化することで「通常科学化」していったという点です。しかし，その後の1970年代以降における「近代家族」の自明性のゆらぎに平行する形で，その後は家族におけるそれぞれの「個人」に照準したアプローチが採られることが多くなっていきます。

　平たくいえば，「制度論」とは，「近代化」に伴う家族変動を主題とし，家族をマクロな社会変動に位置づけて論考しようとする試みです。例えば，19世紀後半のル・プレ（Pierre Guillaume Frédéric Le Play）やエンゲルス（Friedrich Engels）らによる古典的言説によって"拡大家族から核家族・小家族への家族形態の変化"という「通念＝常識」が形成されます。そして，パーソンズ（Talcott Parsons）がこの「通念＝常識」を体系的な説明図式により強化・補強することで，「核家族化」「家族の民主化」「制度から愛情へ」といった家族変動の認識が広く知れわたっていきます。

　しかしながら，1970年代に入ると，フェミニズム理論などからの痛烈な批判と，家族史研究による過去の実証的研究の知見によって，それまでの家族変動に関する「通念＝常識」を根底から覆すような「発見」がいくつもなされていきます（坂本，1997，15頁）。

第一の家族の歴史に関する「通念＝常識」は，「拡大家族から核家族・小規模家族制度へと家族の形態が変化してきた」というそれです。これに対して，ラスレット（Peter Laslett）を中心とするイギリスのケンブリッジ・グループによる人口動態研究は，近代以前の過去の世帯規模が現在のそれとほぼ同様なほど小規模であったという「発見」をし，従来の家族の変遷史を打ち壊し，新たな家族史観を切り開きました。また，1950年代半ばのフランスの人口動態研究によってもこのことは確認され，晩婚・堕胎・避妊・非婚などによって子どもの数を制限することを通して，近代以前の家族が小規模な家族制度であったことが明らかになっていきます。ここで強調されるのは「近代以前」と「近代以降」の家族形態の共通性という点になります——ここでは「近代」の定義は省きます——。

　第二の家族の機能に関する「通念＝常識」は，情緒的結合や愛情などを基盤とした関係が家族の普遍的・本質的機能であるというものです。ところが，アリエス（Philippe Aries）らによって切り開かれた優れた研究を通じて，近代の成立によって「子ども期」は「成人期」とは分離されたある特有の期間として認識された結果，「子ども」が「発見」されたこと，そして，その子どもは「親の愛情が注がれるべき対象」として観念化されるようになったことが明らかになっていきます（Aries, 1960=1980）。

　坂本佳鶴恵が指摘するように，このように「家族史は，家族にまつわる事象について，一方では，特殊近代的なものと考えられてきた事柄（拡大家族から核家族への変化という通念）が，過去に存在したことを明らかにし，他方では，普遍的と考えられてきた事柄（情緒的結合は家族の普遍的・本質的機能とする通念）が，近代に成立したものであることを明らかにした」（坂本，1997，16頁）のであり，そうした知見が現在の近代家族論へと継承されているのです。

　要するに，「前近代／近代」という構図において見出された「家族変動の見取り図」が正しくはないこと，歴史的に共通する「家族の本質的機能」は事実ではないことが明らかになっていくのです。

▍家族を捉えなおすという企て

　同様に，日本の家族研究においてもこうした「問い直し」が行われるように

なり，それまで主流であった「集団論」は大きく捉えなおされていくことになりました。もともと日本の家族研究は20世紀前半に開始したといえますが，戦後，家族研究は戦前からの家族研究の流れを継承する農村家族の解明を中心とする「家」制度の研究と，米国の集団論的な家族研究の影響下に発展した「都市家族」を対象とする研究の2つの流れに別れることになります。戦前の家族研究との連続性は農村社会学に実質的に担われていきますが，他方，イエ制度の廃止による近代的夫婦家族制への政策的転換のもと，集団論的研究が優勢になり，70年代までの家族社会学は展開されていきます。こうして1960年代には「集団論的パラダイム」によって日本の家族社会学は確立し，70年代には定着していきます。

しかしながら，1970年代以降はまさにそうした「集団論的パラダイム」は確立・定着すると同時に，フェミニズム理論などからの批判と家族史研究の圧倒的な批判的知見にさらされることにもなります。80年代には「家族のゆらぎ」や「家族崩壊」などが様々な形で言説化されるようになると，シングル志向，離婚率の上昇，同棲や別居結婚，婚外子，同性婚・同性カップルなどの現象が「問題」化されるようにもなります。こうした現象をかつての「核家族モデル」の枠組みで把握することが困難であったため，核家族を「自明」な「自然」で「普遍的」なものとしたまなざし／視線それ自体が相対化されるようになり，家族社会学の新しい方法論が模索されるようにいたりました。

こうして1970～80年代には「近代家族論」などの登場によってそれまで圧倒的に支配的であった家族観・家族理論は大きく問い直され，それ以降の様々な実証研究が展開されていくことになるのです。実際，当時圧倒的に支配的であった家族観・家族理論をその根底から問い直すため，「家族」を「無定義概念」として位置づける立場も出てきます。このように「家族とは何か」を問うのではなく，むしろ「家族なるものは人びとにいかにしてみなされ，いかにして可能となっているのか」を問う作業へとその力点が大きく変容していくことになったのです。

2 家族をめぐる社会的機制と規則

■ **家族をめぐる社会的規則**

　ここでは，家族の本質的機能とされてきた「家族の愛情」「家族の情緒的結合」を日本の家族研究がいかに位置づけてきたのかを概括することを通じて，従来の日本の家族研究による「家族定義」はこの「家族の愛情」「家族の情緒的結合」を前提に組み込んできたことを批判的に論証し，近年様々に試みられている新たなアプローチを確認しましょう。

　1980年代までの家族社会学者の多くは「家族定義」を行うことに囚われ，何とか「家族なるもの」を概念規定しようと懸命に取り組んできました。戦前では「家族定義」において家族成員の「感情的融合」を重要な特性として挙げた戸田貞三がいますし，戦後，戸田の影響を受けた森岡清美は「家族」の主要特性として「感情的係わりあい」を挙げました。さらに，1960〜70年代の日本の家族社会学が積極的に「集団論的パラダイム」の立場をとり，核家族モデルを所与の前提として研究を展開してきたことも事実です。

　立岩真也はこうした先行諸研究の多くが「感情的包絡」「情緒的充足」「第一次的な福祉追求」といった「行為の質」「動機づけの特質」あるいは「家族の機能」を見出すことで「近代家族」を定義してきたことを批判します（立岩，1992）。第一に，家族の存在を「情緒的な関係」であると想定すると，当事者の現実に則さない「家族」が常に観察されること，第二に，情緒的な関係がすべて「家族」であるとは到底いえないこと，仮にこれに成員の資格を付け足したところで事態はなんら変化しないことを挙げ，「当事者の観念」という視点からではなく，家族をめぐる「行為の権利・義務に関する社会的な規則」を解明する必要があることを指摘しました。さらに，従来の議論では「だれが設定するのか」という視点の問題が重視されてこなかったとし，「私たちが漠然と家族として知っているものが，何によって構成されているのか，それを規定しているらしい諸要素を取り出し，その各々から帰結する像を確定することが必要」であると述べます（立岩，1992，32頁）。要するに，「家族とは何か」を問うのではなく，育児や介護などの「扶養義務」をはじめ，家族をめぐって存在す

る「行為の権利・義務に関する社会的な規則」を解明する必要性が主張されたのです。

では，実際，こうした「社会的規則」の1つとして位置づけられている「家族介護」は家族社会学にとっていかに捉えられてきたのでしょうか。

「情緒的結合や愛情を基盤とした関係が，家族の普遍的・本質的機能である」という第二の「通念＝常識」を大きく問い直す契機となった「感情研究」の知見からみると，「家族介護」という現象はいかなる社会学的含意を有するものとして考えることができるのでしょうか——なお，ここでは「行為の権利・義務」という社会的規則ではなく，「行為」に内在する社会的規則をみてみます。

■ 私的領域とされた近代家族における家族介護の困難

社会史家ショーター（Edward Shorter）によって命名された「近代家族（modern family）」の議論は，様々な感情研究によって家族における「愛情神話」が"脱神話化"されてきたことを原動力として，1990年代以降の家族社会学における中心的主題の1つとなりました。むしろ，家族社会学の1つの参照前提になったといってもよいでしょう。こうした感情研究の成果を概括した上で，1990年代半ば，山田昌弘は近代家族の特性を①私的領域性，②（性別役割分業に基づく）家族成員の再生産，③家族成員による感情管理の3点としてまとめました。以下では主としてこの山田による指摘から近代家族が不可避に直面せざるをえない「家族介護」の困難性を考えてみましょう。

第一には，近代家族の特性としての「私的領域性（privacy）」の視点から「家族介護」の困難性を論考してみましょう。アリエスの研究を再度引き合いに出すまでもなく，かつての家族は血縁や地縁などの親族関係や共同体に開かれた存在で，家族とそれ以外という境界設定は実に緩やかなものであったといえます（Ariès, 1960=1980）。家族のなかに「社交」の空間が組み込まれていたり，個人や家族だけで生活する空間が存在しなかったとの指摘から予想されるように，個人や家族のプライバシーという観念自体が確立していませんでした。ところが，近代においては，家族成員がともに過ごす場所（部屋）を持つ家屋の間取りへと空間の変容が起こり，住み込みや使用人との関係が変化するにつれて，家族は親族関係や共同体から分離されたものとなっていきます。また同時

に，家族のそれぞれの個人が所有する日用品が登場し，個人のプライバシーが形成されるようにもなります。そして，現代においてはいったんはプライベート化された家庭生活が「脱プライベート化」の言説で捉えられるという事態へと変容しています（Holstein & Gubrium, 1990=1997）。

こうした視点から「家族介護」を考えると，現代社会における家族介護とは「近代における家族のプライベート化」を前提に成立した行為であることがわかります。もちろん，近代以前にも「家族介護」と今日呼ばれるような行為は存在したでしょう。しかしながら，その行為が「私的領域」という空間において遂行されるもの，あるいは「家族介護」という場合の「家族」の「介護」とは近代家族によって担われるものとみなされるようになったということなのです。このように「家族介護」は新たに産まれたものなのです。実際，「介護」が多くの場合で家族——主に「妻」「娘」「息子の妻（嫁）」などの女性——によって担われていることを考慮すれば，今日の「介護」がいかに私的領域を共有してきた成員に社会的に割りあてられた行為であるのか，その成員が不可避に当該行為へと強いられる仕掛けが作動しているかを確認することができると思います。

■ 再生産労働としての近代家族における家族介護をめぐる困難

第二には，「家族成員の再生産」，つまり家事・出産・育児・介護など再生産労働の観点から「家族介護」の困難を確認してみましょう。もともと近代家族が「家族成員の再生産」として想定してきた成員とは，相互の選択のもとに婚姻した男女の夫婦と未婚子であるといえるでしょう。いうなれば近代家族が紡ぎ出す家族像は"パパ・ママ・ボク／ワタシ"という若い家族であったのです。したがって，「老いたる人間の居るべき席はその家族像には用意すらされていなかった」（木下，1997，232-233頁）ということになります。実際，1970年代までのライフサイクル研究では，結婚し子どもを産み，夫婦がともに生きるものとした「成人期」までの若いライフステージが中心として想定されてきたのです。つまり，ある意味では，老親などの「家族介護」は近代家族における「想定外」の問題だったのです。

他方で，成人子——特に女性——からみた近代家族による家族介護の困難を

指摘することもできます。事実，こうした近代家族の性別役割分業に基づく「家族成員の再生産」という幻想は，シングル志向，DEWKs や DINKs，離婚率の上昇，女性の「脱-主婦化」，同棲や別居結婚，婚外子，同性婚・同性カップルなどの現象にみられる社会変動を背景に根底からゆるぎつつあります。すなわち，市場労働＝有償労働を男性に，家事労働（家事・育児・介護など）＝無償労働を女性に不平等に配分してきた近代家族は大きな変容を迫られているといえるでしょう。資本主義経済の発展によって生産と消費が分離し，生命・生存を担う再生産労働の領域が市場の外部の家族へと社会的に割りあてられた帰結として，市場労働が有償労働として男性の手に，家事労働が無償労働として女性によって担われるようになり，その結果，女性が従属的地位へと抑圧されたことの社会的機制を，資本主義のもとでの家父長制による編成として説明したのがマルクス主義フェミニズムでした（上野，1990）。その意味での「主婦」とは近代によってつくり出されたものであり，近代社会が産出した新たな労働力再生産システムでありました。こうした再生産労働は変容しつつも，その実，今日において新たな再生産システムへの編成を通じて強固に維持されてもいます。

　また，戦後の経済成長に伴う「家事労働の外部化」の社会的帰結として，家電製品の普及や外食産業の発展などの要因によってそれまで主婦の手作業に依存してきた家事が金銭の支払によって何らかの形で代行されるようになり，さらには少子化による子育て期間の減少の結果，家事労働の負担は省力化・軽減されるようになりました。しかし，その一方で，家事・育児・教育・介護などの家事労働は，両親や義父母，きょうだいなどの家族から分離化ないしプライベート化したことで「妻／母」のみに課せられるようになった上，家事・育児・教育・介護がかつてないほど高度化（＝「家事の高度化」）したことによって省力化・軽減された時間と負担が今度は逆にそちらに割りあてられるようになりました。

　加えて，現在の日本における老親への家族介護にはある種の構造的な"ネジレ"が生じてもいます。つまり，もともと理念的に近代家族の家族像に高齢者はメンバーとして想定されていませんでした。だとしたら当然，高齢者の介護という家事労働も理念的には存在しなかったはずです――子どもの養育や社会

化といった要件はかつての家族定義の多くに組み込まれてきたのに対して，老親への介護はまったくの除外事項でした——。にもかかわらず，家庭内の女性が高齢者の介護を課せられ，不可避に選択せざるをえない状況がつくりあげられてきたのは，まさに明治以降の「家」的な家族観と現代の近代家族の家族観との構造的なネジレが生じているがゆえです。すなわち，女性が老親の家族介護へと選択の余地もなく，あるいは主体的に選択するかのようにして巻き込まれてゆくのは，もともと近代家族の理念には配備されていなかった老親への介護を，「家」の家族観へと接合することによって家族による老親への介護責任が付与されてきたからであるといえましょう。これは「家」的な家族観における介護責任を「長男の妻として」遂行する場合でも，近代家族的な「家族の愛情」の名の下に「娘として」（時には「息子の妻として」）介護を自己選択する場合でも同様であり，前者は「家」的な家族観へ単純に連接することによって発生する介護責任であるのに対して，後者は介護する女性（あるいは自身の配偶者）にとって定位家族の父母への「愛情」という近代家族の原理に則して——「家族成員の再生産」という親による子の養育という労働を反転させる形で——生じてくる介護責任です。

　現代社会においては後者の原理が優位であるため，女性は（仮に「自己選択」であったとしても）老親への「愛情」に基づいて「娘として」介護せざるをえなかったり，あるいは老親への「愛情」を抱えて生きる夫への「愛情」を「妻として」証明せざるをえない状況へと余儀なく引きずり込まれることで介護することになってゆくことが多いのです（春日，1997）。こうして家族成員それぞれの「家族の愛情」が——近代家族においては想定されてこなかった老親への介護を再編する形で，女性は一層介護をすることを拒否／拒絶することが困難となっているのです。

　その意味で，戦前のみならず戦後においても「家」イデオロギーと近代家族イデオロギーの絶え間ないせめぎあいの帰結として，あるいは両者の相互の論理を巧妙に再編させることによって「家族」は絶えず新たにつくり直されているのです。こうした言説をめぐる政治学（ポリティックス）の帰結として，近代家族がそもそも理念として組み込んでいなかった老親への介護を再び近代家族のうちに内備・再編することになったのです。

▍親密性のもとでの近代家族における家族介護をめぐる困難

　第三には，近代家族論でもっとも議論がついやされてきた「親密性」——ことに「愛情」を含む「感情」——から「家族介護」の困難をみていくことにしましょう。親密性とは「特定の他者との関係性，あるいはそのような他者との心理的・社会的な距離の近さ」を意味する多義的な概念です。おそらく，近代以前の社会において，今日でいうところの親密性は，地縁や血縁などの親族や共同体といった伝統的な社会関係の中に埋め込まれていた（embedded in）ために，それ自体が発見されることはありませんでした。つまり，こうした近代家族の親密性はプライベート化や個人の成立と密接に関連して構成されてきたものなのです。

　ショーターは近代化における「感情革命」によって家族と感情が結合してゆく過程を記述し，それが主に①「ロマンティック・ラブ」による恋人・夫婦の領域，②「母性愛」による母—子の領域，③「家族愛」による家族の領域の3領域において感情表現が如実にみられるようになったことを明示しました（Shorter, 1975=1987）。こうした「ロマンティック・ラブ」によって異性愛主義（ヘテロセクシュアリズム）やジェンダー規範が生まれ，「母性愛」の名の下に女性は家事労働へと追いやられ，感情を中心的にマネージする役割が担わされるようになり，そして「家族愛」という観念によって家族以外の成員と自らの家族が明確に境界づけられるようになった結果，私的領域としての「家族」という観念が生まれたのです。

　以上に加えて，近代における「個人」の成立，あるいは現代の「家族の個人化」によって生じる現代の家族が対峙せざるをえない介護の困難もあります。あるいは平等主義的家族観のもとで逆説的に家族介護をめぐる困難が生じることもあります。さらには，「家」イデオロギーから近代家族イデオロギーへの変容といった歴史性によって生じる，老親世代と子世代の世代間で隔絶した「家族」観によって引き起こされる困難もあります。

3　家族と政治

▍古代ギリシアにおけるオイコスとポリス

　しかし，考えてみると不思議です。かくも政治的空間である「家族」という

領域がなぜゆえに「政治的である」とみなされることがないのでしょうか。その由来を探ってみましょう。

　以下では，アーレント（Hannah Arendt）の議論から「家族なるもの」と「政治的なもの」の関係を考え，「親密性」と「公共性」をめぐる現在性を論考してみましょう。

　アーレントにとって「家族」とは「前政治的な領域」であり，言語を媒介とした開かれた自由な空間たるポリスに比して「言語のない共同体」であり，暴力が支配する領域としてみなされました。アーレントによれば，「政治的なもの（the political）」あるいは「公共性（publicness）」というものは，かつての古代ギリシアの都市国家におけるポリスのように，人間の複数性が純粋に開示される場所です。古代ギリシアではこのポリスという領域と，人びとの生存・生活の維持に必要なものを調達する家族を中心とするオイコス（家）は相互に明確に区別されており，それゆえに，ポリスとはこのオイコスにおいて生存・生活が可能となった自由民の成人男子が集う，つまり個々人の生活・生存を超えて達成されるべき「自由」が可能となる政治的空間としてみなされていました——ちなみに，「経済（学）」を意味するエコノミーの語源はこの「家（οικος）」の「法（νομός）」たる〈家の法（οικονομία）〉，つまりはオイコスにおける主人と奴隷，夫と妻，父と子どもたちから構成される家族の分配（νέμω=distribute）を通じた統治に由来しています——。

　換言すれば，かつてのギリシアにおける「政治的なもの」とは，オイコスとポリスの明確な峻別によって可能となっていたということになります。オイコスにおいて「生命／生存の維持」に関するすべての事柄が営為されているゆえに，オイコスの支配者である家長は「生命／生存の維持」に関する一切の事柄とは離れて，あるいはそれぞれのオイコス内部の「生命／生存の維持」に関する利害関係を超えて，「政治的生」あるいは「公共的生」を追求することが可能であったがために「公共空間」は人間の複数性や共約不可能性によって逆説的に構成されるとアーレントは指摘します。こうした強固な境界設定ゆえに，公共領域たるポリスは「何性」ではなく，「誰性」としての存在を相互に承認し合う形式を通じて，「共約不可能な他者」が出来（しゅったい）する「現われの空間」となっていたと説明されるのです。

ところが，かつては明確に峻別されていたオイコスとポリスが，近代における「社会的なもの」の勃興によって，すなわちこれらの2つの領域が結合することによって，〈社会体〉という範疇内で——もともとはオイコスでなされていた——人びとの生命／生存の維持がなされるようになると，これによって私的領域（の利害）を超えて達成されるべき公的領域の自由な政治性が失墜し，「社会的なもの」による権力が強化／徹底化されるという事態をアーレントは批判しました（天田，2003，2004）。いわば「社会的なもの」によって，まるで〈家の法〉(オイコノミア)のような統治が社会全域を包囲してしまったとアーレントは捉えたのです——こうした観点から「社会的なもの」や「経済的なもの」をめぐる歴史を解読することもできますが，ここでは割愛します。詳細は天田（2008a，2008b，2009）を参照——。

　アーレントの言葉を少しくわしくみてみましょう。

　「古代人の感情では，言葉それ自体に示されているように，私生活のprivativeな特徴(プライヴァシー)，すなわち物事の欠如を示す特徴は，極めて重要であった。それは，文字通り，なにものかを奪われている（deprived）状態を意味した」（Arendt, 1958=1994, 60頁）と述べるように，私的領域とは単に生存・生活に必要なものを確保するためだけの領域であり，また「他者」が「奪われている」状態にある，すなわち他者不在の「前政治的な領域」であると指摘されます。それゆえ，「ギリシア人は，『自分自身の』（idion）私生活の中で送る生活，逆にいえば，共通なものの世界の外部で送る生活は，本性上，『愚かしい idiotic』と考えていたし，ローマ人は，私生活は公的なもの(レス・プブリカ)の仕事から一時的に逃れる避難場所を提供するに過ぎないと考えていた。しかし，私たちはもはや，このようなギリシア人やローマ人の考えに賛同することはできないだろう。私たちは今日，私的なものを親密(インティマシー)さの領域と呼んでいる」（Arendt, 1958=1994, 59-60頁）と記すように，私的領域＝「愚かしい」あるいは「一時的な避難場所」というギリシア—ローマの観念は，近代において私的領域＝「親密性の空間」という観念へと大きく変容してきたのです。

■「社会的なもの」による「私的領域／公的領域」の発見・創出

　『人間の条件（*The Human Condition*）』の「社会的なるものの勃興」と題する

節でこうした「私的領域／公的領域」の変容を「社会的なもの」の関係から以下のように述べます。

「薄暗い家族の内部から公的領域の光の中へ社会が現われてきたこと——家計，その活動力，その問題，その組織的仕組み等々の勃興——により，私的なものと公的なものとの古い境界線が曖昧になっただけではない。この二つの用語の意味と，これらの用語が個人と市民の生活に与えていた重要性も，見違えるほど変化したのである」（Arendt, 1958=1994, 59頁／傍点引用者）。そしてより重要なことは「近代の私生活は政治的なものと対立」していると同時に，「社会的領域——それはその内容を私的な問題と考えた古代人には未知なものであった——と鋭く対立しているのである。いいかえると歴史上，決定的な事実は，親密なものを保護するという最も重要な機能をもつ近代の私生活が，政治的領域と対立しているというよりは，むしろ社会的領域と対立していることが発見されたということである。したがって，ある意味で，近代の私生活は，政治的領域よりもむしろ社会的領域のほうに密接かつ確実に結びついている」（Arendt, 1958=1994, 60-61頁／傍点引用者）のです。

つまり，アーレントの近代社会に対する批判の精髄（エッセンス）はこういうことです。

かつて明確に峻別されていた私的領域（オイコス）と公的領域（ポリス）は，「社会的なもの」の勃興，すなわちこれら2つの領域が結合し，〈社会〉という範域内でその構成員の——もともとはオイコスにおける分配を通じてなされていた——「生存・生活の維持」が「福祉国家」あるいは「生存権の保障」の名のもとになされるようになり，これによって——もともとはオイコスにおいて「生命／生存の維持」に関するすべての事柄が営為されているゆえに，オイコスの支配者である家長は「生命／生存の維持」に関する一切の事柄とは離れて，あるいはそれぞれのオイコス内部の「生命／生存の維持」に関する利害関係を超えて追求することが可能であったのだが——自らの「生存／生命の維持」の利害を超えて達成されるべき公共領域の自由な政治性が欠落してしまったこと。これこそアーレントがもっとも憂慮した「社会的なもの」の勃興という事態でした。「社会的なもの」によって〈家の法〉（オイコノミア）のような統治が社会全域を覆い尽くしてしまったような事態として理解したのです。

ちなみに，同様に，ハーバーマス（Jürgen Habermas）は『公共性の構造転

換（*Strukturwandel der Öffentlichkeit*）』において福祉国家による「豊かさ」という名の下に行使される様々な介入を通じて，公共性の失墜と同時に，国家による私的領域の管理や統制が増大する結果，私的領域も消失すると批判します（Habermas, 1962→1990=1973→1994）。

　ここで，近代社会において「親密的なもの」を保護する「私的領域」が「政治的なもの」を可能とする「公的領域」と対立するだけではなく，あるいはそれ以上に「社会的なもの」と対立しているというアーレントの指摘の含意を読み解いておきましょう。

　アーレントによれば，「親密さの最初の明晰な探求者であり，ある程度までその理論家でさえあったのは，ジャン=ジャック・ルソー」であり，「彼が自分の発見に到達したのは，国家の抑圧にたいする反抗や，それまで特別の保護を必要としなかった人間の内奥の地帯にたいする社会的侵入にたいする反抗を通してであった。私的な家族と違って，魂の親密さは，世界の中に客観的で目に見える場所をもたない。しかし魂の親密さが抗議し，自己主張する相手側の社会も，公的空間と同じような確実な場所をもつことができない。ルソーにとって，親密なるものと社会的なるものは，いずれも，むしろ人間存在の主観的な方式であり，彼の場合，ジャン=ジャックがルソーと呼ばれる男に反抗しているかのようであった。この近代人は果てしない葛藤を続けながら，社会の中で気楽でいることもできなければ，その外側で生きることもできない。そして彼の気分はたえまなく変化し，その情緒的生活は過激な主観主義に満ちている」（Arendt, 1958=1994, 61頁／傍点引用者）。

　また別の箇所では「社会に対する反抗的態度は，結局，ルソーやロマン主義たちが親密なるものを発見するきっかけとなったが，この反抗的態度は，なによりもまず，社会的なるものが押しつける一様化の要求に向けられていた。今日でいえば，全ての社会に固有の画一主義に向けられていたのである」（Arendt, 1958=1994, 62頁）と書き記しています。

　敷衍すれば，「親密性」とは「国家の抑圧」や「それまで特別の保護を必要としなかった人間の内奥の地帯にたいする社会的侵入」に対する抵抗，つまり「社会的なもの」による画一主義への抵抗としてルソーやロマン主義者によって「発見」されたのです。そして「ジャン=ジャックによるルソーと呼ばれる

男への反抗」の意にするところは，アーレントが概念を使用して表現し直せば，「誰性」――他者の応答や承認を通じて知りうる私のアイデンティティ――による「何者性」――他者を介することなく知りうる私のアイデンティティ――への反抗なのです。このように「社会的なもの」は「親密的なもの」を保護する「私的領域」と「政治的なもの」を可能としていた「公的領域」を単に結合したのではなく，むしろ生活・生存を可能としていた「私的領域」が「社会的なもの」を媒介にして「公的領域」へと接続されることで，逆に「私的領域」の「親密的なもの」は新たに「発見」され，そのことによって「私的領域」は「親密的なもの」を保護する空間として，さらには――もともとは「社会的なもの」を通じて生み出されたにもかかわらず――「社会的なもの」の「画一主義」への「抵抗」する空間として新たに創出されたのです。

▍「友愛」の空間において

さらに加えるならば，「親密さの最初の明晰な探求者」であるルソー（Jean-Jacques Rousseau）の著作にこそもっとも顕著に言説化されている〈友愛〉の効果によって，個人と社会を接合する想像力が創起し，その効果によって「社会的なもの」は勃興することになったことも押さえておく必要があります。親密性は〈友愛〉の創出した一つの特殊な関係様態なのです。

したがって，ここでもっとも大切なことは，この〈友愛〉こそ「社会的なもの」の勃興を可能にし，また同時に，かつてのオイコス（生存・生活を可能とした空間）と呼ばれていた「私的領域」を親密性が支配する世界へと変転し，さらにはかつてポリス（個々人の生存を超えて達成される自由な政治空間）と呼ばれていた「公共空間」を「政治的な言説空間」へと転換したということです。この〈友愛〉こそかつての私的領域（オイコス）と公的領域（ポリス）を結合して「社会的なもの」を勃興させた動因であり，その「社会的なもの」の挿入を通じて，それぞれの人間の身体を細微に規律化し，人口の増減などを調整・管理する「生―権力」が覆い尽くす世界がつくり出されてきたのです。要するに，図6-1に示したように，〈友愛〉なる想像力こそ「親密性／公共性」という構図と「社会的なもの」を同時に産み落とした，同じ産みの親なのです。

詳細は割愛しますが，近代社会における〈友愛〉の言説化の効果によって

〈公共性〉と〈親密性〉が共に創出された過程，すなわち〈公共性〉という政治的な言説空間たる「公共空間」と〈親密性〉を達成可能化させる「私的空間」を仮構的につくり出したこと，この友愛の言説によって同時に〈男性性〉が構築されたことにより「個人と社会」を接続する政治的な言説空間である「公的空間」がホモソーシャル化したこと，また同時に，〈男性性〉を補完するためにつくり出された〈女性性〉が称揚されることで，女たちは特定の人間関係を繋ぎ止める〈親密性〉を達成するための「私的領域」——主として「家族」という名の空間——へと抑圧されてきたことを押さえておく必要があります。

葛山の言葉を借りれば，「まさに友愛の言説——特に自己物語の言説や，政治的概念や社会道徳的な理念に転用された言説——こそが男性性の創出される場を用意してきたのであり，'友愛の名の下に'言説化される社会的結合や親密性の諸形態は，それ自体が男性性が姿を現すための可能性の条件に他ならなかったのである」（葛山，1999，25頁）。つまり，友愛は個人と社会を接続する想像力を暗黙のうちに下支えをし，そしてそのことによって自己の内面や秘密を含んだ親密性や政治的な言説空間である公共性は創出することになりますが，しかしそれは同時に〈男性性（masculinity）〉を創出する条件となり，それこそがホモソーシャルな公共空間を醸成していったということなのです。こうして，この〈友愛〉の言説によって創出された空間においては「熱心な男同士のホモソーシャルな欲望は，最も義務化されていると同時に，最も禁止されている絆」（Sedgwick, 1990=1999）となり，性差別的な異性愛主義（ヘテロセクシュアリズム），すなわち「女性嫌悪（ミソジニー）」と「同性愛嫌悪（ホモフォビア）」を基盤として成立します。

こうして友愛の言説は，時として過剰なホモソーシャルな空間＝〈男らしさ〉の充満した世界はファシズムやテロリズムへと転化し，ヘテロセクシズムによる抑圧と排除と，おぞましい残虐なる暴力を発動していくという事態へと帰結します。戦後においても，私たちは過去の数々の悲惨な暴力を等閑にしてきたばかりか，その暴力の発動装置たるホモソーシャリティに孕（はら）む〈暴力性〉を直視することさえ遮断し，そして忘却してきたのです。

図 6-1　オイコス／ポリスの関係と私的領域／公的領域／社会的領域の関係

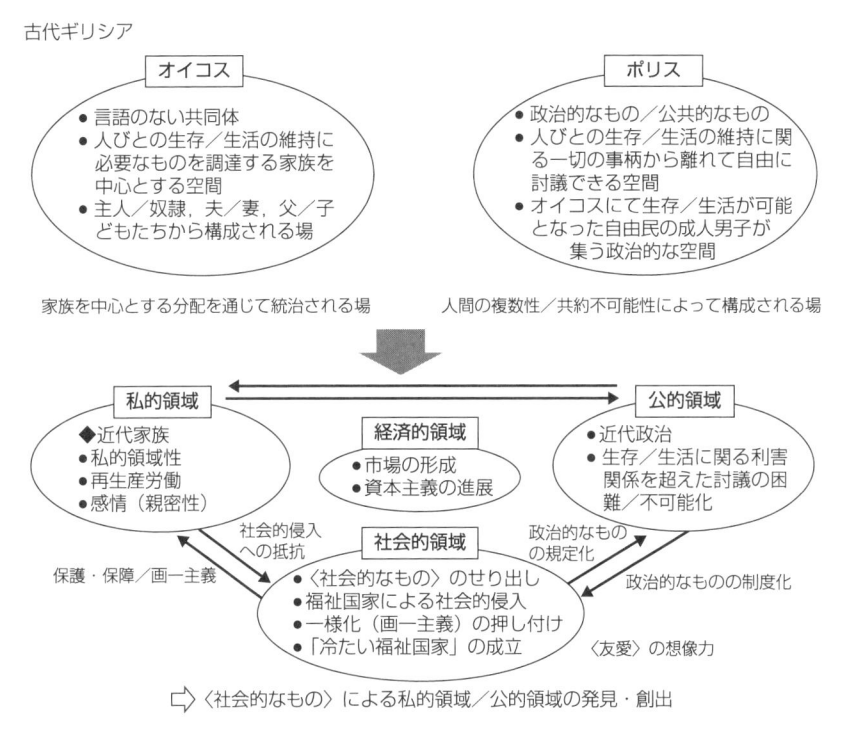

古代ギリシア

オイコス
- 言語のない共同体
- 人びとの生存／生活の維持に必要なものを調達する家族を中心とする空間
- 主人／奴隷，夫／妻，父／子どもたちから構成される場

家族を中心とする分配を通じて統治される場

ポリス
- 政治的なもの／公共的なもの
- 人びとの生存／生活の維持に関る一切の事柄から離れて自由に討議できる空間
- オイコスにて生存／生活が可能となった自由民の成人男子が集う政治的な空間

人間の複数性／共約不可能性によって構成される場

私的領域
- ◆近代家族
- 私的領域性
- 再生産労働
- 感情（親密性）

保護・保障／画一主義

経済的領域
- 市場の形成
- 資本主義の進展

公的領域
- 近代政治
- 生存／生活に関る利害関係を超えた討議の困難／不可能化

政治的なものの制度化

社会的領域
- 〈社会的なもの〉のせり出し
- 福祉国家による社会的侵入
- 一様化（画一主義）の押し付け
- 「冷たい福祉国家」の成立

社会的侵入への抵抗　　政治的なものの規定化　　〈友愛〉の想像力

⇨〈社会的なもの〉による私的領域／公的領域の発見・創出

出典：筆者作成。

4　生―権力のせめぎあう空間たる家族

▍親密性／公共性の現在性――「生―権力」の遍在

　このように〈友愛〉こそ「社会的なもの」の勃興を可能にしたと同時に，「私的領域」を親密性の支配する世界へ，「公共空間」を政治的な言説空間へと変容させました。そしてこの「社会的なもの」の挿入を通じて，それぞれの人間の身体を細微に規律化し，人口の増減などを調整・管理する「生―権力」が覆い尽くす世界がつくり出されてきました。

　フランス革命の「自由・平等・友愛」と掲揚された理念の最後の〈友愛〉とは，資本主義社会が本質的に孕まざるをえない論理的矛盾である自由と平等の

両立を可能とするための理念です。自由な経済活動の帰結として生じる格差や不平等を人間自身が不条理にもつくり出したものとして捉えて，是正・解消してゆく営為こそ「社会的」であることの意味だとすれば，〈友愛〉とは「社会的なもの」が存立可能であると思わせる想像力でもあります。

換言すれば，「社会的なもの」とは，医療・司法・教育・福祉などの政策を通じて私たちに常に介入してくるものです。それは，アーレントの表現を借りれば，「それまで特別の保護を必要としなかった人間の内奥の地帯にたいする社会的侵入」，あるいは「社会的なるものが押しつける一様化の要求」です。まさに「福祉国家化」とはその道程を示すものとして解釈されるものでしょう。

ドンズロ（Jacques Donzelot）は『家族に介入する社会（*La Police des Familes*)』において，近代社会において近代家族と国民国家が共謀的・共犯的に構築しあってきた政治性と，「家族」という空間は個人と国民国家とを接続する結節点(エージェント)としてみなされるがゆえに，国家にとって「家族」は医療・司法・教育・福祉などのさまざまな政策を通じて介入してゆく戦略的拠点であり，こうした「社会的なもの」によって人びとを管理・統制する装置が遍在的に配備されてきた歴史性を見事に描出しています（Donzelot, 1977=1991）。

この「社会的なもの」の勃興によって「私的領域／公的領域」の間にはみえざる微細な権力が遍在することになり，その結果，フーコー（Michel Foucault）がパノプティコン（一望監視施設）やセクシュアリティの装置を通じて描き出したような，身体を監視・統制してゆく様々な装置が配備され，「主体化＝隷属化(サブジェクション)」として秩序化されてゆく機序が常に機動することになります（Foucault, 1975=1977／1976=1986／1997=2007／1999=2007／2004a＝2007）。こうして人びとは「家族」を媒介(エージェント)として，自らを規律化し自己を監視するまなざしに自発的に服従する成員として産出されていくのです。

▌魂のオイコノミア

ここではフーコーの「オイコノミア（oikonomia）」をめぐる議論を論考しておきます。フーコーはコレージュ・ド・フランスの講義で次のような言葉を力強く口にしています。

「私が示そうとしたのは，司牧がさまざまな技術や手続きからなる総体を構

成しているということでした。私がすでに示したのは，その技術や手続きのうちの根本的な諸要素についてだけです。(中略) 司牧を特徴づけるこのさまざまな技術や手続きからなる総体に，ギリシア教父たち（明確に言えばナジアンゾスのグレゴリオス）が一つの名を与えているということです。その名は非常に驚くべきものです。［グレゴリオスは］これ（つまり司牧）を，魂のオイコノミア（オイコノミア・プシュコーン）と呼んだのです。言い換えれば，アリストテレスに見られる家政（オイコノミア）というギリシアの概念は，アリストテレスの当時は家族（家族の富・財産）に対する特有の管理——奴隷や妻や子どもたちの管理や指導——を，またばあいによっては顧客の管理（マネジメントと言ってもいい）を指すものだったわけですが，それが司牧とともにまったく異なる規模，まったく異なる参照領域を獲得したということです。それがまったく異なる領域だというのは，ギリシア人においてはオイコノミアといえば根本的に家族の経済のことだったのに——「オイコス」とは住居ということです——，［魂のオイコノミアは］人類全体とまでは言わずとも，キリスト教世界全体という規模を獲得するからです」(Foucault, 2004a=2007, 238頁)。

　ここでの要諦は，アリストテレスの『政治学』を参照するまでもなく，ギリシア時代においては「家（οικος）」の「法（νομός）」たる〈家の法（οικονομία）〉——それは主人と奴隷，夫と妻，父と子どもたちから構成される家族の分配（νέμω=distribute）を通じた統治である——が，牧者が羊の群れを見張るように牧人がキリスト教の世界全体における人間たちを運用・統治・指導する形式としての「魂のオイコノミア」へと編成／変転されていったという歴史的事実です。平たくいえば，羊飼いが羊を見張るように牧人がキリスト教の世界全体における人間たちを統治する形式が生まれていき，それがその後の「社会的なもの」，さらには「経済的なもの」を通じた統治へと変容してきたという大きな歴史性をさし示しているのです。

▍統治空間としての家族

　上述のように，フーコーはこの「オイコノミア（oikonomia）」，とりわけ「魂のオイコノミア（オイコノミア・プシュコーン）」の神学的議論をふまえ，牧者が羊の群れを見張るように，牧人がキリスト教の世界全体における人間たちを運用・統治・指導する形式と

しての「魂のオイコノミア」へと編成／変転されていったという歴史的事実を記述しました。かかる「牧人的権力（pouvoir pastoral）」によって「人間の振るまい・身振り・思考を，有用だとされる方向に向けて運用・統治・指導することを目標とする実践・知・措置・制度の総体」（Agamben, 2006=2006, 87-88頁）としてのオイコノミア＝装　置（ディスポジティフ）が現出することになっていくのです。

このように本来は政治的ではなかった「牧人的権力」という統治実践は，「魂のオイコノミア」を介しつつ，「操　行（コンデュイット）」と「反　操　行（コントル・コンデュイット）」のせめぎあいを通じて，国家権力に入り込んできたのです——ちなみに，フーコーが「フランス語の「エコノミー」は明らかにこの「魂のオイコノミア（オイコノミア・プシュコーン）」を翻訳する最適の単語ではないでしょう。（中略）「魂のオイコノミア（オイコノミア・プシュコーン）」は「魂の操　行（コンデュイット）」と翻訳するのが最善かもしれないと思うのです。キリスト教司牧が西洋社会に導入した根本的な要素の１つだろうと思います」（Foucault, 2004a=2007, 238-239頁）と述べている点は大変示唆的です——。

いずれにしても，こうした「古典主義時代＝規律の時代」における国家運営こそが「内政（ポリツァイ）」と呼ばれるものです。そして，「古典主義時代＝規律の時代」における国家運営における「内政」からこそ「二重のシステム」として「経済と人口管理を通じた国力増強を機能とするメカニズム」と「警察を通じた秩序増強を機能とする装置（ポリツァイ）」が立ち現れたのです。

ここでは詳細な説明できませんが，重商主義や官房学の構想に支えられた「内政」における国家理性とは「国家自体の維持・増強」のために存在するというものであり，「内政が支配するべきとされるもの，内政の根本的対象となるのは，いわば，人間たちの共存の形式全体」となる。このように「人間たちがともに生きていること，再生産すること，それぞれにしかじかの量の食糧を必要とすること，呼吸をして生きていくために空気を必要とすること，異なっているにせよ似通っているにせよさまざまな職に就いてそれぞれに労働するということ，流通空間のなかにいるということ」をさし示す〈社　会（ソサエティ）〉という観念こそが「内政」を可能にした当のものであるというのです。「一八世紀の理論家たちは，つまるところ内政が引き受ける当のものとは社会であると口にすることになります」（Foucault, 2004a=2007, 403頁）。

つまり，きわめて乱暴にいってしまうと，私たちの社会における統治は，

「内政」における国家理性としては「国家の自律的な維持と増強」のためであり，「内政」から「経済」を通じた統治へと変転しても，その統治は「国力増強と秩序増強」のためである，ということになります。そして，それを可能にするのがほかならぬ〈社会〉という観念ということなのです。とても図式的にいってしまうと，「統治」の形式が「家の法」から「魂のオイコノミア」へ，そして「内政」を中心とする「社会的なもの」へ，さらには，その後は「経済的なもの」へと変容してきている，ということです。そして，そのような「統治」の形式において，とりわけ近代における統治形式においては個人と国家を媒介とする形で家族という空間は創出・編成されてきたということなのです。そして，まさに個と全体を統治していく「家族」という空間こそ解明することが「家族を社会学する」ためにとても大切なのです。

コラム

家族とケア

　本章では，アーレントの議論を引きながら，「社会的なもの」によって「親密なもの」を保護する「私的領域」と「政治的なもの」を可能にする「公的領域」が結びつけられたのではなく，もともと「生活・生存の維持」を可能としていた家族を中心とする「私的領域」と，衣食住などの生活・生存の利害関係から自由となって討議できる「公的領域」が結びつけられたことを指摘しました。平たくいえば，もともと「食っていくことから自由になって討議できる空間」であった「政治」が，「福祉国家」の登場によって「人びとを食わせていくためにこそ討議する味も素っ気もない空間」になり下がってしまったということです。そして，こうした「福祉国家」の進展によって「家族」は様々な政策を通じて「国家が人びとを食わせながら社会にとって望ましい人間へと統制する空間」となると同時に，逆説的ではありますが，そうした「福祉国家」の進展によってこそ，「(単に)食っていくための空間」であった「私的領域」たる「家族」は，いわば「福祉国家が押しつける画一主義に抵抗する空間」「冷たい福祉国家ではカヴァーすることができない親密な関係を保つ場所」として「発見」されるようになった，ということをアーレントは強調したのです。

　では，このような場面を具体的な事例から読み解いてみましょう。

　高齢者の家族介護の場において筆者がいくども耳にしたのは，「介護をしたくない」といった苦悩と葛藤だけではなく，むしろ，介護する家族が介護を受ける高齢者のことを，あまりに"知っているがゆえに抱えてしまう苦悩・葛藤"でした。例

えば，家族介護者は自らの老親が「アルツハイマー型認知症」と診断された場合でも「アルツハイマー型認知症になってしまった」と判断するのとは異なる水準で，「あ〜，こんなこともわかっているんだ」というように，絶えず「わかっていること」を「発見」していくことが少なくありません。

実際，79歳の夫を介護する妻は夜中でも外に出て行こうとする夫に対して「どうして昼も夜もわかんなくなっちゃったんだろう」と悩みますが，ある時，夜中に外出しようとする夫のジャンパーのポケットに丁寧に折りたたまれた千円札と保険証を発見します。その時，妻は「あ〜，（夫のなかではそれまでいつも治療に通っていた）接骨院に行こうとしていたんだってわかった」とハッと気づきます。「夫はわけがわからなくなって外出しようとしているのではなく，通い慣れた接骨院に行こうとしているのだ」と。あるいは，夫が何度もベッドと居間を往復する言動を繰り返している状況において，妻がじっと夫の手を握り締めると，安心した表情で眠りにつく場面をみて，「あ〜，（夫は自分が認知症になったことの）不安で一杯なんだ」と思うにいたります。

ただ，こうした状況においてこそ妻はいくえにも深い苦悩と葛藤を感受せざるをえなくなります。というのも，当時，妻は「私ももう限界」と思っていましたが，こうした夫の「苦悩」や「不安」を誰よりもわかってしまうがゆえに，にもかかわらず，「施設ではこうした夫の苦悩や不安をわかってあげることはできない」と考えるため，より一層「私でなければならない」という心境へと陥ることになってしまうからです。いわば，夫の気持ちが「わかってしまう」がゆえに，「わかってあげられる私」と「わかってあげることはできない他の人たち」という境界設定を強化してしまうのです（天田，2003：379-385→2007→2010）。

このように，「福祉国家」のもとで供給される社会サービス（介護保険サービス）を利用することは，一見すると，「家族の脱プライベート化」のように思えてしまいますが，むしろ，上記の現実のように，社会サービスの利用を通じて（そこでの利用者とサービス供給者との関係を通じて），「わかってあげられる私」と「わかってあげることはできない他の人たち」という境界設定を強化してしまうことがあるのです。言いかえれば，介護保険の利用は，一見すると，「脱プライベート化」のようにみえて，その実，「施設の人たちにはわからないことが私（たち）にはわかる」という形で新たなプライベート化を生じさせてしまうことがあるということです。

このように「家族」とは「社会的なもの」による様々な政策を通じて「人びとを統制していく戦略的拠点」として編成されていくと同時に，「社会的なもの」による画一的で冷たい関係から「人びとの親密な関係を守っていく空間」として絶えず見出されていく場所であるといえるでしょう。言いかえれば，私たちは「社会」との関係においてこそ絶えず「家族」を新たに発見・創出していく，ということなのです。

引用・参考文献

Agamben, Giorgio *Homo sacer: Il potere sovrano e la nuda vita*, Einaudi, 1995（高桑和巳訳『ホモ・サケル――主権権力と剥き出しの生』以文社，2003年）
─── "Che cos'é un dispositivo?", 2006（未発表テクスト）（高桑和巳訳「装置(ディスポジティフ)とは何か？」『現代思想』第34巻7号，84-96頁，2006年）
天田城介『〈老い衰えゆくこと〉の社会学』多賀出版，2003年
───『老い衰えゆく自己の／と自由――高齢者ケアの社会学的実践論・当事者論』ハーベスト社，2004年a
───「抗うことはいかにして可能か？――構築主義の困難の只中で」『社会学評論』219号（Vol. 55, No. 3），223-243頁，2004年b
───「『生命／生存の維持』という価値へ――『公共圏／親密圏』という構図の向こう側」『家族研究年報』30号，17-34頁，2005年
───『〈老い衰えゆくこと〉の社会学〔普及版〕』多賀出版，2007年
───「死の贈与のエコノミーと犠牲の構造――老い衰えゆく人びとの生存という戦術」『現代思想』第36巻3号，82-101頁，2008年a
───「〈ジェネレーション〉を思想化する――〈世代間の争い〉を引き受けて問うこと」東浩紀・北田暁大編『思想地図vol. 2（特集・ジェネレーション）』日本放送出版協会，203-232頁，2008年b
───「「脆弱な生」の統治――統治論の高齢者介護への「応用」をめぐる困難」『現代思想』第37巻2号，156-179頁，2009年a
───『〈老い衰えゆくこと〉の社会学〔増補改訂版〕』多賀出版，2010年
───『何ものかとの争い（仮題）』医学書院，【2010年刊行予定】
Arendt, Hannah *The Human Condition*, (2nd. ed). The University of Chicago Press, 1958（志水速雄訳『人間の条件』ちくま学芸文庫，1994年）
Ariés, Philippe *L' Enfant et la vie familiale sous l'Ancien Regime*, Seuil, 1960（杉山光信・杉山恵美子訳『〈子供〉の誕生――アンシャン・レジーム期の子供と家庭生活』みすず書房，1980年）
Donzelot, Jacques *La Police des Familes*, Minuit, 1977（宇波彰訳『家族に介入する社会』新曜社，1991年）
───*L' invention du social*, Fayard, 1984
Foucault, Michel *Histoire de la folie a l'age classique*. 1972. *Histoire de la folie a l' age classique*, Gallimard, 1961（田村俶訳『狂気の歴史――古典主義時代における』新潮社，1975年）
───*Surveiller et Punir; Naissance de la Prison*, Gallimard, 1975（田村俶訳『監獄の誕生――監視と処罰』新潮社，1977年）
───*Histoire de la sexualité. Vol. 1: La volonté de savor*, Gallimard, 1976（渡辺

守章訳『性の歴史Ⅰ——知への意志』新潮社，1986年）
―――― *Il faut défendre la société: Cours au Collège de France*（*1975-1976*），ed. Mauro Beratni, Gallimard/Seuil, 1997（石田英敬・小野正嗣訳『社会は防衛しなければならない　コレージュ・ド・フランス講義1975-1976年度［ミシェル・フーコー講義集成Ⅵ］』筑摩書房，2007年）
―――― *Sécurité, territoire, population: Cours au Collège de France*（*1977-1978*），ed. Michel Senellart, Gallimard/Seuil, 2004a（高桑和巳訳『安全・領土・人口　コレージュ・ド・フランス講義1977-1978年度［ミシェル・フーコー講義集成Ⅶ］』筑摩書房，2007年）
―――― *Naissance de la biopolitique; Cours au Collège de France*（*1978/1979*），Gallimard/ Seuil, 2004b（慎改康之訳『生政治の誕生　コレージュ・ド・フランス講義1978-1979年度［ミシェル・フーコー講義集成Ⅷ］』筑摩書房，2008年）

Gubrium, Jaber F. & Holstein, James A. *What Is Family?*, Mayfield Publishing, 1990（中河伸俊ほか訳『家族とは何か——その言説と現実』新曜社，1997年）

Habermas Jürgen *Strukturwandel der Öffentlichkeit. Untersuchungen zu einer Kategorie der burgerlichen Gesellscaft*, Suhrkamp Verlag, 1962→1990（細谷貞雄・山田正行訳『公共性の構造転換——市民社会のカテゴリーについての探究』［新版］未來社，1973→1994年）

春日キスヨ『介護とジェンダー』家族社，1997年
――――『介護問題の社会学』岩波書店，2000年

葛山泰央「親密性の創出——18・19世紀フランスにおける自伝行為の社会性」『年報社会学論集』第12号，188-198頁，1999年
――――『友愛の歴史社会学——近代への視角』新曜社，2000年

木下康仁『ケアと老いの祝福』勁草書房，1997年

坂本佳鶴恵『〈家族〉イメージの誕生——日本映画にみる〈ホームドラマ〉の形成』新曜社，1997年

Sedgwick, Eve Kosofsky *Between Men: English Literature and Male Homosicial Desire*, Columbia University Press, 1985（上原早苗・亀澤美由紀訳『男同士の絆——イギリス文学とホモソーシャルな欲望』名古屋大学出版会，2001年）
―――― *Epistemology of the Closet*, The University of California Press, 1990（外岡尚美訳『クローゼットの認識論』青土社，1999年）

Shorter, Edward *The Making of the Modern Family*, Basic Books, 1975（田中俊宏・岩橋誠一・見崎恵子・作道潤訳『近代家族の形成』昭和堂，1987年）

立岩真也「近代家族の境界——合意は私たちの知っている家族を導かない」『社会学評論』43(2)，154-168頁，1992年

上野千鶴子『家父長制と資本制——マルクス主義フェミニズムの地平』岩波書店，

1990年
山田昌弘『近代家族のゆくえ——家族と愛情のパラドックス』新曜社，1994年

▌推薦文献

Arendt, Hannah *The Human Condition.* (2nd ed.), The University of Chicago Press, 1958→1998（志水速雄訳『人間の条件』ちくま学芸文庫，1994年）
——いわずと知れた名著。「人間の条件」のタイトルにあるように，彼女にとって「人間」とはすべてのものを自己の存続の条件にするように条件づけられた存在としてあり，そのような「人間の条件」から生まれた「人間の永続的な一般的能力の分析」を行ったのが本書である。そのような立場に揺るぎなく立ち，自らの論考を進めていくその鮮やかさにまずはふれてほしい。

Gubrium, Jaber F. & Holstein, James A. *What Is Family?*, Mayfield Publishing, 1990（中河伸俊ほか訳『家族とは何か——その言説と現実』新曜社，1997年）
——本書は社会構築主義に立脚したうえで，例えば，ケア場面においてこそ繰り返しなされる「家族」をめぐる「問いかけ」とそれに対する応答を通じて，換言すれば，ケア場面における言説を媒介にした相互行為を通じて「家族」が行為遂行的に常に作り出されていることを明快に剔出した優れた良書である。まずは楽しく読んでほしい。

春日キスヨ『介護とジェンダー』家族社，1997年
——本書は，介護に内在するジェンダーあるいはセクシュアリティの諸問題を整序し，ケアという行為に孕む社会的機制をジェンダーの視点から鮮やかに叙述した良書です。特に見事なのは，ケアという行為が，それ自体に内在する「感情ワーク」の性質——自己が完全に理解することが不可能な他者の意思や感情を汲み取るワーク——によって自己の感覚を他者の感覚と一体視させ，相手との距離を極小化することが求められる作業であることに着目し，介護を余儀なくされる女性が不可避に自己と他者の過剰な同一化へと陥ってしまう危険性を指摘している点である。

第7章

教育と労働
——正規／非正規雇用の壁と学歴——

中澤　渉

　最近しばしば，社会問題として格差の拡大や固定化がとりあげられるようになっています。しかし以前は，多くの人が，日本は世界でも貧富の差が相対的に少ない，平等な社会だと信じていたのです。社会学者たちは，他の先進諸国と比較して，日本が特別に平等な社会とはいえないことを指摘していました。ただそれらの指摘は，豊かになった多くの人びとの実感をえられなかったため，あまり一般の人に顧みられることがありませんでした。しかし1990年代末には，それまで考えられなかった大企業の倒産や再編が相次ぐようになり，特に若年労働市場の問題が脚光を浴びるようになります。一般には，社会の平等化のためには，教育の役割が必要不可欠だと考えられています。このような時代のなかで，教育と労働市場，その両者の関係について，本章で考えてみることにしましょう。

1　教育を社会学的にどう捉えるか

▍教育の機能主義

　私たちは一般的に，教育を受けることによって知識や技能を身につけ，その結果自分の望む職業に就いたり，高い地位に昇りつめることができる，と考えています。これは教育に対する常識的な見方ですが，教育社会学の分野ではこのような考え方を機能主義（functionalism）と呼びます。近代という社会は，世襲で職業が決まる帰属原理ではなく，本人の努力した結果獲得された業績に応じて地位が決まる業績原理の社会だといわれています。つまり地位にふさわしい業績を決める機関の1つが教育システムなのです。機能主義の立場に立て

ば，高い教育を受ける人が増えることで人びとの知識レベルも上昇し，社会全体の生産性も上昇するので，個人も社会も得するはずです。だから多くの人は教育に投資しようとし，社会的にも税金によって教育が担われる正当性が説明できます。これは経済学的に教育を捉える際の基本的な見方で，人的資本（human capital）論といい，ミンサー（J. Mincer）やベッカー（Gary S. Becker）が有名です。

　一般論として，機能主義の説明は正しいでしょう。しかし多くの社会学者は，現実社会は機能主義だけでは説明できない部分があることを指摘しました。ここでは2点に着目します。第一に，業績原理が本当であるなら，業績を達成するまでの競争が公平である必要があります。そうでなければ，業績を公正なものとして受け入れられません。つまり業績となる教育の成果，つまり学歴を獲得するための，実際に教育を受ける機会が，誰にとっても同じように開かれているか，という機会の平等の問題です。第二に，職業を選ぶ際に，教育を受けたこと，つまり「学歴」が，本当にそのふさわしい業績（もしくは職業選択のための判断基準）といえるのか，という問題です。

機能主義への懐疑論

　まず，私たちは学校で教わる知識は，誰でも努力すれば身につくもので，成績が悪いのは努力不足だと思いがちです。もちろんそれは間違っていないのですが，同じ量の努力をするとみな同じことが習得できる，というわけではありません。しかもその差は単に頭の良し悪しの違い，とも言い切れないのです。イギリスのバーンスティン（B. Bernstein）は，学校で使われる言語体系（言葉づかいの暗黙のルールや構造のようなもの）自体がもともとミドル・クラスに馴染みがあるもので，労働者階級はそれに馴染みがないため，学校での評価は労働

▶帰属原理と業績原理
　社会的地位の配分のあり方の特徴として，生涯の早い段階から所与の属性に基づいて地位や役割構造が決定されるのが帰属原理，個人の内的資質や業績に基づいて決定されるのが業績原理です。人類学者のリントン（R. Linton）によって最初に指摘され，一般には近代化に伴って業績原理になるとされています。しかし出身階層と本人の到達階層（実際になった職業）との関係性や，男女という属性による地位配分の違いも多くの社会で残っていますから，一概に帰属原理から業績原理に移行しているとは言い切れません。

者階級にとって不利なようにできている，と述べます。ミドル・クラスは，物事を客観的に，第三者にもわかるような形で説明する言葉づかいを家庭で習得しています（精密コード）が，労働者階級は曖昧な代名詞を多用し，文脈依存的で場当たり的な会話をする方法しか身につけていません（限定コード）。学校で用いられ，評価されるのは精密コードなので，ミドル・クラスは学校生活の成績評価では有利なのです（Bernstein, 1978）。またよく知られているのがフランスのブルデュー（P. Bourdieu）による文化的再生産論です。より高い教育を受けるためには，それだけ金銭的な余裕が必要です。しかしブルデューが問題にしたのは，そういった経済的な格差だけではなく，趣味，嗜好といった，その個人が生育した環境で身につけた一種の文化的嗜好や慣習行動（ハビトゥス）が，少なからず教育達成に影響を与えているという事実です。ブルデューはこれらを文化資本（cultural capital）と呼びますが，学校で正統とされる知識や芸術は上流階級に親和的なものなので，やはり文化資本の有無が進学行動に決定的な要因をなします。したがって教育は，親子間の階級関係を強固に結びつけるものであって，社会の階級構造を固定化（再生産）しているに過ぎない，というのです（Bourdieu, 1979）。

　また私たちは日常会話で「学校で習ったことなど，社会で役に立たない」ということがあります。これは機能主義的な視点に反するものです。例えば，学校で教えられる知識や高く評価される観点は，職業と関係なく，社会的に権力を握る階級が重要だと思うものを反映していた，という主張があります。アメリカの大学では，現在でもリベラル・アーツといわれる教養教育が重視されます。これは単に大学が実用的な知識だけを供給する場ではなく，大学人としてふさわしい教養や人格を身につけることが重要だとみなされているからです。ここで，社会にとって重要な教養とは何か，という論争が始まります。様々な身分集団が，自らがふさわしいと思う教養像をめぐって駆け引きを行い，学校にとって正統な知識が決まってきます。ですからこの教養像を強く反映した身分集団が，学校で有利になるのはいうまでもありません。このような説明は葛藤（conflict）理論といわれ，コリンズ（R. Collins）やカラベル（J. Karabel）が代表的です（Collins, 1979；Karabel, 2005）。また，学校体系は基礎的なものを習得する初等教育から，応用的・専門的なことを学ぶ高等教育まで，ピラミッド

のような階層体系をなしています。それぞれで学ぶ内容は，基礎的なものほど暗記したり，受動的に学習する場面が多くなっており，上の段階に進むほど，自分で計画し考えるといった能動的な学習が期待されます。このことから，学歴が低い人はひたすら命令にしたがう労働者を，学歴が高ければ命令し，イニシアチブをとれる人間を，というように，教育は現在の資本主義体制に対応した人材を輩出して，不平等な経済構造を再生産しているという考え方があります。これを対応（correspondence）理論といい，ボールズ（S. Bowles）やギンティス（H. Gintis）が代表的な人物とされています（Bowles and Gintis, 1976）。

　このように，教育によって平等化が進む，というナイーブな見方は，多くの社会学者によって批判されてきました。冒頭に述べたように，私たち日本人は，教育を受ける機会と出身階層の間にある不平等に自覚的ではありません。しかし日本における教育機会の階層差は，他の欧米諸国とあまり変わらない程度に，戦後一貫して存在していたのです（Ishida, 1993；Ishida et al., 1995）。

2　職業選択と学歴

▎日本は学歴主義か

　さて，日本では教育機会の不平等について，社会的に大きく取り上げられてこなかったことを述べましたが，それに対して多くの人が問題視していたのが学歴主義です。最近こそ，少子化により受験競争が緩和されてきましたが，以前は学歴主義が過度な受験競争をかき立て，それが様々な教育問題を引き起こす原因とされてきました。しかし学歴が個人の努力に基づく業績なのだとしたら，学歴に基づいて職業的地位が配分されることは，機能主義的にみれば，非合理的なことでも，不条理なことでもないはずです。しかし私たちは，学歴に基づく処遇の違いを「学歴差別」だとして，しばしば不当とみなします。実は受けた教育や学校歴によって，就職先が限定されるといった現象は，日本だけにみられるわけではありません。石田浩によれば，アメリカやイギリスでも，社会的地位の高いとされるポストに就く人の出身大学は偏っていることが示されています（Ishida, 1993）。

　学歴が問題になるのは，通常労働市場においてです。労働市場では，企業が

よりよい労働力となる人材を探しており，人びともよりよい職場を探しています。市場原理の考え方に基づけば，企業も個人も自らをよくみせようと競争し，競争に勝った者が選ばれるはずです。しかし実際の労働市場は，そんなに単純に動いているわけではありません。いわゆる市場原理が成立するには，お互いの情報が完全にオープンになっている条件のもとで競争が行われる必要があります。しかし個人はすべての企業の情報を完全に知っているわけではなく，また企業も，たくさん応募してくる個人の情報をもとに採否の客観的な判断を下すのは物理的に不可能です。

そこで企業は，学歴を応募してくる個人の能力を示す指標として使うようになります。その理由は次のように説明されます。幼いうちは誰もが将来への可能性が無限にあるように感じますが，教育を受け続けると，その人の成績から能力の限界が明らかになってきます。つまり能力がない人はどんどん脱落してゆくので，教育は能力のある人を選別する機関とみなせる，と考えるスクリーニング（screening）理論，あるいはフィルター（filter）理論があります（Arrow, 1973）。似たものに，学歴は一種の能力証明に過ぎない，という考え方があります。つまり学歴が高いということは，（職務に関係あろうがなかろうが）一定の知識や技能を学習できる能力を持っていることと同義だ，というわけです。だから学歴の高い人は，職務遂行に必要な知識や技能もきっと効率的に吸収するに違いない，と期待できます。このような考えをシグナリング（signaling）理論といいます（Spence, 1973）。この立場に立てば，学校で教えられることと，職務内容の間に強い関係性がなくとも，大きな問題はない，ともいえます。

日本の企業は，終身雇用と年功序列を特徴としているといわれてきました。実際には，これが該当するのは大企業の男性だけでした（今田・平田，1995）が，いずれにしても，日本の企業では，多くの場合数年おきに異動があります。もちろん異動には一定のパターンはありますが，社員はいくつかの部署を経ることで広い職務経験を積むことによって，企業内でステップアップします。日本の大企業では，このように企業の内部で有能な人を異動させるような一種の労働市場メカニズムが作用している，と考えられてきました。これを内部労働市場（internal labor market）論といいます（Doeringer and Piore, 1971）。つまり日

本企業がほしいのは、社内で教育訓練をしたときに、吸収が早く、どの部署でも適応して何でもこなせる人、ということになります。

　もし労働市場において市場原理が成立し、企業が本当に有能な人がほしければ、おそらく高度な知識や技能を持つスペシャリストのヘッドハンティングがしばしばみられるはずです。しかし今の日本では、そのような動きは一般的ではありません。むしろ日本では、労働力として未知数な新卒者が優先的に採用される傾向があります。この現象も市場原理で説明できない、日本に特徴的な現象です。終身雇用と年功序列を前提にすると、学歴によって自らが有能だというシグナルを発する人を採用することで、社内で効率的に（その社にあった）教育訓練を施すことができます。その訓練が特定の企業に密接に関係するものであればあるほど、その会社から離職する動機付けは弱まります。こうして企業組織としての結束力が強められます。このような新卒一括採用という日本の特徴は、日本の低い若年失業率の原因として、特に海外の研究者から注目されてきました（Rosenbaum, 2001）。ただしこのことは本来職務とあまり関係ない「学歴」が過大評価され、その後の人生まで大きな影響を与え続けることを意味します。学歴主義に対する不満は、おそらくこのような日本的労働市場のあり方と関連しているように思われます。ですから教育制度を単独で変えたところで、この問題はなかなか解決しないでしょう。

■ 学校システムから労働市場への間断なき移行（トランジション）

　戦後日本は未曾有の好況下にあり、多くの労働力を必要としていました。また日本では特に大企業で、企業側が従業員や家族に福祉的便益を提供する伝統が存在し、優良な労働者の離職を防ごうとしていました（橘木, 2005）。したがって企業はますます新卒者の獲得に熱をあげることになります。しかしこの競争は、理論的な市場モデルにおける競争とは異なります。そもそも誰が優秀な労働者なのか、企業には調べようがないからです。特にブルーカラー層は数も膨大で、その選別も困難です。一方学校側は、生徒たちを路頭に迷わせるようなことはしたくありません。こういった企業と学校の両者の思惑が合致することで、両者の間にコネクションが生まれます。

　このコネクションの前提には、職業安定法（1947年制定）があります。現在

はハローワークとよばれている職業安定所が、地域の中学・高等学校卒業生に対し雇用情報の仲介を行う根拠となった法律です。高度成長期、中卒者は金の卵としてもてはやされましたが、その就職における仲介において職安が非常に重要な機能を果たしたことが明らかになっています。また高卒者については、もともと旧制学校時代から学校と企業の間に一定の「実績関係」が築かれていたケースが多かったとみられています。生徒の情報を一番握っているのは学校ですし、学校も教え子にふさわしい企業を薦めたいと思っています。名目上は高卒者も職安が卒業生の斡旋に関わることになっていますが、職安の関与は形式的で、新制高校には戦前から続く信頼関係に基づいた実績関係が定着していました（苅谷, 1991；苅谷・菅山・石田, 2000）。また大学生の場合、理系と文系の間に大きな違いがありますが、卒業生のネットワークを積極的に利用しようとしたり、大学の就職部が積極的に斡旋機能を担うようになります。就職部の職業斡旋も、職業安定法を法的根拠にした活動です。

以上のように、新卒者を優遇して採用する企業の方針は、日本企業の経営のあり方に基づいて歴史的に形成されたものです。ところが、グローバル化によって日本的経営と呼ばれる企業のあり方を変えざるをえなくなるとすれば、企業の人材採用方針も変化するかもしれません。そうなれば、これまで維持されてきた慣行が将来にわたって維持されるとは限りません。それだけではなく、90年代以降少子化などによって大学進学率が上昇してきたことにより、これまで多数派だった高卒で就職する層が急減し始めたこと、男女雇用機会均等法の改正により女性の社会進出が進んできたことなども、企業の人材採用のあり方を変える要因となっています。つまりこれまであたりまえだった新卒者を優遇して採用する方針や、卒業してすぐに就職するという「間断なき移行」があたりまえでなくなる可能性があるのです。

3　労働市場の二極分断化

▍増加する若年非正規雇用

ここで少し、近年の労働市場に関して基本的なことを振り返っておきましょう。いわゆる非正規雇用（非典型雇用ともいわれる）労働者が増え始めたのは、

1970年代からのことです。ただし日本の非正規雇用労働者は，性別役割分業を前提にした既婚女性のパートタイム労働者が主流でした。彼女らの多くは，夫の家計収入を補うことが目的で，妻である女性は家事労働と両立させることから，必ずしもフルタイムで働くことを望まなかったことから，収入の少ないパートタイム労働者が増えたとしても，そのこと自体は社会問題として認識されにくかったのです。しかし性別役割分業が崩れ女性の社会進出が進めば，問題のあり方は大きく変わってくるでしょう。

　また，しばしば言及されるようになったフリーターという言葉は，アルバイト情報誌において造られた「フリー・アルバイター」という言葉に由来し，もともと1980年代後半，学校を卒業しても定職に就かずアルバイトだけで生計を立てる若者をさしました（小杉，2003）。フリーターが最初に出現した時，日本の景気はよく，労働力不足が問題になっていたくらいですので，職探しに苦労しませんでした。また教育の現場において「個性」尊重ということが叫ばれ，典型的な進路選択の型にはまらない生き方，あるいは自分の夢や希望を適えようと追及すること，そのつなぎ期間としてフリーターを選択する生き方が，ある程度肯定的にみられてきた，ともいえます。現在，フリーターに対して「本人のわがままがもたらした当然の結果」という厳しい視点が残存しているのは，この初期のフリーター像に由来するのかもしれません。

　ただし日本の経済状況は90年代に入って一変します。雇用環境も大きく変わり，大企業男性の間で維持されてきた終身雇用や年功序列を基盤とした日本的経営が崩壊したといわれました。まず顕著に現れたのは，上述した間断なき移行が，都市部を中心に機能しなくなってきたことです。ひたすら将来の夢や希望を持てと煽ってきた教育政策の理念とは裏腹に，将来何をしたいのかわからない，という若年が増加し，特に高校卒業後就職できない若者が急増したのが90年代後半です。これは大きな特色のない，進学意欲のある者も少ない，都市部の入学難易度の低い普通科高校に顕著でした（苅谷ほか，1997；本田，2005）。同じ頃，それまで考えられなかった大企業や銀行の倒産が相次ぎ，中高年の解雇が問題化して社会的に不安が広がりました。

　しかし日本の労働法制のもとで，企業が正社員を解雇するのは容易ではありません。玄田有史は，マスコミを中心に騒がれていた中高年の解雇はわずかで，

むしろ中高年の高賃金を維持するため，若年層を雇用調整の対象として正社員に採用しようとしない，と指摘し，フリーターは個人の意識の問題ではなく，社会構造の問題だとして認知されるようになります（玄田，2001）。また規制緩和により，特に2003年の法改正で派遣労働者が製造業にまで拡大されたことで，非正規雇用に占める派遣労働者の割合は無視できなくなりました。そのほか，契約社員や臨時雇いなど，非正規雇用の中身は多様です。最近では，NEET（ニート）と呼ばれる，働きもしないし学校にも行かない若者の増加も指摘されています。

　社会学では，社会の平等・不平等を問うなかで，階層の問題が非常に重視して扱われてきました。その際，何をもって階層を定義するのかが問題になりますが，主として用いられてきたのは職種です。しかし昨今の状況をみるとわかるように，職種だけではなく，従業上の地位（正規雇用か，非正規雇用か）が社会における平等・不平等を論じるうえで欠かせないポイントになっています（太郎丸，2009）。

■「再チャレンジ」は可能か？

　従業上の地位の違いは，待遇の違いとなって現われます。確かに非正規雇用を自ら望んで選択する人はいます。自ら承知の上で，待遇が正規雇用に劣る非正規雇用を選ぶのであれば，さほど問題ないかもしれません。しかしそれしか選択の余地がない，あるいは正規雇用とほとんど同じ量や内容の仕事をしているのに，非正規雇用だからといって低い待遇におかれていれば不公平感が強ま

▶ NEET（ニート）
　もともとはイギリスの政府統計において，16〜18歳の「Not in Education, Employment, or Training」に該当する者としてあてはめられていた人びとについて，玄田有史が頭文字をとってNEET（ニート）と呼んだ造語です。したがってニートという言葉を英語圏で用いても，通じないか，日本の若年労働問題特有の現象として解釈されるので注意が必要です。ニートの定義は厚生労働省と内閣府の間で微妙に異なっています。「卒業者・未婚の15〜34歳で，家事も通学もしていない者。ただし，学籍のみあるが学校に行っていない，あるいは既婚でも家事をしない人も含む」という定義は厚生労働省，これに家事手伝いも含めたのが内閣府の定義です。数を算出する根拠となる統計も，前者は労働力調査，後者は就業構造基本調査と異なっています。

ります。そして正規雇用と非正規雇用の間に高い移動障壁があって，一旦地位の不安定な非正規雇用労働になった場合，非正規雇用から抜け出すのが極端に困難になるとすれば由々しき問題です。また職を失ってから就業のチャンスを得ようとしても，なかなか正規雇用のチャンスがない，あるいはそもそも就業のチャンス自体がない，あるいはそのチャンスに学歴などによる著しい偏りがあれば，社会に大きな不公平感を抱かせる原因となるでしょう。これについて，パネル調査のデータをもとに検討してみましょう。

　ここで用いるのは，東京大学社会科学研究所で実施している『働き方とライフスタイルに関する調査（Japanese Life Course Panel Survey）』のデータです。この調査では2007年1～3月に，当時の20～40歳の日本全国の男女合計4800人に就業状況・婚姻・家族関係・教育歴などの質問に回答してもらい，その後一年ごとに同様のデータを追跡調査することで，同じ個人にどういった変化が起きたか，起きなかったかを把握しようとしています。これまでに3回の調査が行われていますので，2007年から09年の3回分のデータを使っています。特に2009年のデータは，未曾有といわれる不況に突入してから集められたデータです。表7-1と表7-2は，男性の07年と08年の従業上の地位の変化，そして08年と09年の従業上の地位の変化をクロス表に示したものです。例えば表7-1で，2007年における若年男性の正規就業者は313人ですが，翌08年にも正規就業だったのは全体の96.2％，という形で解釈します。特に重要なのは，非正規就業や無職だった人が，翌年どうなったか，というところです。これをみると，非正規就業の約7割が，翌年も非正規就業であることがわかります。またわずかな差ですが，若年層のほうが，非正規から正規に移動する確率が高くなっています。また07年から08年にかけてより，08年から09年にかけての方が，無職→

▶パネル調査

　多くの質問紙調査は，一度答えてもらえば終わりですが，個人内に起こる変化を正確に測定するため，同一の個人を追跡して，何度も繰り返しデータを得る調査を行うことがあります。これがパネル調査です。パネル調査によるデータを用いると，個人内の不変の要素と，変動する要素の両方を考慮できる利点があります。近年日本でもその重要性が認識され，徐々にパネル調査によるデータの収集や分析が増えつつあります。ただしパネル調査の難点として，変化の大きな人は追跡するのが困難なので，調査から脱落しやすいといわれています。本章の分析でも，その点を差し引いて読んでいただければと思います。

表 7-1　男子若年（07年時点20〜29歳）の職位の推移

2007⇒2008	正規雇用	非正規雇用	自営・家族従業	無　職	学　生	計（N）
正規雇用	0.962	0.032	0.003	0.003	0.000	313
非正規雇用	0.215	0.709	0.025	0.025	0.025	79
自営・家族従業	0.026	0.000	0.947	0.026	0.000	38
無　職	0.235	0.294	0.059	0.382	0.029	34
学　生	0.196	0.087	0.000	0.080	0.638	138
2008⇒2009	正規雇用	非正規雇用	自営・家族従業	無　職	学　生	計（N）
正規雇用	0.915	0.059	0.014	0.011	0.000	354
非正規雇用	0.227	0.727	0.000	0.011	0.034	88
自営・家族従業	0.171	0.049	0.756	0.024	0.000	41
無　職	0.179	0.179	0.000	0.464	0.179	28
学　生	0.231	0.538	0.000	0.022	0.209	91

出典：『働き方とライフスタイルに関する調査』（東京大学社会科学研究所）wave1〜wave3より算出。

表 7-2　男子壮年（07年時点30〜40歳）の職位の推移

2007⇒2008	正規雇用	非正規雇用	自営・家族従業	無　職		計（N）
正規雇用	0.983	0.009	0.003	0.005		775
非正規雇用	0.187	0.733	0.000	0.080		75
自営・家族従業	0.035	0.012	0.929	0.024		85
無　職	0.231	0.269	0.038	0.462		52
2008⇒2009	正規雇用	非正規雇用	自営・家族従業	無　職	学　生	計（N）
正規雇用	0.948	0.025	0.015	0.010	0.001	791
非正規雇用	0.182	0.714	0.052	0.052	0.000	77
自営・家族従業	0.193	0.048	0.747	0.012	0.000	83
無　職	0.167	0.222	0.028	0.583	0.000	36

出典：『働き方とライフスタイルに関する調査』（東京大学社会科学研究所）wave1〜wave3より算出。

就業の移動確率が低下しているのは，景気動向を反映していると思われます。年齢による最も大きな違いは，無職からの脱出です。無職からの脱出確率は若年の方が高く，07年時点で30歳以上だった男性は，それ未満の男性より無職でとどまる確率が高くなっています。年齢が高くなるほど職のチャンスが減るという説は，この表をみるかぎり正しいようです。表7-3は非婚女性について同様の分析をしたものです。結婚している女性を除いたのは，主婦のパートタイム労働者を，フリーターなどに代表される近年の若年非正規雇用労働問題から区別するためです。すると，非正規雇用への定着率は男性より高く，非正規から正規への移動が非常にまれであることがわかります。つまり非正規から正規

表7-3 女性（非婚者）の職位の推移

2007⇒2008	正規雇用	非正規雇用	自営・家族従業	無　職	学　生	計（N）
正規雇用	0.918	0.042	0.002	0.033	0.004	449
非正規雇用	0.111	0.844	0.004	0.034	0.008	262
自営・家族従業	0.091	0.000	0.864	0.045	0.000	22
無　職	0.185	0.354	0.000	0.431	0.031	65
学　生	0.209	0.137	0.000	0.014	0.640	139
2008⇒2009	正規雇用	非正規雇用	自営・家族従業	無　職	学　生	計（N）
正規雇用	0.944	0.038	0.005	0.013	0.000	390
非正規雇用	0.089	0.827	0.013	0.059	0.013	237
自営・家族従業	0.222	0.111	0.667	0.000	0.000	18
無　職	0.095	0.381	0.024	0.429	0.071	42
学　生	0.333	0.476	0.000	0.024	0.167	84

出典：『働き方とライフスタイルに関する調査』（東京大学社会科学研究所）wave1～wave3より算出。

への移動障壁は，女性にとって，より高いものになっています。

　次に同様の従業上の地位の移動について，学歴別に検討してみましょう。ここでは，「中卒・高卒」と「短大・高専・大学・大学院」の2つに分けます。後者は高等教育に分類されます。専修学校は，公式統計では高等教育の中には含めませんので，「中卒・高卒」と同じカテゴリーにして扱います。男性（表7-4）ですが，わずかな差であるものの，非正規から正規への移動確率が高等教育の方が高くなっています。無職からの脱出についてははっきりした差があり，高等教育のほうが脱出しやすいようです。女性については（表7-5），男性のような非正規から正規への移動の学歴差はほとんどありません。無職からの脱出については，高等教育からの方が有利ですが，それは非正規雇用への移動が多いことによるものです。キーワード解説にも書きましたが，パネル調査では地位が不安定だと追跡が困難になるため，不安定な人の脱落が多い傾向があり，その分低学歴層や非正規・無職といった人のデータや移動が過少に見積もられている可能性があります。そのようなバイアスを考慮しても，非正規就業や無職から脱出するのは困難で，性や学歴によってチャンスに違いがありそうだ，ということがわかります。ただし学歴が高くても，一旦正規雇用から脱落すると，もう一度正規雇用に戻るのはなかなか容易でない，ということも理解できます。

表7-4　学歴別職位の推移（07年⇒08年と08年⇒09年ののべ数）・男性

中卒・高卒	正規雇用	非正規雇用	自営・家族従業	無職	学生	計（N）
正規雇用	0.946	0.032	0.014	0.008	0.001	1170
非正規雇用	0.189	0.719	0.026	0.056	0.010	196
自営・家族従業	0.104	0.036	0.839	0.021	0.000	192
無職	0.202	0.245	0.032	0.511	0.011	94
学生	0.261	0.348	0.000	0.000	0.391	23

短大・大学	正規雇用	非正規雇用	自営・家族従業	無職	学生	計（N）
正規雇用	0.969	0.019	0.004	0.008	0.000	1229
非正規雇用	0.226	0.703	0.019	0.032	0.019	155
自営・家族従業	0.122	0.027	0.838	0.014	0.000	74
無職	0.233	0.233	0.050	0.383	0.100	60
学生	0.189	0.238	0.000	0.053	0.520	244

出典：『働き方とライフスタイルに関する調査』（東京大学社会科学研究所）wave1～wave3より算出。

表7-5　学歴別職位の推移（07年⇒08年と08年⇒09年ののべ数）・非婚の女性

中卒・高卒	正規雇用	非正規雇用	自営・家族従業	無職	学生	計（N）
正規雇用	0.920	0.047	0.003	0.027	0.003	339
非正規雇用	0.095	0.836	0.008	0.050	0.011	262
自営・家族従業	0.167	0.111	0.722	0.000	0.000	18
無職	0.150	0.317	0.000	0.483	0.050	60
学生	0.321	0.286	0.000	0.036	0.357	28

短大・大学	正規雇用	非正規雇用	自営・家族従業	無職	学生	計（N）
正規雇用	0.938	0.034	0.004	0.022	0.002	496
非正規雇用	0.107	0.838	0.009	0.043	0.004	234
自営・家族従業	0.136	0.000	0.818	0.045	0.000	22
無職	0.149	0.426	0.021	0.362	0.043	47
学生	0.246	0.262	0.000	0.015	0.477	195

出典：『働き方とライフスタイルに関する調査』（東京大学社会科学研究所）wave1～wave3より算出。

4　教育・職業選択と自己責任の論理

　苅谷剛彦は『大衆教育社会のゆくえ』（1995）のなかで，教育の世界にあった「だれでも頑張れば100点をとれる」という信念や価値体系が，戦後の教育拡大に大きく寄与したことを示しています。一方で，この意識は個別の差異について人びとを鈍感にせしめ，高度成長期で物理的に豊かになるのが実感できたこともあいまって，社会的バックグラウンド（階層など）による教育機会の

差が依然残っていることを忘れさせてしまった，といいます。

　このことがもたらした結果は，長所と短所，両方あります。長所としては，誰もが進学できるという信念や意識が奮起の原動力となり，結果として全体の学力水準の底上げに貢献したと推測されます。近年話題になった学力低下問題の起こる前は，日本は相対的に学力水準が高い上，内部における学力のばらつきが小さいと指摘されてきました。一方で，頑張ってもできないことが現実には存在しますが，もし「誰でも頑張ればできる」という信念が浸透する社会において，「できない」ことが何を意味するのか，考えてみてください。つまり「できない」ということは「頑張っていない」「努力が足りない」とみなされがちです。頑張れるか否か，というのは，その人の個人の性格や人間性への評価に直結する可能性が高くなります。学歴競争の勝者は，たとえ自らが恵まれた環境に育ってよい成績をおさめるのに有利だったとしても，そのことを忘れて，「自分が」頑張ったから勝った，と思いがちです。もちろん，個人の努力は勝つための必要条件です。しかし問題なのは，学歴の差が「努力の差」という個人的な要因ばかりに求められ，社会的な不平等があまり考慮されなくなることです。このような考え方は，過剰な自己責任論を受け入れやすくする土壌となります。雇用問題にしても，未だに非正規雇用労働者に対して，過剰に個人の資質の問題として捉えられがちなのは，このような人間観，能力観とも関連しているのかもしれません。

　もちろんこれは本来，個人か社会か，という二項対立的な単純な問題ではありません。確かに，個人の努力が決定的に欠如しているという人もいないわけではないでしょう。しかし多くは両者の要因が複合的に絡み合っているのであって，視点がバランスを欠いているのです。昨今の経済状況で，企業の経営状態や雇用環境は，個人だけの努力で制御可能なのでしょうか。努力さえしていれば，絶対に失業のリスクはないのでしょうか。社会的なサポートを行った上で自己責任を問うのならまだしも，それもなく個人責任を問われ続ける社会は，過酷な社会といわざるをえません。

> コラム

維持される教育機会の不平等

　教育を受ける機会をできるだけ平等にすることが，民主主義国家としての大きな目標とされ，近代以降教育拡大が進みました。確かに数の上では，上級学校に進学できる人は増加しました。そして最近の研究では，そのような教育拡大によって，社会全体の平等化（流動化）に一定の貢献があったことも指摘されています。しかし一方で，何らかの形で進学機会には出身階層による格差が残っているのも事実です。例えば，もし進学にお金がかかることが問題であるのなら，まず学費をできるだけ無償，あるいは軽い負担とする，といった対策が考えられます。

　ところがヨーロッパでは高等教育の私費負担が決して高くないにもかかわらず，そして進学率が上昇したにもかかわらず，教育機会の格差は依然残存しています。これについてはいくつかの説明があるので，有名なものを紹介します。1つはラフタリー（A. Raftery）とハウト（M. Hout）によるMMI（Maximally Maintained Inequality）仮説とよばれるものです（Raftery and Hout, 1993）。彼らが分析したのはアイルランドの事例ですが，進学率の上昇は上流階級から順に始まるため，上流階級にとっての進学率が飽和状態になるまで，その下の階級の進学率との差は縮まらずに維持される，ということを示しています。そのように，進路選択が階級によって異なることを，より洗練した形で示したのがブリーン（R. Breen）とゴールドソープ（J. H. Goldthorpe）による相対リスク回避（relative risk aversion）説です（Breen and Goldthorpe, 1997）。個人は，自分の所属階級より下の階級に落ちるというリスクを避けるような進学行動をとると仮定します。そうした選択が集合すると，結果として進学行動に階級の格差は温存された状態で影響することが数理モデルで説明できます。これらは，個人の合理的行為が集積すると，思わぬ結果を生むという合理的選択（rational choice）理論に根差した説明です。特に相対リスク回避説は，学費が安いヨーロッパを想定したものですが，他の社会でも適用可能かについて，様々な分析が盛んに行われています。

▎引用・参考文献

Arrow, Kenneth J. "Higher Education as a Filter," *Journal of Public Economics*, 2, pp. 193-216, 1973

Bernstein, Basil *Class, Codes and Control: Towards a Theory of Educational Transmissions 2nd edition*, Routledge and Kegan Paul, 1978（萩原元昭編訳『教育伝達の社会学』明治図書，1985年）

Bourdieu, Pierre *La Distinction: Critique Sociale du Jugement*, Édition de Minuit, 1979（石井洋二郎訳『ディスタンクシオンⅠ・Ⅱ』藤原書店，1990年）

Bowles, Samuel and Herbert Gintis *Schooling in Capitalist America: Educational Reform and the Contradiction of Economic Life*, Basic Books, 1976（宇沢弘文訳『アメリカ資本主義と学校教育：教育改革と経済制度の矛盾 1・2』岩波書店，2008年）

Breen, Richard and John H. Goldthorpe 'Explaining Educational Differentials: Towards a Formal Rational Action Theory', *Rationality and Society*, 9, pp. 275-305, 1997

Collins, Randall *The Credential Society: An Historical Sociology of Education and Stratification*, Academic Press, 1979（新堀通也監訳『資格社会——教育と階層の歴史社会学』有信堂，1983年）

Doeringer, Peter B. and Michael J. Piore *Internal Labor Markets and Manpower Analysis, Lexington*, 1971（白木三秀監訳『内部労働市場とマンパワー分析』早稲田大学出版部，2007年）

玄田有史『仕事のなかの曖昧な不安』中央公論新社，2001年

本田由紀『若者と仕事——「学校経由の就職」を超えて』東京大学出版会，2005年

今田幸子・平田周一『ホワイトカラーの昇進構造』日本労働研究機構，1995年

Ishida, Hiroshi *Social Mobility in Contemporary Japan*, Stanford University Press, 1993

Ishida, Hiroshi, Walter Müller, and John M. Ridge "Class Origin, Class Destination, and Education: A Cross-National Study of Ten Industrial Nations", *American Journal of Sociology*, 101, pp. 145-193, 1995

Karabel, Jerome *The Chosen: The Hidden History of Admission and Exclusion at Harvard, Yale, and Princeton*, Houghton Mifflin, 2005

苅谷剛彦『学校・職業・選抜の社会学——高卒就職の日本的メカニズム』東京大学出版会，1991年

苅谷剛彦『大衆教育社会のゆくえ』中央公論新社，1995年

苅谷剛彦・菅山真次・石田浩編『学校・職安と労働市場』東京大学出版会，2000年

苅谷剛彦・粒来香・長須正明ほか「進路未決定の構造——高卒進路未決定者の析出メカニズムに関する実証的研究」『東京大学大学院教育学研究科紀要』37，45-76頁，1997年

小杉礼子『フリーターという生き方』勁草書房，2003年

Raftery, Adrian E. and Michael Hout "Maximally Maintained Inequality: Expansion, Reform, and Opportunity in Irish Education, 1921-75", *Sociology of Education*, 66(1), pp. 41-62, 1993

Rosenbaum, James E. *Beyond College for All: Career Paths for the Forgotten Half*, Russell Sage Foundation, 2001

Spence, Michael "Job Market Signaling", *Quarterly Journal of Economics*, 87, pp. 354-374, 1981

橘木俊詔『企業福祉の終焉』中央公論新社,2005年

太郎丸博『若年非正規雇用の社会学――階層・ジェンダー・グローバル化』大阪大学出版会,2009年

▎推薦文献

苅谷剛彦『大衆教育社会のゆくえ』中公新書,1995年
　――日本における教育拡大のあり方,その背景,階層と教育の関係について丁寧に説明した好著です。まとめでもふれましたが,戦後日本で一般的になった能力観が教育の大衆化を進めた一方で,教育と不平等の問題をみえにくくしたという皮肉な結果を述べた知見は,戦後日本の教育史を振り返る上でも得るものが多いでしょう。

ブリントン『失われた場を探して』NTT出版,2008年
　――高卒就職が90年代以降困難になっている背景について,筆者自身の調査データを利用しつつ,わかりやすく述べた本です。特に学校から労働市場への移行について関心がある人にはお薦めします。

吉川徹『学歴分断社会』ちくま新書,2009年
　――吉川氏は,今後社会を読み解く重要な変数(社会的要因)として「大卒・非大卒」の学歴をあげます。コラムで説明した相対リスク回避説を,日本版に修正したものといってもいいかもしれません。階層や教育に関する数量データを読み解く参考にもなります。

＊本研究は,科学研究費補助金基盤研究(S)(18103003)および若手研究(B)(21730679)の助成を受けたものである。東京大学社会科学研究所パネル調査の実施にあたっては,社会科学研究所研究資金,株式会社アウトソーシングからの奨学寄付金を受けた。パネル調査データの使用にあたっては社会科学研究所パネル調査企画委員会の許可を受けた。

第8章

見える宗教 見えない宗教
―― 超越性のダイナミズム ――

諸岡　了介（第1節，第2節）
田代　志門（第3節～コラム）

　日常生活のなかで，宗教について「冷静に」考え，話をすることがどのくらいありますか。宗教の話題となると，ついつい，自分が信じている信条だけを押しとおしたり，逆に，自分には全く関係ないとして遠ざけてしまいがちではないでしょうか。しかし，例えば医療・福祉の現場のように，人の心理や行動に対する深い理解が求められる場面では，そうした思い込みをいったん脇に置いた上で，宗教について一定の見通しを持っておくことが大切になってきます。本章では，宗教の一般的な特徴からはじまって，終末期医療におけるスピリチュアルケアの話まで，現代宗教にまつわるさまざまなトピックを「超越」をキーワードとして取り上げていきたいと思います。

1　私たちのなかの「宗教」

■「宗教」の範囲

　宗教という言葉を聞いて連想されるものといえば，まずは仏教，イスラーム，キリスト教のような「○○教」といったものでしょうか。あるいは真っ先に「カルト」を思いうかべる人もいるかもしれません。一般的に宗教とは，明確な教義や教団組織を備えていて，人は「信者」としてそこに関るもの，とイメージされています。しかし，社会学の観点からすると，宗教と呼びうるものは，もっと広い範囲にわたるのです。

　例えば，初詣に行く多くの日本人は，「信者」としてというより，毎年の行事の一環として何気なく神社へ出かけているのではないでしょうか。警察庁の

表 8-1　宗教に関して行っていること（2008年）

盆や彼岸などにお墓参りをする	78.3%
正月に初詣に行く	73.1%
しばしば家の仏壇や神棚などに手をあわせる	56.7%
子どものお宮参りや七五三のお参りに行く	50.6%
身の安全，商売繁盛，入試合格などの祈願をしに行く	37.9%

出典：読売新聞，2008年5月30日付．

表 8-2　正月三が日の神社・仏閣への人出（2009年）

明治神宮	（東京都）	319万人
成田山新勝寺	（千葉県）	298万人
川崎大師	（神奈川県）	296万人
伏見稲荷大社	（京都府）	277万人
鶴岡八幡宮	（神奈川県）	251万人
浅草寺	（東京都）	239万人
住吉大社	（大阪府）	235万人
熱田神宮	（愛知県）	235万人
大宮氷川神社	（埼玉県）	205万人
太宰府天満宮	（福岡県）	204万人

出典：警察庁「新年の人出と年末年始の登山者に対する警察措置について」．

調査によると，2009年の初詣客は，調査を始めた1974年以降で最多の9939万人に上っています（表8-1，表8-2）。私たちの多くが，「何気なく」正月のたびに神社へ赴き，決まった作法にしたがってお賽銭を投げ，手を合わせ，頭を下げているのです。考えてみると，これはとてもふしぎな現象ではないでしょうか。

また，こうした初詣やクリスマスのような年中行事のほかに，家庭におかれる仏壇や神棚，テレビや雑誌で目にする占い，受験で身につけるお守りといったものも，宗教のあらわれ（宗教現象）として扱うことができます。それらは，必ずしも特定の宗教団体と関係するものではありませんし，「カルト」という言葉から感じられる危険な印象とも異なっています。むしろ私たちは，こうした行為を日常的な「あたりまえのこと」として行っているのではないでしょうか。

このように，宗教として括られる現象のなかには，日常性と非日常性のように，全く正反対の性質が見出されることがあります。例えば，地域の伝統として催されるお祭りのように，宗教が集団の結束を固める方向に働くことがあるかと思うと，信仰の違いが結婚の妨げになる場合のように，宗教が人の絆を断

つ方向に働くこともあります。あるいは，激しい身振りや手振りで踊る儀礼のように，たいへん動的な側面があるかと思うと，人里離れた場所でひとり行う瞑想のように，この上なく静的な側面もあります。

こうしてみると，宗教には実に多様で複雑な現象が含まれることがわかります。にもかかわらず，日本語の宗教という言葉から喚起されるイメージはかなり限定的なものに止まっているのではないでしょうか。では一体，どうしてこのような事態が起きているのでしょう。

■「宗教」イメージ形成の歴史

ここまで，社会学での言葉の使い方に比べ，宗教という言葉が与える一般的なイメージが「狭い」ことを述べました。特に日本では，宗教という言葉には強いマイナスの印象がつきまとっているようです。それにはいくつかの歴史的・社会的背景があります。

今私たちが使っている宗教という日本語は，19世紀後半に西洋諸語におけるreligionの訳語として定着したものです。そのため，この言葉は長らく西洋キリスト教をはじめとする「外来の文化」という匂いを感じさせてきました。明治維新以降の政府では，政教分離や信教の自由という看板を掲げながらも，神道を大幅に再編成して「国家の宗祀（そうし）」とするために，「神道は宗教ではない」という神道非宗教論が唱えられました。戦前・戦時には，1935年に不敬罪に問われ，大量のダイナマイトで神殿を爆破された大本教のように，国家体制に沿わない宗教団体に対する激しい弾圧が行われました。これらの事情や出来事は，陰に陽に宗教という言葉のイメージを規定することになったのです。

また，マスコミ報道の影響もあります。明治中期に大衆新聞の万朝報（よろずちょうほう）が，当時急速に教勢を伸ばしていた蓮門（れんもん）教を激しく批判するキャンペーンを張ったことをはじめ，新宗教を「淫祠邪教（いんしじゃきょう）」（いかがわしい神を祀り，社会に害毒を流す宗教）として報道する向きは長く続きました。より近年では，1995年の地下鉄サリン事件など，オウム真理教が起こした一連の凶悪きわまりない事件は，マスコミによって大々的に報道され，新宗教のみならず，宗教一般に対する世間の疑いの目を強くすることになりました。

その一方で，現在の日本では，宗教に関する一般的な知識が提供される機会

は多くありません。一部の私立学校を除き，学校は宗教教育を行うことに消極的です。また，都市化や核家族化が進んで，地域単位での行事や家庭内での先祖祭祀のような，伝統的な宗教実践が縁遠いものとなりつつあります。テレビをみても，報道番組や，いわゆる「スピリチュアル番組」のようなバラエティ番組が提供する宗教の情報は，興味本位のものが主流です（石井，2008）。

　しかし，宗教は，一部の人や一部の集団だけが関りを持つものではありません。どんな社会にも独自の宗教文化があり，誰もがそのなかで生活を営んでいます。日本についてよくいわれる「儒教的な道徳」や「禅の精神」といった表現のように，宗教は，ある文化を特徴づけるうえで鍵となる語彙を成すものです。国際化が進むなかで，他国の宗教文化について知ることや，私たち自身が持つ宗教文化について自覚を深めることがますます大切になってきています。こうしたなかで，まずは宗教について，できるだけ「フラットな目線」から考え直してみることが必要なのではないでしょうか。

2　宗教を捉える基礎視角

■ キーワードとしての「超越」

　では，そもそも宗教とは何なのでしょうか。これまで宗教学や宗教社会学の分野では，宗教の「定義」をめぐって多くの議論が重ねられてきましたが，じつは決定的な「定義」なるものはありません。宗教と呼ばれるものには，非常に多様で複雑な現象が含まれているので，これを一括して理解しようとすることは困難なのです。

▶ 禅と日本文化

　しばしば「禅」は日本の伝統文化の代表とされますが，こうした理解のされ方はさほど古いものではありません。そのきっかけは，鈴木大拙（1870-1966）による禅思想の紹介でした（Suzuki, 1938）。剣道や茶道，俳句といった日本文化における「禅」の影響を強調した鈴木の著作は，英語で読める数少ない東洋思想の解説として，欧米に広く受け入れられました。1960年代になると，西洋文化の行き詰まりを感じて生まれたカウンター・カルチャー・ムーブメントが，アメリカを発信地として，ZENブームを導きました。こうして世界的に認識されるようになった「禅」は，日本へと「逆輸入」されて，現代日本人の自己理解の一部を成すにいたったのです（山田，2005）。

しかし，定義することができないとしても，社会との関りにおいて宗教を理解しようとする際には，「超越」というキーワードから迫る，という方法が有効です。人間に対する神や仏，この世に対するあの世，俗に対する聖，といった宗教に関する重要な概念は，いずれも人間が持っている能力や認識できる世界を「超えた」領域に関するものと捉えることができるのです。

このように考えていくと，なぜ，どの時代，どの社会においても宗教と呼びうるものが働いているのか，という問題にも見通しをつけることができます。つまり，その時々の社会における認識や制度が完全ではなく，それらをもってしてもコントロールできない領域がある限り，その認識や制度から超越した領域については，宗教が求められることになるというわけです。

特に，人間の努力だけではどうしようもなく行き詰まったときに，宗教の存在意義は高まります。例えば，できるだけの勉強を重ねながらも神社にお参りをし，お守りを持って入学試験に臨む受験生の心理があります。受験という，人間が自ら設定した制度においてすらそうなのですから，天候や自然環境に左右されやすい農業や漁業，あるいは，身体に関する健康や病いといった事柄において宗教がクローズ・アップされやすいのは，当然のことといえるでしょう。

宗教と社会との関係の両義性

超越というキーワードを用いた場合，社会に対する宗教の関り方には，まったく逆向きの2つの仕方をみてとることができます。

第一に，宗教が今ある社会の制度や価値観を支える方向に働く場合があります。現実に存在する制度はそれ自体としては完全ではありえず，多かれ少なかれ矛盾を含むものです。そうした社会制度に安定をもたらす上で，宗教が「超越」の領域からそれを正当化し補強する機能を担うことがあります。歴史的には，16, 17世紀頃のヨーロッパにおいて，君主の権限は神から与えられたものだとして絶対主義を支えた王権神授説や，戦前・戦時の日本において，天皇を天照大神の血を引く現人神と位置づけた皇国神話などがわかりやすい例です。あるいは，この世での不幸な境遇を，前世での行いの結果として説明する因果応報説などもここに数えられるでしょう。

かつてマルクス（K. Marx）は，宗教を「民衆の阿片」と表現しました

(Marx, 1844)。その意味するところは，宗教は，社会の矛盾に発する人びとの苦悩を和らげる鎮痛剤となると同時に，そうした社会に対する批判を逸らしてしまい，結果として現状の社会を維持する方向にも働きうるということです。宗教を，超自然的な想定のもとに，社会では得られない心的補償を与えるものとする近年のスタークらの議論は，こうした見方の延長線上に位置づけられるでしょう（Stark and Bainbridge, 1987）。

　デュルケム（É. Durkheim）は，社会の結束やそこで共有される理想の源泉となり，人間の社会生活そのものを成り立たせているのは，宗教にほかならないとの見方を提示しました（Durkheim, 1912）。また，ウェーバー（M. Weber）は，社会における支配に正当性を与える方法として，法や伝統に加え，超人間的・超自然的資質であるカリスマによるものを挙げています（Weber, 1976）。これらの議論では，宗教が社会の結合や支配を支えるように働きうることが示されています。

　しかしまた宗教は，社会を維持するだけではなく，社会に変革をもたらす方向に働くこともあります。社会学の二大巨頭であると共に宗教社会学の父祖ともされるデュルケムとウェーバーは，このことをみのがしませんでした。デュルケムは宗教，特に周期的な儀礼を，社会（さらには個人）を新たにつくり直すものとみなし，ウェーバーはカリスマ的支配を本質的に不安定であると同時に，歴史において創造的な力を有するものとみなしました。すなわち，宗教は，「超越」の立場から，現在ある社会の制度や価値観を相対化し，批判していく可能性を持つものです。

　とりわけウェーバーは，近代資本主義システムの出現について，カルヴァン派ら，禁欲的プロテスタンティズムの宗教倫理が果たした歴史的役割に着目しました（Weber, 1920a）。宗教改革以降にもたらされた禁欲的で合理的なライフスタイルが，経済活動における伝統主義を打ち破り，近代西洋型の資本主義の成立にとって決定的に重要な一要因として働いた，というのです。後には，ウェーバーの影響を受けたパーソンズ（T. Parsons）も，宗教的理想に導かれた社会の進化を論じています（Parsons, 1977）。

　ウェーバーの議論のおもしろさは，プロテスタンティズムの宗教倫理が結果としてその担い手自身が全く意図していなかった方向へと，経済システムの歴

史的変動を促したという点にあります。しかしもちろん，宗教的信念に基づいた反戦運動の例のように，ある宗教を背景として人びとが直接に社会の制度や価値観へと働きかけ，影響を与えていく面も見逃せません。

「社会の現実」からみると，宗教はしばしば「非現実的」な，夢や空想のようなものにもみえます。しかし，いったん超越としての宗教の立場に立てば，逆に「社会の現実」の方こそ，嘘や誤りに満ちた世界だとか，はかない幻だとして映るかもしれません。宗教がポジティブにも，またネガティブにも働く理由はここにあります。事実，宗教は，特定の超越の立場からした「正義」の名のもとに，テロリズムのような極端に反社会的な行動へと人びとを導くことがあります。また，「先祖の祟り」や「地獄落ち」といった言葉を使い，認識不可能な領域について不安感を煽ることで，人びとを食い物にすることもあります。社会現象としての宗教を理解することとは，それが様々な局面について持つ二面性を知ることといっても良いでしょう。

▍宗教の捉えがたさ

　宗教という現象の捉えがたさは，研究者たちを悩ませ続けてきた問題ですが，もし宗教の特徴を超越という性質に認めるとすれば，そうした捉えがたさ自体についても一定の説明を与えることができます。

　超越とはつまり，今ある制度や価値観，認識からは捉えきれないことを意味しています。もし，今ある制度や価値観に組み入れられ，そのなかで理解や整理が可能になったとすれば，その瞬間に超越という性質は失われてしまいます。超越としての宗教が，それ自体として規定できないのは理の当然というべきでしょう。いわば宗教は，がっちりと掴まえてしまうと，その存在意義を失ってしまうものなのです。

　その際，注意しておきたいのは，超越とは，常に「何かから」の超越であるという点です。例えば，人間の認識からの超越だとすれば，ここまでが人間に認識可能だとされる範囲に応じて，超越の範囲も定まります。同様に，「超自然」は何が「自然」とされるか，「聖」は何が「俗」とされるか，「非合理」は何が「合理」とされるかによって規定されます。近年では「宗教」という概念自体が，何を「世俗」とするかという政治的な利害関心に規定されてきたこと

が明らかにされてきました（Asad, 2003）。このように，超越としての宗教は常に，積極的に規定される領域に対する「残余」として現れるのです。

バーガー（P. Berger）は，カオス，すなわち不条理で予測不可能な現象に対する構えを提供することが，社会において宗教が担ってきた最重要の役割であると論じました（Berger, 1967）。つまり，人間に認識や操作ができる領域が限られており，死をはじめとして，不測の出来事や根拠が不明な現実が残るかぎり，超越としての宗教がどこまでも求められる，というわけです。

3　現代社会における宗教

世俗化テーゼ

本節ではこれまでの内容を踏まえて，現代社会における宗教の動向について，マクロな視点から概観していきましょう。そのさい手がかりとなるのは，「世俗化」という概念です。世俗化論は主に1960年代以降の欧米で展開し，今日の宗教社会学において「近代社会と宗教との関係をもっとも包括的に説明した一般理論」である，とされています（山中，2006, 16頁）。

世俗化の定義は論者によって様々ですが，最も一般的には，「近代化の進展に伴って，宗教が従来もっていた社会的意義を喪失していくこと」を意味しています。1960年代の宗教社会学者たちは，主として欧米におけるキリスト教会の出席率や洗礼率の低下などの実証的なデータに依拠しつつ，世俗化を近代化の不可避の帰結として描き出しました（Wilson, 1969）。

▶ 世俗化

西欧諸社会の歴史は，国家とキリスト教教会とのせめぎ合いから成ってきたともいえます。それゆえ，キリスト教の没落を暗示する「宗教の世俗化」もまた，肯定的にせよ否定的にせよ，社会の根幹に関わる問題として受けとめられてきました。「世俗化」の語は，教会の財産や権利の没収という意味で，17世紀のフランスから使われ始めたようです。後には，学問・芸術・道徳といったものから，宗教，つまりはキリスト教の色彩が抜け落ちることを意味するようになりました。特に強い社会的な興味や不安を喚起してきたのは，キリスト教の手を離れ，「世俗化」した後の道徳や教育が一体どのようになってしまうのか，という問題でした。現代宗教社会学における世俗化論争は，こうした西欧に特有の歴史的背景から展開してきたものだとみることができます。

後に世俗化論を再定式化したブルース（S. Bruce）らは，世俗化をもたらす要因を，①社会的分化，②全体社会化（societalization），③合理化，の3点から説明しています（Wallis & Bruce, 1992）。このうち，①と②は，主に社会構造の変動と関っています。前者は近代化の進展と共に，政治，経済，文化といった各領域が宗教から分離・独立していく過程を，後者は人びとの生活が地域の共同体から国家というより広い範囲に包摂されるようになる過程を示しています。これらの過程の進展にしたがって宗教の役割は限定的なものとなり，宗教的世界観も影響力を失っていく，というのがその要点です。これに対して，③はむしろ人びとの思考や行動レベルにおける変化と関係しています。特にブルースらが強調するのは，科学技術の発展にともなう不確実性の減少です。その結果，人びとはもはや宗教に頼る必要はなくなり，ますます合理的で経験的なものの考え方を好むようになる，というのです。

■「見えない宗教」の時代

　ところが1970年代以降，こうした素朴な世俗化論は厳しい批判にさらされるようになりました。まず行われたのは，世俗化論の前提となっている宗教概念の「狭さ」に対する批判です。確かにヨーロッパ社会のキリスト教を例にとれば，教会の影響力が低下してきているのは事実です。しかし，それは本当に宗教そのものが社会のなかで影響力を失うことを意味しているのでしょうか。世俗化論は，特定の教義・教団を備えた集団のみを宗教と捉えていますが，むしろ現代社会においては，組織的な宗教の外部に，個人化した形で宗教は生き延びているとはいえないでしょうか。ルックマン（T. Luckmann）は，現代の宗教社会学はこれら「見えない宗教」にこそ目を向けるべきだと主張しました（Luckmann, 1967）。

　確かに，私たちのまわりにも，特定の宗教を信じたり，特定の教団に所属したりはしないけれども，宗教的なものには魅かれる，という人たちが一定数存在しています。彼らは時には聖書を読み，時には坐禅を組み，場合によっては世界の聖地を訪れて「癒し」を得ているかもしれません。仮にこうした人びとが社会のなかで多数派になったとして，それをもって宗教の意義が失われた，ということがいえるのでしょうか。素朴な世俗化論においては，このような問

いは十分に考慮されてきませんでした。

　こうした問いを受けて，宗教社会学は，むしろ既成宗教の外部で，宗教的な実践や知識を求めてゆるやかなネットワーク形成を目指す動きに注目するようになってきました。例えば，欧米のニューエイジや日本の精神世界，近年のスピリチュアリティ・ブームなどがそれにあたります。ニューエイジとは，1960年代に既存の社会や文化に異議申し立てを行う欧米の若者たちのあいだで広がった思想で，その源流の1つは，人間に本来備わっている霊性（スピリチュアリティ）を重視し，「意識変容が社会変革につながる」と考える人びとにあったとされています（伊藤, 2003）。「精神世界」と呼ばれる領域は，その日本版だと考えることができるでしょう。実際，島薗進はこれら一連の宗教運動を世界共通のものとみて，「新霊性運動」と名付けました（島薗, 1996）。新霊性運動の思想は，様々な分野に及びますが，その中心的な発想は，教団の組織や権威に依存することなく，個々人の「自己変容」や「霊性の覚醒」を達成しようとする点にあります。世俗化論は，特定の教義・教団を備えた既成宗教のみを研究対象としたために，こうした新しいタイプの宗教運動を適切に捉えることができなかったのです。

▍公共宗教の台頭

　さらに1980年代以降になると，よりはっきりとした形での「宗教の復興」が明らかになってきました。もっとも極端なパターンとして良く引き合いに出されるのが，「原理主義（ファンダメンタリズム）▶」の成長です。原理主義とは，元来キリスト教の特定の思想をさしていましたが，近年ではとくにイスラームの一部の運動に対して使われるようになりました。その大きなきっかけは，政教一致を主張してイスラーム国家を形成した1978年のイラン革命だといわれてい

▶原理主義（ファンダメンタリズム）
　宗教的教義や規範をそのままの形で遵守することを要求する思想や運動のことを意味しています。現在の状況を宗教的堕落と捉え，初期の理想的時代への回帰を主張することから一種の復古主義とも捉えられます。元来は20世紀初頭のアメリカ合衆国の攻撃的なキリスト教の一派をさす言葉でしたが，1970年代以降専らイスラーム復興勢力に対して使われるようになりました。ただし，イスラーム原理主義という呼称には「イスラームの脅威」をあおる政治的意図があるとして使用しない研究者もいます。その場合，「イスラーム復興」や「政治的イスラーム」という概念が使用されています。

ます。イスラーム諸国の動向は，政教分離が原則となっている世界中の先進諸国に衝撃を与え，従来の「政治と宗教」の議論は大きな変更を迫られることになりました。

しかも，こうした現象は必ずしも途上国に限られたものではありませんでした。例えば，1980年代以降のアメリカにおいては，保守的キリスト教陣営が「政治化」し，今日にいたるまで大統領選挙の結果などに大きな影響を与え続けています（森，1996）。こうした「見える宗教」の政治化・公共化という趨勢は，先に挙げた「見えない宗教」の場合以上に，より明確な形で世俗化論の前提を掘り崩していくことになりました。

▎ 現代宗教のゆくえ

ただし，実は「宗教の衰退」ということに限っていえば，そもそも世俗化論が発展した1960年代でさえ，近代化と宗教の衰退が比例しているとはいい難い事実がありました。例えば，アメリカにおいては，戦後の工業化と都市化がキリスト教の宗教復興と結びつき，1940年から1960年のあいだに教会員の数が15％も増大しています（古屋，1967）。また戦後日本においても，工業化に伴い農村から都市に流入してきた都市下層民の受け皿として新宗教が成長したことがよく知られています（鈴木，1970）。これらの事例は，近代化によって必ずしも宗教が衰退するとは限らず，その過程で共同体を失った人びとに新たな絆を与えうることを示しています。

加えて，世俗化論が前提としていた思考レベルでの合理化についても，その妥当性は検証されていません。むしろ現代日本における宗教調査の結果からは，若者のあいだでオカルトや死後の世界などへの関心の増大がみられることが確認されています。例えば，2006年に東京のある大学で行われた調査においては，「死後の世界」や「死後の霊魂」の存在，あるいは「祟り」や「輪廻転生」について，約半数の学生が肯定的回答をしており，「霊の存在を霊視することのできる霊能者」については実に8割を超える学生が肯定的回答をしています（石井，2008）。これらの調査結果は，社会の近代化が進めば進むほど合理的な思考が浸透していく，という世俗化論の主張を裏切るものとなっているのです。

ここからわかることは，世俗化論が当初想定していたような意味で宗教が

「衰退」するということはどうやらなさそうだ，ということです。もちろん，地域の共同体と密接に結びついていた伝統宗教が，近代化の過程とともに衰退していくことは事実でしょう。しかし，それは宗教そのものの衰退や消滅を意味するものではありません。前節でみたように，宗教を今ある制度や価値観を超えた領域ととらえる限り，それは繰り返し私たちの社会に立ちあらわれてくるのです。

なかでも，今ある制度や価値観を超えた事態が表出しやすいのが，生老病死の問題圏です。実際，医療や福祉の領域は，歴史的にみても宗教と密接な関係にありました。その背景には，老いや死の問題が，根本的には私たちのコントロールの及ばない領域にあるという事情があります。そこで最後に，ターミナルケアの領域を念頭において，臨床の場における宗教について考えていくことにしましょう。

4　生老病死と宗教

▌苦難の神義論

近年の医療技術の発展は，これまで治らないと考えられていた病気についても，その進行を遅らせたり，場合によっては回復させたりすることを可能にしてきました。しかしその一方で，「なぜこの私が病気になったのか」という問いかけに対しては，医学は回答することができません。というのも，医学的に説明可能なのは，どのように病気になったのかという一般的メカニズムだけであり，「どうしてほかならぬこの私が」という意味に関する問いに対しては沈黙するしかないからです。しかも，いったん回復したとしても，老いや死そのものを避けて通ることはできません。だとすれば，どれほど医学が進歩したとしても，病気や死に関する苦悩が消え去ることはなく，むしろかえってその意味を問う場面が先鋭化してくる可能性すらあります。

歴史的にみれば，こうした人間の苦悩に対して，この世の論理とは別の形で意味を与えてきたのが宗教にほかなりません。ウェーバーはこうした宗教の機能をさして，「苦難の神義論」と呼びました（Weber, 1920b）。合理的な神概念を有する宗教には，病気の苦しみや死の不安に対して，「それは神から与えら

れた試練である」であるとか「死んだあとに幸せな国へ行くことができる」といった形で，何らかの意味を与える「教え」が織り込まれているというのです。それゆえ，時として病気や障害を負った当事者が宗教的なものに救いを求める，という事態が起こってきます。

　例えば，あるハンセン病者の手記のなかには，こうした「救済」の様子が劇的に描かれています。彼はある時，聖書の一節を読んで衝撃をうけます。それは，ある盲人を前にして，どうしてこの人は生まれつき目が見えないのか，とイエスの弟子たちが問うシーンでした。「この人の罪なのか，それとも親の罪なのか」と問いかける弟子たちに対し，イエスは「そうではない。神の業（わざ）なのだ」と返します。彼はこの箇所を読んだとき，「いつもどんより沈みきっていたわたしの心は，周囲の春の景色のように生き生きと輝きだし」，「人生観は180度転換し，病苦は喜びに変じ，卑屈は影をひそめて満足がつねに心を満たすようになった」と回想しています（青木，1972，35頁）。自分の病気もまた「神の業」なのだ，と理解することで，彼はそれまでとは全く違う価値観を手に入れたのです。ここには，苦難の神義論が，この世の論理とは異なる仕方で苦しみや悲しみに意味を与える過程が鮮やかに示されています。

■〈危機の民俗〉とターミナルケア

　しかも，こうした「救い」をもたらすのは，明確な教義や教団を備えた「見える宗教」だけだとは限りません。明確な信仰という形ではないにしても，宗教的なものが苦難の神義論のような形で機能するケースもあります。例えば，ターミナルケアの現場では，新宗教やキリスト教の信者で，はっきりとした信仰を心の支えにする患者だけではなく，明確な教義や体系を持たないけれども，当事者にとって重要な意味を持つ宗教的体験の存在が報告されています。これらの体験は，意識的な信仰というよりむしろ，危機的状況において突如として呼びおこされる宗教的イメージに支えられているという点，〈危機の民俗〉とでも呼びうるものです（川村，2006）。

　ここでは，終末期患者とその家族が体験する「お迎え」について紹介しておきましょう。「お迎え」とは，終末期患者が，自らの死に臨んで，既に亡くなっている人物や，通常見ることのできない事物を見る類の体験のことをさして

表 8-3　故人に見えた，聞こえた，感じたらしいもの

	度数	%
すでに亡くなった家族や知り合い	82	52.9%
そのほかの人物	53	34.2%
お花畑	12	7.7%
仏	8	5.2%
光	8	5.2%
川	6	3.9%
神	1	0.6%
トンネル	1	0.6%
その他	48	31.0%

＊複数回答可。％の分母は155
出典：諸岡ほか，2008

表 8-4　故人に見えたらしい人物の内訳（延べ）

	死者	生者
父	21	0
母	28	1
夫・妻	13	0
兄弟姉妹	19	3
息子・娘	5	3
その他親戚	14	4
友人・知人	16	15
それ以外	2	22
無回答	10	4
合計	128	52

出典：諸岡ほか，2008

います。宮城県で遺族を対象に行われた調査によれば，約4割の患者が死にゆく過程で，不思議なものを見たり聞いたりする経験をしており，その内容は主としてすでに亡くなった近親者との出会いでした（諸岡ほか，2008）。患者たちの多くは，この体験をこの世からあの世への移行を暗示するものと捉えており，関った医師はお迎え体験のあった患者の最期はたいてい穏やかだったと指摘しています。お迎えの文化的背景としては，中世仏教の来迎信仰や近世以降の先祖祭祀など様々な要因が指摘されていますが，体験談を細かくみていくと，それだけでは説明のつかない部分も多く残されています（表8-3，表8-4）。

　確かに，お迎え体験は先にみたハンセン病患者のようなケースとは異なり，明確な教義や教団をもった教えに支えられたものではありません。しかし，人が亡くなる際に，先に亡くなった親しい人が，この世からあの世への橋渡しをしてくれるはずだ，という「信仰」なくして，この体験は意味を持ちえません。この意味で，お迎え体験が意義深いものとして理解されている背景には，例え普段は意識されないとしても，何らかの宗教性が存在しているとみることができます。

■「その他のロジック」としての宗教

　私たちは，治らない病気と向き合う時や，先の見えない死の不安におびえるときに，必ずしも合理的・論理的にはうまく対処できないことがあります。タ

―ミナルケアの重要性がますます認識されるようになっている昨今，医療・福祉の現場で働く人びとは，否応なく，こうした答えのない問いかけに直面するようになってきました。この意味において，良くも悪くも，宗教的なものとどう向き合うのかが，医療・福祉の現場で問われるようになっているのです。

　例えば，終末期患者を対象とする医療・福祉の領域では「スピリチュアルケア」ということの重要性が指摘されています。終末期患者の経験する痛みには身体的・精神的(サイコロジカル)・社会的なもののほかに「スピリチュアルなもの」があり，それは「どうして私が死ななければならないのか」，「生きるに値しない人生だった」などの実存的な問いかけを含むものだというのです。ではここでいう「スピリチュアルなもの」とはそもそも一体何をさしているのでしょうか。

　アメリカの在宅ターミナルケアをつぶさに観察した文化人類学者・服部洋一は，「スピリチュアリティ」という言葉の意味は，「その人の生に意味をもたらすもの」であり，実際には具体的かつ個人的なものである，と指摘しています（服部，2003，121頁）。それゆえ，彼によれば，スピリチュアルケアとは，その人自身が大切にしているものを尊重し，支えることにほかならない，というのです。この指摘は，一方で明快かつ説得力のあるものですが，他方で，現場で働く人びとにとっては，あまりにも漠然としており，実際の行動指針としては役に立たないように感じられるかもしれません。

　しかし実は，この摑みどころのなさこそが重要なのではないでしょうか。結局のところ，ここでいう「スピリチュアルなもの」とは，それとして定義できるものではなく，身体的，精神的，社会的，というふうに対象を輪切りにしていってもなお残る大切な「何か」をさしているのだ，と考えることができます。この意味で，「スピリチュアルなもの」は，人間について様々な項目を挙げていった結果，最後に残る「『その他』の次元」と言いかえてもよいのかもしれません（中村，2007，199頁）。スピリチュアリティはその他の次元の問題であるからこそ，スピリチュアルケアは他の専門的ケアのように明確に定義することができない。にもかかわらず，そこには取り組むべき大切な「何か」があるに違いない。この感覚をケア提供者が共有することにこそ，スピリチュアルケアの勘どころがあるのではないでしょうか。

　こうしたスピリチュアリティの捉え方は，本章でみてきた宗教の捉え方と同

じ発想に立つものです。本章では，宗教を，今ある制度や価値観を超えたものとして捉えるという視点を採用してきました。この意味で，宗教はそのものとして捉えられるものではなく，あくまでも経済，政治，文化といった様々な専門領域では十分にカバーできない「残余」にすぎません。しかしまた同時にこの残余は，私たちの社会の臨界を示す鏡でもあるのです。だとすれば，私たちが宗教を研究することの意味は，今ある制度や価値観を超えたものを理解しようとする営みを通じて，そこから逆に今ある制度や価値観を批判的に捉え返していくことにある，といえるのかもしれません。

コラム

セルフヘルプ・グループと「祈り」

神さま私にお与えください
自分に変えられないものを受け入れる落着きを
変えられるものは変える勇気を
そしてその二つのものを見分ける賢さを

　医療では「救われなかった」人びとが，問題を抱えた当事者だけで定期的に集まり，自由に語り合う場を得ることで「回復」への道を歩み始める。こうした取り組みは，セルフヘルプ・グループと呼ばれ，1930年代にアメリカで始まり，今では日本の医療・福祉の現場においても広く知られるようになってきました（葛西，2007）。

　セルフヘルプ・グループでは，参加者は実名を名乗る必要はなく，ニックネームを名乗ります。ミーティングでは車座になって座り，時計まわりに自分のことを話していきますが，そのさいにルールが1つあります。「言いっぱなし，聞きっぱなし」で，決して他人のことを論評したり，非難したりしないこと。このルールがあるおかげで，参加者は安心して自分の経験を語ることができるのです。

　現在のセルフヘルプ・グループの原型となったのがアルコール依存症のセルフヘルプ・グループ，アルコホーリック・アノニマス（AA）です。AAには，12のステップと呼ばれるプログラムがあり，参加者はこれらのステップを踏んでいくことで，アルコール依存症からの「回復」に向かうと考えられています。

　この一連のステップのなかでも，とりわけ興味深いのは，その最初のステップです。実は第1のステップで求められるのは，アルコール依存症から回復しようと努力することではありません。むしろ，いくら頑張ってもアルコール依存症からは抜け出せない「無力な自分」「思い通りに生きていけない自分」を認めることにある，

とされているのです（ステップ1「われわれはアルコールに対して無力であり，生きていくことがどうにもならなくなったことを認めた」）。

　これは一見すると，私たちの常識とは相いれない考え方です。というのも，通常，私たちが日常生活のなかで困難に直面した場合には，何とかして自ら解決を図ろうとあれこれ努力することが期待されているからです。これに対して，AAのステップは，まさにそうした自助努力の及ばない範囲に問題があることを認識しなさい，と訴えているのです。困難を自分で解決しようとすることをいったん止め，自分を超えた大きな力に自分たちの生き方を「委ねる」ことによって，真の問題解決にいたる，というのがAAの12ステップの基本的な考え方です。

　冒頭にあげた「平安の祈り」はAAミーティングの最後に唱和するものですが，これはAAの考え方がある種の宗教性を内包していることを示しています。AA研究者であるカーツらはこれを「不完全さを受け入れる霊性（スピリチュアリティ）」と呼びました（Kurtz & Ketcham, 1992）。アルコールの問題を自分で解決できないことを認めるなかにこそ，彼らの生き方の根幹を揺さぶる何かがあるというのです。「自分に変えられないものを受け入れる落着きを」というフレーズは，まさにこのことを表しています。

　もちろん，AAは宗教ではありませんが，宗教の意義が見出しにくい現代社会において，逆にその本質を照らし出しているようにも思えます。この意味において，現代における宗教研究には，歴史のなかで救済宗教が直面してきた個別具体的な苦しみの現場に目を向けることが求められているのかもしれません。

引用・参考文献

青木恵哉『選ばれた島』新教出版社，1972年

Asad, T. *Formation of the Secular: Christianity, Islam, Modernity*, Stanford/Stanford University Press, 2003（中村圭志訳『世俗の形成』みすず書房，2006年）

Berger, P. *The Sacred Canopy*, New York/Doubleday, 1967（薗田稔訳『聖なる天蓋』新曜社，1979年）

Durkheim, É. *Les formes élémentaires de la vie religieuse*, Paris/F. Alcon, 1912（古野清人訳『宗教生活の原初形態』岩波書店，1975年）

古屋安雄『キリスト教国アメリカ――その現実と課題』新教出版社，1967年

服部洋一（黒田輝政監修）『米国ホスピスのすべて――訪問ケアの新しいアプローチ』ミネルヴァ書房，2003年

石井研士『テレビと宗教――オウム以後を問い直す』中央公論新社，2008年

伊藤雅之『現代社会とスピリチュアリティ――現代人の宗教意識の社会学的研究』渓水社，2003年

葛西賢太『断酒が作り出す共同性――アルコール依存からの回復を信じる人々』世界思想社，2007年

川村邦光『幻視する近代空間——迷信・病気・座敷牢，あるいは歴史の記憶』青弓社，2006年

Kurtz E. and K. Ketcham *The Spirituality of Imperfection: Storytelling and The Journey to Wholeness*, New York/Bantam Books, 1994

Luckmann, T. *The Invisible Religion: The Problem of Religion in Modern Society*, New York/Macmillan, 1967（赤池憲昭／ヤン・スウィンゲドー訳『見えない宗教——現代宗教社会学入門』ヨルダン社，1976年）

Parsons, T. *The Evolution of Societies*. Ed. by Jackson Toby, Englewood Cliffs, NJ/Prentice-Hall, 1977（矢沢修次郎訳『社会類型——進化と比較』至誠堂，1971年／井門富二夫訳『近代社会の体系』至誠堂，1977年）

Marx, K. 'Zur Kritik der Hegelschen Rechtphilosophie. Einleitung,' 1844（城塚登訳，『ユダヤ人問題によせて・ヘーゲル法哲学批判序説』岩波書店，1974年）

諸岡了介・相澤出・田代志門ほか「現代の看取りにおける〈お迎え〉体験の語り——在宅ホスピス遺族アンケートから」『死生学研究』9，205-223頁，2008年

森孝一『宗教から読む「アメリカ」』講談社，1996年

中村圭志『信じない人のための〈宗教〉講義』みすず書房，2007年

島薗進『精神世界のゆくえ——現代世界と新霊性運動』東京堂出版，1996年

Stark, R. and W. Bainbridge *A Theory of Religion*. New York/Lang, 1987

Suzuki, D. *Zen Buddhism and Its Influence on Japanese Culture*, Kyoto/Eastern Buddhist Society, 1938（北川桃雄訳『禅と日本文化』岩波書店，1940年）

鈴木広『都市的世界』誠信書房，1970年

山田奨治『禅という名の日本丸』弘文堂，2005年

山中弘「世俗化論争と教会——ウィルソン世俗化論を手がかりにして」竹沢尚一郎編『宗教とモダニティ』世界思想社，2006年

Wallis, R and S. Bruce "Secularization: The Orthodox Model", S. Bruce Ed. *Religion and Modernization: Sociologists and Historians Debate the Secularization Thesis*, New York/Oxford University Press, 1992

Weber, M. "Die protestantische Ethik und der Geist der Kapitalismus", *Gesammelte Aufsätzt zur Religionssoziologie* Bd. 1, Tübingen/J. C. B. Mohr, 1920a（大塚久雄訳『プロテスタンティズムの倫理と資本主義の精神』岩波書店，1993年）

———"Einleitung", *Gesammelte Aufsätze zur Religionssoziologie* Bd. 1, Tübingen/J. C. B. Mohr, 1920b（大塚久雄・生松敬三訳「世界宗教の経済倫理 序論」『宗教社会学論選』みすず書房，1972年）

———"Soziologie der Herrschaft", *Wirtschaft und Gesellschaft*, 5. Aufl, Johannes Winckelmann Hg., Tübingen/J. C. B. Mohr, 1976（世良晃志郎訳『支配の社会学』Ⅰ・Ⅱ，創文社，1960-61年）

Wilson, B. *Religion in Secular Society*, Harmondsworth, Middlesex/Penguin Books, 1969

▌推薦文献

中村圭志『信じない人のための〈宗教〉講義』みすず書房，2007年
――「宗教というものに抵抗のある人」も納得できるような「脱"信仰"型の宗教案内書」を目指して書かれた良質の「宗教」入門書。

井上順孝『人はなぜ新宗教に魅かれるのか?』三笠書房，2009年
――近・現代日本の「見える宗教」の代表格ともいえる新宗教についての入門書。バランスのとれた視点から新宗教の全体像を平易に解説しています。

島薗進『スピリチュアリティの興隆――新霊性文化とその周辺』岩波書店，2007年
――制度化された「宗教」とは異なる形で「宗教的なもの」「スピリチュアルなもの」を求める現代人について，様々な角度から論じています。

神谷美恵子『生きがいについて』みすず書房，1966年
――病気や死の苦しみと信仰の関係について考えるさいに，よき導きとなる古典的名著。『神谷美恵子日記』（角川文庫，2004年）と合わせて読むと，より理解が深まります。

第9章

コミュニケーションを社会学する
――耐え難きを耐え，忍び難きを忍ぶことの解明へ――

天田　城介

　本章では，コミュニケーションを社会学することとは一体いかにして可能であるのか，あるいは可能でありながら大切でもある方向性の1つを提示したいと思います。そのため，まずは「コミュニケーションの社会学」とでもいうべき社会学のいくつかの議論をごく簡単に概括した上で，現代社会におけるコミュニケーションを考えることは何を明らかにすることであるのかをみていきたいと思います。加えて，そのようなコミュニケーションの形式がいかなるものであり，それがどのようなアイデンティティの政治のもとで過酷な事態を皮肉にもできさせてしまうことがあるのかを確認します。そして最後に，「極限状況」において生き延びるための／生き抜くための日々の営みが，まさに与えられた，限られた選択肢のなかからの選択を余儀なくされたものであることを描き出した上で，それを解明することがコミュニケーションを社会学することにとっていかに大切かを解説します。

1　避け難くいかんともし難いコミュニケーション

　満州のハルビンで敗戦を迎え，その後8年間にわたりシベリアで抑留された石原吉郎は自らの経験を回顧しつつ，雑誌『思想の科学』1969年3月号に「ある〈共生〉の経験から」を寄稿し，極度の飢餓状態におかれた収容者たちの間に生まれた〈習慣〉を以下のように記します――孫引きになりますが，その入手しやすさから考えて，ここでは石原吉郎の「極限状況」のただなかでの経験（とその語り）を中心にシベリア抑留について論考した畑谷（2009）の著書から一部引用しておきます。

〈もはやそこにあるものは,相手に対する完全な無関心であり,世界のもっともよろこばしい中心に自分がいるような錯覚である。私たちは完全に相手を黙殺したまま,「一人だけの」食事を終るのである〉(畑谷,2009,78-79頁)

〈強制収容所での人間的憎悪のほとんどは,抑留者をこのような非人間的な状態へ拘禁しつづける収容所管理者へ直接向けられることなく(それはある期間,完全に潜伏し,潜在化する),おなじ抑留者,それも身近にいる者に対しあらわに向けられるのが特徴である。それは一種近親憎悪であり,無限に進行してとどまることを知らない自己嫌悪の裏がえしであり,さらには当然向けられるべき相手への,潜在化した憎悪の代償行為だといってよいであろう。

こうした認識を前提として成立する結束は,お互いがお互いの生命の直接の侵犯者であることを確認しあったうえでの連帯であり,ゆるすべからざるものを許したという,苦い悔恨の上に成立する連帯である。ここには,人間のあいだの容易な,直接の理解はない。なにもかもお互いにわかってしまっているそのうえで,かたい沈黙のうちに成立する連帯である。(略)

これがいわば,孤独というものの真のすがたである。孤独とはけっして単独な状態ではない。孤独はのがれがたく連帯のなかに孕まれている。〉(畑谷,2009,79-80頁)

石原が収容されたソ連カザフ共和国アルマ・アタのラーゲリ(強制収容所)の「第三分所」は,敷地内が高い塀と二重の鉄条網に囲まれ,短機関銃を携えた警備兵によって常にあまねく監視された空間でした。収容者たちは私物をとりあげられ,頭髪のみならず全身の毛までも剃られました。食事の際は,二人ずつの〈食罐組〉を組み,一人が飯盒に入った食事を同じ大きさの空き缶二つに分けるのですが,その間,もう一人は瞬きもせず相手の手元をじっと睨みつけています。「豆が沈んだ薄いスープも,雑穀の三分がゆも,完全に『公平』に分けなければならない。互いの生死がそれにかかっていた。食事が分け終わると,途端に食罐組は解消する」(畑谷,2009,77-78頁)。そんな「極限状況」のなかで生まれたのが,まさに《食事を全き均等に分かち合う公平》と《痛烈な無関心と憎悪を前提として成立する共生と連帯》と《連帯の中に逃れ難く孕まれている真の孤独》なのです。それは「助け合って生きる,というような甘いものではなく,不信と憎悪を向け合う人間同士が,自分が生き延びるために結ぶぎりぎりの関係」(畑谷,2009,80頁)のなかで否応なしに立ち現れてしま

う《共生と連帯》であり，《孤独》であったのです。

　本章では，このようなギリギリの「極限状況」のなかでのコミュニケーションをこれまでの「コミュニケーションの社会学」の議論でどのように論じてきたのか，そして今後いかにして論じることが可能であるのかの1つの方向性を示していきたいと思います。そのためにも，まずはこれまでのコミュニケーションの社会学で，そもそもコミュニケーションを営む「私」がどのように議論されてきたのかを押さえ，その上で，現代社会におけるコミュニケーション形式がどのようなものであり，また，それがどのようなアイデンティティの政治のもとで過酷な事態を皮肉にもできさせてしまうことがあるのかを確認した上で，「極限状況」において生き延びるための／生き抜くための日々の営みが，まさに与えられた限られた選択肢のなかからの選択を余儀なくされたものであること，そしてそのような「幸福な奴隷」をめぐるコミュニケーションを解明することもコミュニケーションを社会学するためのきわめて重要な1つの方向であろうことを示すものとしたいと思います。

2　コミュニケーションを社会学する

　多くの社会学の入門書などでは「社会学とは，人間と人間の『関係』を扱う学問である」「社会学とは社会現象を人間の相互行為を基軸に研究する社会科学である」などと解説されています。その意味では，社会学とは関係や相互行為を扱う，広義の「人びとのコミュニケーションに照準した学問」であるといえます。そして，このような解説は概ね間違っていないものであると思います。

　しかしながら，そのような「人びとのコミュニケーションに照準した学問」たる社会学は何をいかにして解明しようとするのでしょうか。ここでは社会学においてコミュニケーションのなかでこそ「私」が成立することを緻密に論証したミード（George Herbert Mead）の論考を手がかりに解説していきます。

■ 曖昧でおぼつかない「私」の成り立ち

　私たちは，一般的に，「私がいて，他者がいて，そしてお互いのコミュニケーションが営まれる」と理解しています。しかし，それは正しくはありません。

たとえば,「私が特に強調したいのは,自己意識のある個人にたいする社会過程の時間的・論理的先在である」(Mead, 1934=1973, 199頁)と語り,あるいは「自己の発生過程は集団内での個人たちの相互作用をふくみ,集団の先在をふくむ社会過程である」(同書,176頁)と述べているように,ミードは,「私がいて,他者がいて,そしてお互いのコミュニケーションが営まれる」のではなく,そもそもコミュニケーションを営む「私」それ自体が成り立つためのコミュニケーション――ここでは厳密な定義はさておき,「社会過程」を「コミュニケーション」におきかえています――が先行して存在していることを照らし出しました。「自己とは,まず存在してその次に他者と関係を結んでいくようなものではなく,それは社会的潮流のなかの,いわば小さな渦で,したがって社会的潮流の一部」(同書,195頁)なのです。

では,そもそも「私」はいかにして成り立っていくのでしょうか。

考えてみると不思議です。特筆すべきは,自己の特徴は「それ自身にとって対象だという」点であり,「この特徴は,『自己』という言葉の中に表れている。自己は再帰代名詞で,主語(subject)にも客語(object)にもなれることを示している。この種の対象は,他の対象と本質的に違う」(同書,147頁)と論じているように,自己とは自己自身を対象可能とする,あるいは自己言及を可能とするような再帰的(reflexive)な存在であるという点にあります。つまり,「私が私を見る」という意味で「私」は常に二重性を帯びた存在であり,いわゆる自己の再帰性(reflexivity)がその本質的要件となります。

この意味で「自己とは,実体というより,身振り会話が生物体の内部に内面化されてきた過程」(同書,191頁)であり,こうした「社会過程こそが自己を構築する」(同書,183頁)のです。平たくいえば,「私が(他者が私を見るように)私を見る」ことによって「私」は成立していくことになるのです。ミードが「『I』とは他者の態度に対する生物体の反応であり,『me』とは,他者の態度(と生物体自身が想起しているもの)の組織化されたセットである。他者の態度が組織化された『me』を構成し,人はその『me』に対して『I』として感応する」(同書,187頁)と述べるように,自己の再帰的過程において,他者のまなざし/視線が自己の内部における「me」と変換され,それに対する関係として自己が成立することになります。図式的にいえば,「他者のまなざし/視線」

が自己内部の「me」として変換され，その「me」に対して「I」が感応することで「私」はつくり出されるということです。

▍アイデンティティの不可思議な成り立ち

ところが，ここにこそ決定的なパラドックス（逆説）が生じることになります。

「他者のまなざし／視線」はそれが「自己に属するまなざし／視線」と認識されて初めて「me」となりうるのですが，そもそも「me」がそこに属していると認定されるべき当の自己は，実際には「me」の存在を前提に成立しています。つまり，当事者の意識においてはあたかも自己が成立してしまっているかのような，そしてその後に自己の内部に「me」が見出されるかのような，時間的・論理的順序の転倒が起こっているのです。

では，いかにしてこのパラドックスは解消されているのでしょうか。

このパラドックスを解消可能とするのがまさに「一般化された他者」です。当該自己が諸関係において形成してきた複数の「me」を自己の内部へと取り込み，同時に複数の「me」を通約（串刺しに）するような同一性（identity）が「一般化された他者」によって確保されることで自己は成立することになります。つまり，自己の多元性が自己の内部に「me」として取り込まれる前に，自己の内部に（いまだ取り込まれていない）複数の「〜としての私」を貫徹する自己の同一性を与える1つのまなざし／視線が先取りされてしまっているかのような不可思議な現象なのです——詳細は天田（2003→2007→2010）を参照——。

このように自己が先取り＝取り込み（プロジェクション／イントロジェクション）するべく他者のまなざし／視線は，発達の初期においては「重要な他者（significant other）」によって形象化されたそれですが，相互行為に参与する他者の範囲の拡大に伴って自己の帰属する共同体を表象するような，「ある人にかれの自己の統一をあたえる組織化された共同体もしくは社会集団」を意味する「一般化された他者（generalized other）」へと抽象化・超越化してゆきます——ミードはこのことを「一般化された他者という形をとってはじめて，社会過程は，そこに参加してそれを遂行している個人の行動に影響を及ぼす。すなわち，共同体がその個人的メンバー

の行為に支配力を発揮することになる。なぜなら，社会過程や共同体が個人の思考に決定的要因としてとび込んでくるのは，こういう（一般化された他者という）形をとったときだけだからである」（Mead, 1934=1973, 167頁／傍点引用者）と言及します——。このように「一般化された他者」とは自己あるいは他者に対して外部に存在する第三項としての規範の審級であり，この審級によって初めて「組織化された自己」が成立することになります。

　ミードは「コミュニケーション過程においては，個人は彼自身の自己である前に一個の他者である」（同書, 168頁）という過程をより一層照準させようとして，上記の「I」と「me」の図式に照応した役割論を展開しています。役割論では「重要な他者」の期待の取り込みをはじめとする「他者の態度取得（taking the attitude of the other）」を基本的要件とした「役割取得（role-taking）」を媒介に自己は形成されると説明されます。こうした自己の形成過程を表現したのが「社会化（socialization）」という概念です。

　ミードによれば，子どもの社会化は，空想的に「父」や「母」や「医者」などの個別的他者の役割を演じる「プレイ（ごっこ遊び）」の段階から，複数の役割間の関係を統制するルールの取得を要求する「ゲーム」の段階を経過して発達していくことになります。要するに，自己が先取り=取り込み（プロジェクション／イントロジェクション）するべく他者のまなざし／視線が，空想上で演出される個別的な役割において経験されるまなざし／視線から，役割相互の葛藤・矛盾・不一致・対立を調整／解消するようなより高次のまなざし／視線へと抽象化・超越化してゆく，ということです。ここで重要な点は，諸々の役割を演出する自己の多元性が高次の超越的なまなざし／視点に準拠することを通じて縮減され，同一化（アイデンティフィケーション）されていくことになります。

　例えば，「ここで本を読む私」「家庭での私」「友人との関係での私」「学校での私」「夢のなかでの私」などの複数の「私」を「串刺し」にするような高次の他者のまなざし／視線から「私は私である」と自己同定（アイデンティファイ）していくような社会過程が「社会化」にあたります。

現代社会における再帰的自己として

　では，こうした「社会化」はいかなる時空間において作動しているのでしょ

うか。

　乱暴にいえば，これまでの社会化論の展開は，いわば「再帰性概念の時間的・空間的な拡張／普遍化」とでも呼ぶべき志向性のもとにありました。つまり，こういうことです。

　1つは，「個人」の再帰性概念の時間的拡張です。ミードにおいては乳児期や児童期，青年期といった人生の初期にのみ焦点化されてきた「社会化」理論を人間の一生（生涯）へと拡張化・普遍化し，そこでの個人の再帰性を「再-社会化（re-socialization）」あるいは「成人期の社会化（adult socialization）」「高齢期社会化（elderly socialization）」として概念化したのです。つまり，私たちは生涯にわたって「私が（他者がみるように）私を絶えず見直す」かのような「再帰的自己」を生きると説明されてきました。

　他方では，「社会」に準拠点をおくと歴史における再帰性の拡張となります。ミードは「フランス革命の挫折とロマン主義の誕生」の考察において，革命の挫折に伴って「旧来の秩序へと回帰した人々の視点」が単なる「過去回帰」ではなく，かつてとは既に異なる視点を内在したものになっていることを指摘しました。つまり，「問題」となっている「現在」からの視点に立った上で「過去」を回顧するような「再帰的な視点」へと変容したことを論じています。「自己が他者の役割をとりいれてはじめて，人は自己を意識する。こうして自己は，同一の経験の中で主体と客体の両者となる。このことは，歴史的なうごき全体のなかできわめて重要な事柄である。当時のヨーロッパのひとびとが，みずからをかえりみることができたのは，まえの時代のひとびとの態度の中にみずからをおいたからである。こうすることによって彼らは，みずからを，まえの時代や，まえの時代がもたらした自己と比較することができたのである」(Mead, 1936=1994, 148-149頁）と述べ，「近代」においてこそ自己は再帰的なものにならざるをえないことを明確に記述しています。

　もう1つは，再帰性の空間的拡張です。帰属する社会が複数存在し，自己の準拠する諸規範がそれぞれで異なる場合，相互の規範の間の葛藤・矛盾・混乱・対立を調整するような，より高次のまなざし／視線へと抽象化・超越化してゆくとミードは指摘します。その代表例として，ミードは自国の利害を主張するのみではなくすべての他国の存在との関係を考慮した態度をとるという

「国際心」の必要性を唱え，自己の社会性の問題を国際的規模まで拡大し，そこに普遍性を獲得するによって自己はその最高段階に達すると考えました。

こうしたミードの前提はあまりにナイーブなものですが，いずれにしても，「近代」という歴史的・時代的文脈のもとにおいて，「生涯」にわたって個人は不断に異なる他者のまなざし／視線によって自らを見直し，そのことで自らを問い直していくこと，そして，そのことを通じて自らを絶えずつくり直していくのであると，説明したのです。このように「再帰性概念の時間的・空間的な拡張／普遍化」のダイナミズムこそまさに近代(モダニティ)を駆動するものであるということになります。

このことをより一層明確にいっているのがギデンズ（Anthony Giddens）という社会学者です。ギデンズは近代(モダニティ)という時代を「再帰性（reflexivity）」概念から説明します。ギデンズによれば，再帰性とは「社会の営みが，それに関して新たに得られた情報によって吟味改善され，結果としてその営み自体の特性が本質的に変化してゆく」現象／過程を意味し，近代の作動原理として説明されるものです（Giddens, 1990=1993, 38頁）。その議論は精緻化されているにせよ，ミード同様，ギデンズも近代の特性を再帰性に求め，近代(モダニティ)，ことに後期近代(レイト・モダニティ)（late modernity）における人間は当該社会の歴史的過程の文脈性に対して遡及的に意味を確定し，再帰的に解釈していくと指摘します（Giddens, 1990=1993, 45-62頁）。

そして，ギデンズはこうした「再帰性」によって「近代は過激なる懐疑の原理を制度化し，あらゆる知識が仮説の形態を取らざるを得ない」（Giddens, 1991, p.3／傍点引用者）といいます。特に，後期近代は，かつて「前提」にしたような規範や制度を「懐疑」し，さらにその「懐疑」の「前提」となった規範や制度をも「懐疑」していき，そしてその……という経路によって懐疑を徹底(ラディカライゼーション)化してゆく時代，すなわち「徹底化された近代（radical modernity）」ということになります。だからこうした近代化のプロセスをギデンズやラッシュらは「再帰的近代化（reflexive modernization）」と呼ぶのです（Beck, Giddens, Lush, 1994=1997）。

3　コミュニケーションの息苦しさとほかでもありえた可能性の排除

　では，現代社会における私たちのアイデンティティが不断のコミュニケーションを通じて常につくり直されているとして，実際にはどのようなやりとりとその帰結が生まれることがあるのでしょうか。拙稿（天田，2009）で詳しく論じましたが，ここではそのようなコミュニケーションにおいていかなる事態が出来するのかについて最も深く論考をしたゴフマン（Erving Goffman）の仕事を振り返りつつ，考えていきましょう。

■ 人びとの相互行為はいかにして可能か

　ゴフマンの主要な関心は「社会秩序，とりわけ相互行為秩序はいかにして可能か？」という問いであったことは言うまでもありません。しかしながら，ゴフマンの方法論，いや《方法論としてのゴフマン》の理論的設定をこうした「問い」へと回収してしまうだけでは彼の重要な仕事の別の側面は見失われてしまうでしょう。

　ここでは詳述できませんが，ゴフマン自身が「中央ヨーロッパからの移民ユダヤ人の子」であったため，まさに自らにおいて，一方では，自らの一挙手一投足，一言一句に至るまで統制（コントロール）することで巧みに周囲とのやりとりにあわせ，何とかまわりに溶け込むことで，かろうじて自らの身を守ろうとしたと同時に，他方では，ある時には，自らのその宙吊りのアイデンティティを強烈に打ち出そうとする場面では，周囲に対して「小柄な短刀（little dagger）」と呼ばれるほど暴力的に振る舞うことで必死に自らのアイデンティティを保たんとしたといわれています（Winkin, 1988=1999）。こうした「溶け込み」と「小柄な短刀」という相反する二重の立ち振る舞いをせざるをえなかったという彼自身が否応なしに余儀なくされた現実こそがその後のゴフマンの理論を形成したともいえるかもしれません。

　でも，ひとまず迂回して，まずはゴフマンのコミュニケーション論を説明してみましょう。

　ゴフマンは自らの研究を「相互行為秩序（interaction order）」研究と称し

(Goffman, 1983, p. 2)，「いかにして私たちの日々の相互行為秩序は可能か？」を徹底的に考究しました。例えば、コミュニケーション場面において私たちはそこで期待され実行する役割としての「イメージとしての自己」に完全になりきることはほとんどなく、どこかでそうした役割に対して（ある程度冷静に）距離をとりながらそれらを実演する「パフォーマーとしての自己」として存在しています——このことを彼は「人—役割図式」(Goffman, 1974, p. 269) と名づけます——。このように求められている役割に対してそれなりに／巧みに距離をとることを「役割距離（role distance）」と概念化し、「個人とその個人がになっていると想定される役割との間のこの『効果的に』表現されている鋭い乖離を役割距離と呼ぶ」(Goffman, 1961b=1985, 115頁) と定義します。

　先生の前では「学生」としてきちんと振る舞いながらも、どこかで「あ〜あ〜、学校はめんどくせ〜な〜」と思って心のなかではベロを出しているといったことはみなさんにも経験があると思います。このように私たちは期待された役割に対して自らを完全に同一化させているわけではなく、むしろその役割と自己との間に常にズレを感受しつつ巧みに日々のやりとりをしているのです。

　もちろん、完全に相互行為秩序を達成していくようなパフォーマンスを人びとが戦略的に行いきれるわけではなく、むしろ意図せざる表出・行為によって、あるいは「役割距離」「転調（keying）」「虚偽操作（fabrication）」「溢れ出し（flooding out）」によって常に相互行為秩序は常に食い破られる可能性を孕んでいます。それゆえ、彼はこの常に突き破られる契機を内在した相互行為秩序を"リアリティの薄い膜"と呼んだのです。

　具体的にいえば、「身体」はコミュニケーション場面において常に「露出」しているために、当事者にとっての意図せざる表出・行為として常に他者に晒され——つまり、他者の側に自己の価値の決定権が委譲されているために——、相互行為秩序にとって常に潜在的脅威となりうる「過剰なるもの」であるといえます。ただし、こうした相互行為秩序の脆弱性がひとたび露呈したとしても、そこに参加する人たちの儀礼的な振る舞いによって相互行為秩序の脆さは隠蔽・修復され、その結果、相互行為秩序は遵守されたりもします。

■ ほかでもありえた可能性が排除されること

　もちろん，こうした儀礼的な振る舞い——彼はこれを「相互行為儀礼」と命名しています——を通じて，その場の状況によって行為を規定している一連のルール——「状況適切性のルール」と呼んだりもします——が守られるだけではなく，それは同時に，現実における「ほかでもありえた」という偶有的可能性を排除していくことも意味しています。とりわけ，「表敬と品行の実践は，個人が生き生きとした，神聖な自己を投企し，適切な儀礼的基盤の上でゲームにとどまることができるように，制度化されている」（Goffman, 1967=1986, 88頁）と述べるように，現代社会の日常生活においても聖域と呼べるような「道徳的共同体」のもとでは近代的人間観である「個人の尊重」の思想を前提にした儀礼行為が営為されています。そして，そこでコミュニケーションを営む人たちは，自己が"聖なる自己"であると同時に，その"儀礼司祭者"でもあるという「儀礼的役割の二重性」を巧みに実演しているのです（同書，31頁）。こうした自己による相互行為儀礼によって"聖なる自己"を原則とする規範の審級は具現化され，相互行為秩序は維持され，その「リアリティの薄い膜」の脆弱性は隠蔽されることになるのです——こうした実践を通じて，「ほかでもありえた」という偶有性は隠蔽・忘却され，まるで「そうでしかありえない」かのような現実が形づくられていってしまうのです。

　では，相互行為秩序がきわめて大きな脅威に晒されるのはいかなる状況なのでしょうか。

　例えば，電車やエレベーターのなかで（日常的にはありえないほど）過剰なまでに人に近づいたり，故意に（悪質にみえるように）ぶつかってきた状況でも，つまり"聖なる自己"への冒瀆がなされても，通常「謝罪」によって相互行為秩序は修復・維持されますが，「謝罪」もなされず，極端なある閾値(しきいち)を越えた不適切な徴候（inappropriate sign）を表出する者はスティグマ化（stigmatize）され，「排除」の原理が作動することになります。ここにこそ登場するのが後述する「全制的施設」などの社会装置であり，そうした制度化された秩序が社会装置を通じて立ち現れるのです。そして，そのことを通じて相互行為秩序は自らの正当性を回復し，再びコミュニケーションに参加する人びとの相互行為儀礼によって——まるで「排除」がなかったようにして——日々の営みは維持

されてゆきます。ゴフマンは自らの経験において感受した，この「日常の息苦しさ」と「ほかでもありえた可能性の排除」がコインの裏表のように作動する仕組みに拘り続け，それを類稀なる記述によって論考したのです。

　ここで重要なことは，例えば，それぞれの個人が"聖なる自己"としてお互いの「正常」を主張し，自らを価値ある人間として証明されたいという欲望に絡めとられていると，その結果，自己のうちに「異常」なる部分を感受した時には自己差別化に苛まれたり，あるいは自らの「正常」に根拠を与えるためにある特定の人を「異常」と名づけ，差別／排除してしまうことです。これこそ「アイデンティティの政治」と呼びうるような近代の社会的な機制（メカニズム）なのです。このアイデンティティの政治によって，例えば「全制的施設」の「精神病者」は——当該施設でギリギリのところで生きていくために——かろうじて自らのアイデンティティを保たんとしてしまうのであり，また，施設職員もこのアイデンティティの政治に絡めとられているがゆえに，「無力化」と表現されるような数々の施設内での実践に囚われ続けてしまうことになるのです。

4　耐え難きを耐え，忍び難きを忍ぶこと

　ここではゴフマンの『アサイラム』における緻密かつ詳細に記述を参考に，人びとは自らのアイデンティティが徹底的に剥奪されるような「極限状況」のただなかでこそ，徒党を組んだり，自らの世界に引きこもったり，物分りのよい人になったり，優等生になることで何とか必死に自らを保たんとしており，さらには椅子をガタガタさせたり，マットレスを食いちぎることで施設に対する敵意を表現することで，ギリギリの状況においても何とか命懸けで自らを守らんとしていることをみていきたいと思います。このような「ある状況において採らざるをえない（方法としての）処世術」「ある条件のもとでの適応的選好形成」への照準こそが《方法論としてのゴフマン》の核心の１つでもあるからです。

■ 自らを保たんとする営みとして解読すること

　ゴフマンは，『アサイラム（*Asylum*）』において「全制的施設（total institution)」などの概念を駆使しつつ，一定期間にわたって，閉鎖的・画一的に隔離・管理された生活を余儀なくされることを通じて，人びとはいかなる営みによって自らのアイデンティティを保持せんとするのか，そしてそうしたアイデンティティを保持せんとする人びとの実践のやりとりの捩れあいの社会的帰結としてどのような皮肉な事態が立ち現れてしまうのかを鮮明かつ大胆に描出しました。その要点のみ論じるのであれば，「多数の類似の境遇にある個々人が，一緒に，相当期間にわたって包括社会から遮断されて，閉鎖的で形式的に管理された日常生活を送る居住と仕事の場所」（Goffman, 1961a=1984, Ⅴ頁）である「全制的施設」において——こうした「全制的施設」の具体例として彼は精神病院，刑務所，軍隊，修道院などを挙げています——，（A）その場に収容された人びとがどのように自らのアイデンティティを剥奪されていってしまうのか，（B）また，そのただなかで施設（職員）に従属せざるを得ない状況がつくられてしまうのか，（C）さらには，そのような「極限的な状況」において人びとはいかにして自らのアイデンティティを保たんとしているのか（守らんとしてしまうのか），（D）そして，そのような人びとが（ギリギリのところでかろうじて）自らを保たんとする（守らんとする）営みがいかなる事態を現出させてしまうのか，（E）そのような事態において人びとはさらにいかなる営みを遂行してしまうのか，を見事に描破しています。

ここで決定的に重要な点は，ゴフマンはこうした人びとによる《自らを保たんとする営み》を精神病院にのみみられるものであるとは考えていなかった点です。もちろん，「全制的施設」と呼ぶ空間に端的に観察されるにせよ，「学校」や「家庭」などの空間においてもかかる社会的機制が作動していることを強調しています。要するに，いかに「異常」「逸脱」「病理的」にみえる／思えるような振る舞いを日常的にどこにもみられる「自らを保たんとする営み」という視点から解読しようとしたことがその特徴であるといえます。

■ アイデンティティが剥奪されるという事態のただなかで

端的にいえば，ゴフマンにとって「施設に収容される」という現実は，収容された人びとがそれまで何とか日々の営みのなかで何とか保持してきた「私」のアイデンティティが「剥奪（extrusion/deprivation/stripping/dispossession）」

されることで，彼／女らが徹底的に「無力化されていく過程（mortification process）」として析出されます。具体的には，「施設収容」を契機に「一般社会（包括社会）」から遮断・隔離されることによって，彼／女らは，これまでに自らのアイデンティティを保持することを可能にしてきた習慣やライフスタイルを剥奪され（＝文化剥奪〔disculturation〕），また過去の諸々の役割からの断絶を経験させられ（＝役割剥奪〔role dispossession〕），さらには，私物の代替品として「規格品」の衣服を身に付けさせられたり，名前で呼ばれず「番号」で呼ばれたりして衣服や名前といった自らのアイデンティティを表示する装置さえも剥奪される（＝私物の剥奪〔dispossession of property〕）ことになります。このようにして，彼／女らはこれまでの日々の営み（日常的実践）において何とか保ってきた「私」のアイデンティティがまるでガラガラと音を立てて崩れ去るような過酷な現実を生きることを余儀なくされてしまうのです。

　ただ，こうした指摘はさほどインパクトがある話ではありません。ゴフマンの記述においてより重要な点は，むしろ，このように日々の営みのなかで何とか自らを保ってきた私のアイデンティティが毀損されいくなかでこそ，逆に，私のアイデンティティを剥奪した当の施設（職員）に否応なく従属してしまうという皮肉な「仕掛け」を論じた点です。

▍巧妙な仕掛け——アメとムチを通じた従属化

　ここで不思議な逆転現象が起こります。こうした「剥奪過程」において，施設の「外部」の「市民社会（civil society）」においては個人として享受して当然のものが剥奪されていくと同時に，市民として当然受け取るべき「権利」がなぜか「特権」へと転化していきます。さらには，施設内の「規則」に従順であることと引きかえにこの「特権」が与えられたり，違反すれば「罰」として失権させられるといった「特権体系（the privilege system）」なるものが示されることを通じて，人びとは自己の再編成を余儀なくされます。

　具体的にいいましょう。例えば，私たちの日常において「手に入ってあたりまえなもの」——例えば，三度の食事や本や雑誌などの品々，タバコやお酒など——が施設の「内部」では施設のルールにしたがうことでかろうじて手に入れることができる「特権」になってしまうという，あまりに過酷な事態を招い

てしまうのです。そして，この「巧妙な仕掛け」を通じて，収容された人びとはしばしば"自ら進んで"施設職員に従属化しています。こうして"アメ"と"ムチ"が状況に応じて使い分けられながら，収容された人びとのアイデンティティの不安の穴を埋めるがごとく「仕掛け」は巧妙に機能していくのです。

　例えば，タバコを例に"アメ"の「仕掛け」を説明しましょう。タバコは私たちの社会では基本的には（成人であれば）「手に入ってあたりまえのもの」です（筆者も吸います）。にも関らず，施設に入れられるや否や，施設の「表舞台」では収容された人びとは一律にタバコを取り上げられてしまいます。しかしながら，一方で取り上げられながらも，他方では，施設の「裏舞台」——たとえば，施設職員の喫煙所など——では収容された人びとが喫煙している施設職員に対して「タバコ一本恵んでや！」などと声をかけると，「今夜，俺，夜勤やから，静かにしてな！」などという言葉と共に施設職員から彼／女らにタバコがひそかに提供される場面があるのです！　そして，あろうことか，しばしば施設職員と収容された人たちが一緒になってお互いに煙をたゆらせながら「談笑」したりして，「裏舞台」での〈親密な関係〉さえもつくり出されていくこともあるのです。こうして収容された人びとは「あの人はええ人やで」というように親しみを感じて，"自ら進んで"その施設職員にしたがっていくような現実がつくり出されていくのです。

　かかる「特権体系」はそうであるからこそ「巧妙な仕掛け」でもあります。なぜなら，私物が完全に剥奪されている状況では，収容させられた人びとは何とか「抵抗」したり，「脱走」したり，「蜂起」したりするのでしょうが，このように「裏舞台」を通じた〈親密な関係〉が形成されている場合——もともと手に入って当然のもの（タバコ）が剥奪されている状況であるにも関らず，施設職員の「好意」によってタバコが人びとに提供される場面では——施設職員に対して収容された人びとのほうから「いつもありがとな。サンキュー」などと礼を述べて感謝してしまうことがあるのです。そして，時として，収容された人びとの口から「Aさん（施設職員）の顔を潰したらアカンで！」などといって，"自発的"に施設職員や施設のルールに「従属化」していくことがあるのです。

　反対に，"ムチ"もあります。施設のルールにしたがわない場合には，「食

事」や「買い物」や「外出」制限されたり（制限すると脅されたり）して施設のルールにしたがわざるをえない場面がつくられることもあります。「強調されてしかるべきことは、全制的施設における特権は、役得、優遇・代価とは同一ではなく、通常ならば我慢する必要のないはずの〔市民的権利が〕剝奪されないこと」なのであり、私たちの日常生活において子どもや動物を統制する姿勢にみられるように——「良い子にしないとご飯あげませんよ！」など——、「〔ここでの〕罰ならび特権という概念自体が市民社会から切り取られたものではない」（Goffman, 1961a=1984：54）。ところが、ここでも巧妙な仕掛けが働きます。だれもが厳しく"ムチ"をもって制限されるならば、収容された人びとは強い憤怒を顕わにしますが、施設職員Bがそのような制限するぞと脅しをしながら、同時に、別の施設職員Cがそうして脅された人びとに対して「大丈夫だからね。ああ言っているけど、悪い人じゃないんだから」などと「フォロー」することを通じて、逆にそこにも〈親密な関係〉が形成され、そのもとで人びとは「Cさん（施設職員）の言うことはきいてもよい」などと"自ら進んで"施設のルールに従属化されていってしまうような「仕掛け」が常につくり出されていくのです。

　こうしたアメとムチの使い分けられた状況における〈親密な関係〉のもとで「巧妙な仕掛け」が作動することでまさにその場で人びとが自発的に従属化されていくのです！

▌命がけで「極限状況」を耐え忍ぶこと

　とはいえ、施設において様々に剝奪されることを通じて自らのアイデンティティが傷つけられ、そのような不安のただなかにあるからこそ、「裏舞台」などにおいては〈親密な関係〉が形成され、そのことを通じて「施設では手に入らないもの」——私たちの日常においては「手に入ってあたりまえなもの」である！——が提供され、そのことが皮肉にも人びとが施設のルールに自発的に従属化してしまうような「巧妙な仕掛け」として作動してしまう事態を描き出したゴフマンの"手際のよさ"は鮮やかですが、それは「知っている人は知っている話」でもあります。ゴフマンの論考が真に卓越している点は「この後の（続きの）話」です。そして、この点こそがコミュニケーションを社会学する上

で大切でもあります。

　実際，このような剥奪過程と特権体系の機制(メカニズム)が同時に作動することを通じて収容された人びとは徹底的に無力化されていきますが，ただ単に「手を拱(こま)ねている(だけの)存在」ではありません。むしろ，こうした「極限状況」においてこそ，自らのアイデンティティがバラバラになりそうな不安のただなかでこそ，ギリギリのところで自らのアイデンティティを防衛(プロテクト)する営みを常に試みもするのです。この意味において，私たちは，逞(したた)しく強かでもあり，愚かで哀しくもある「日々の営み」を日常的に繰り広げてしまうのです。

　実際，私たちはこうした「極限状況」にあって，いかにして自らを守らんとするのでしょうか──イメージしにくい読者は「学校」などを想起してもらうとよいでしょう──。

　私たちが様々に剥奪され，従属化させられている「極限状況」において自らのアイデンティティを保たんとする「第一の方法」は《徒党を組んで抵抗すること》です。アイデンティティを剥奪された人びとは，しばしば，仲間同士で徒党を組み，施設職員の悪口を言い合ったり，時には施設職員をからかったり，あるいは施設職員の私物をどこかに隠したり，施設の廊下に水を撒いたりするなどのイタズラをして，かろうじて自らのアイデンティティを守らんとする実践を試みることがあります。さらには，集団で施設職員を無視したり，施設職員が怒っている場面で「お〜，怖い，怖い」などと冷かしたりするなどの実践もここに含まれるでしょう。ゴフマンはかかる実践を「身内化(fraternization)」と呼びました。

　「第二の方法」は，単純にいってしまえば，《自らの世界に引きこもること》です。私たちは周囲とのコミュニケーションが耐え難く感じる状況においてはその状況から撤退し，他者とのコミュニケーションを切断することによって自らの内的世界に埋没し，空想・幻想などを抱くことによって自分だけの「秘密空間」を創出することで，かろうじてその「耐え難い状況」を耐え忍ぶことが可能となることがあります。平たくいえば，"外界からの刺激をシャットアウトすること"で自らの"殻"に閉じこもり，そのことで何とか自分を守(プロテクト)らんとするのです。これは「もっとも手っ取り早く自らを防御する方法」ともいえましょう。ゴフマンはこれを「秘密空間の創出」と呼びました。

「第三の方法」は《慎ましやかで物分りのよい人になること》です。私たちは、こうした「極限状況」におかれているにも関らず、いや、おかれているがゆえに、施設内での生活において受けとることができるものから最大限の「満足」を感得したり、そこでの生活に肯定的な意味づけを与えることで何とかこの「極限状況」を耐え忍ぼうとします。こうした実践をゴフマンは「植民地化（colonization）」と名づけています。具体的にいえば、様々に剝奪されているにも関らず、「三度三度の食事が食べられるだけよしとせなアカン」「雨露がしのげるだけ有り難い」「外にいたら野たれ死にしていた」といったように「極限状況」にも関らず、その状況のもとでも肯定的な意味づけを与え、そのことによって何とかその状況においてさえ「最大の満足」を得てしまうのです。このように《慎ましやかで物分りのよい人になること》でかろうじて"耐え難きを耐え、忍び難きを忍ぶ"のです。言いかえれば、そのようにしか生きられない状況にあるということでもあります。

　「第四の方法」は、きわめて乱暴にいってしまえば、《優等生になること》です。私たちは、ある状況の規律やルールに過剰に「適応」してしまい、その規律やルールを徹底的に内面化してしまうことがあります。例えば、新しく収容された「新米」がいち早くその規律やルールを身につけてしまったり、過剰適応してしまうことがあります。長期に収容されている「古参」であれば、施設職員以上に規律やルールを遵守して、他の（とりわけ規律やルールを守ろうとしない）仲間（患者）たちに対して「お前ら、そんなところでダラダラしてはダメだろう！」などといって、施設職員以上に厳しく管理してしまうことがあるのです。ゴフマンは実に的確にこうした営みを「転向（conversion）」と命名しています。

　このように、私たちは「極限状況」のただなかにあるがゆえに、《徒党を組んで抵抗すること》《自らの世界に引きこもること》《慎ましやかで物分りのよい人になること》《優等生になること》などによって自らのアイデンティティを何とか保たんとするのです。換言すれば、私たちは組織や状況が要請する「役割」をそのまま演じるのではなく、それに抵抗したり、それを拒絶したり、そこから得られる満足を最大化したり、むしろ管理する側の役割を自ら進んで選びとるなどの「さまざまな手立て」（Goffman, 1961a=1984, 201頁）によって

——彼はこれを「職員に真っ向から挑戦することはないが，被収容者には禁じられている満足を得させる，あるいは禁じられている手段によって許容されている実践的便法」(Goffman, 1961a=1984, 57頁)としての「第二次的調整（secondary adjustments）」と呼びます——私たちの逞しく強かな，愚かで哀しくもある日々の生存のための営みを描いたのです。

■ 自らを守らんとする営みが招いてしまう皮肉な事態

このように「極限状況」における自らを保たん／守らんとする営みを見事に描写したことは画期的なことですが，ゴフマンの記述した世界の醍醐味はこれにとどまりません。むしろ，「この後の（さらなる続きの）話」を記述したことに最大の精髄（エッセンス）があるともいえましょう。

1つには，このように私たちが「極限状況」において自らを保たん／守らんとする営みが皮肉にも施設収容や剝奪行為を正当化してしまうという皮肉な機制を提示したことです。彼は以下のように描写します。

「〈重症〉病棟に入院させられた者たちには，どういう種類のものにしろ備え付けの器具は何も与えられていない」が，それでも何とか必死に彼／彼女らが自らのアイデンティティを保たん／守らんとすれば，「施設に対する敵意は，椅子で床をがたがたさせるとか，新聞紙を鳴らして耳障りな破裂音をさせるとか，乏しい数の目的には不向きな用具に頼るより手がないのだ。備え付けの器具が病院に対する拒絶を伝えるのに不適当であればあるだけ，することはいっそう精神病の徴候らしくみえ，管理者側はますますその患者を重症病棟に入れるのは正当だと感ずるのである（そして備え付けの器具は奪われるであろう）。患者は隔離室に入れられると，裸でこれという表出の手立てもないので，歯が立てば，マットレスを食いちぎったり，大便を壁に塗りたくったりする（これによって身体の拘束が正当化され，その結果，患者は自らのアイデンティティを維持するためには自己の世界へと埋没し，「妄想」や「呻き」といった状態に陥り，それが更に病院収容の正当化の証拠となっていく）。——これらの行為こそ管理者側がこの種の人物には隔離が正当と判断する行為なのだ」(Goffman, 1961a=1984, 303頁／括弧内補足引用者)。

もう1つは，これまた全く皮肉なことですが，「極限状況」のただなかにあ

るがゆえに，私たちは《徒党を組んで抵抗すること》《自らの世界に引きこもること》《慎ましやかで物分りのよい人になること》《優等生になること》などによって文字通り必死に自らを何とか保たんとするのですが，その保ち方(プロテクト・ツール)は人によって様々であるために，私たちと他者とのあいだには様々な葛藤・摩擦・亀裂・断絶・対立が惹起することになってしまいます。実際，例えば，《徒党を組んで抵抗する人びと》は《自らの世界に引きこもる人びと》を「自分の世界に埋没しやがって！」と疎ましく思うであろうし，《慎ましやかで物分りのよい人びと》には「押し黙って施設側の言いなりになりやがって！」と不満を感じるであろうし，《優等生になろうとする人びと》に対しては強い憤怒の感情を抱いてしまうこともあるでしょう。そのようにお互いにいがみ合ってしまいます。こうして私たちと他者とのあいだにはさまざまなコンフリクト（葛藤・摩擦・亀裂・断絶・対立など）が常に立ち現れていくことになるのです。しかもそれが「厄介」なのは，そうしたコンフリクトが「極限状況」ゆえに自らを守らんとするがために生じている事態としては捉えられず，「あいつは性格が悪い」「やつらに取り込まれやがって」などというように個人の性格やその都度の状況での利害・力学や局域的(ローカル)な政治のもとでの行為や帰結として解釈されてしまうことにあります！

　こうして人びとは「仲違い(なかたがい)」「不和」「分裂」などを余儀なくされます。そしてそれがより一層厄介なのは，こうした事態が幾重にも輻輳する力学を出来させるがゆえに，その負荷と逃れ難さゆえに，くだんのアイロニカルな機制がみえなくなってしまうことなのです。

5　コミュニケーションを社会学する可能性のありか

　本章では，第2節において，コミュニケーションの社会学において，コミュニケーションを営む当の「私」自体がコミュニケーションを通じて成り立っており，また「私」のアイデンティティは他者のまなざし／視線を先取り的にとり込むような脱パラドックス化を通じて成り立っていること，さらにはそうした異なる他者のまなざし／視線を生涯にわたって不断に自らのまなざし／視線に変換し，自らを絶えず問い直し，自己をつくり直していくような再帰的自己

図 9-1　コミュニケーションを社会学する可能性のありか

管理する側　　　　　　　　　　　　　　　　　管理される側

　　　　　→　剝奪・統制　→　　　　　　　→　剝奪・統制　→
　　　　　←　従属化・隷属化　←　　　　　　←　コンフリクト　←

表舞台／裏舞台での重層的管理

```
極限状況において耐え難きを耐え，忍び難きを忍ぶこと
①アイデンティティの剝奪
  ⇨無力化されていく過程
②巧妙な仕掛け（アメとムチ）による従属化
  ⇨表舞台／裏舞台あるいは顕在的状況と潜在的状況の重層的管理
③命がけで極限状況を耐え忍ぶこと
  ◆徒党を組んで抵抗すること
  ◆自らの世界に引きこもること
  ◆慎ましやかで物分りのよい人になること
  ◆優等生になること
④皮肉な事態が現れてしまうこと
  ⇨管理・統制を正当化する（ように思われる）行為が現れること
  ⇨様々なコンフリクトが生じてしまうこと
```

⇨ほかでもありえた可能性の排除と忘却の解明
⇨人が生きていくためのさまざまな手立てとそれを与えている（与えていない）仕組みの解明
　※「酸っぱい葡萄」問題あるいは「幸福な奴隷」問題
出典：筆者作成。

こそが近代を駆動する主体であることを明らかにしました。

　次いで，第3節では，そのような再帰的自己のもとでのコミュニケーションの形式は，いわば"聖なる自己"を前提にした相互行為儀礼を通じてその秩序は達成されるものであるが，それは同時に，そのような相互行為秩序の達成を通じて，ほかでもありえた偶有的可能性を排除・忘却していくような政治性のもとにあること，言いかえれば，あるアイデンティティが守られる／保たれることは同時に，別様でもありえた可能性を抑圧・放擲することでもあることをみてきました。

　その後，第4節において，現実に，そのようなコミュニケーション形式から排除されていくなかでアイデンティティが傷つけられていく「極限状況」のなかで人びとはいかにして自らのアイデンティティを保たん／守らんとしてしまうのか，そしてそのような事態において皮肉にも自ら進んで従属化されていく

ような皮肉な仕掛けが作動していき，その結果，人びとは徒党を組んだり，自らの世界に引きこもったり，物分りのよい人になったり，優等生になることで何とか必死に自らを保たんとしたり，さらには椅子をガタガタさせたり，マットレスを食いちぎることで施設に対する敵意を表現することで，かろうじてギリギリのところで何とか命がけで自らを保たん／守らんとしていることを示しました。だが，そのようなそれぞれが自らを保たん／守らんとする営みこそが，相互のコンフリクトを召還してしまい，それゆえにこのようなあまりに皮肉で過酷な仕掛けがみえなくなってしまうことを注意深くみてきたところです。

　ここで第1節冒頭のシベリアの強制収容所での「極限状況」においてみられた《食事を全き均等に分かち合う公平》と《痛烈な無関心と憎悪を前提として成立する共生と連帯》と《連帯の中に逃れ難く孕まれている真の孤独》に立ち返って考えてみましょう。

　それは自らが過酷な「極限状況」を生き延びるために切り結ぶ関係であり，ギリギリの緊張状況でのコミュニケーションのなかで産み落とされた《公平》《共生と連帯》《孤独》でした。その意味で，私たちは常に，イソップの「酸っぱい葡萄」の寓話——狐が高い場所にある甘そうな葡萄を，手が届かないゆえに「あの葡萄は酸っぱいのだ」と諦め，当の葡萄に対する欲求を喪失するという寓話——，あるいは「幸福な奴隷」の例示——主人に仕えることに喜びや誇りを感受し，奴隷でいることに対する内在的欲求が生じていることの例示——で示されるような「適応的選好形成」——私たちの欲求は利用可能な選択肢によって変化するため，主体の利用可能な選択肢を予め限定しておくことで，それらの選択肢に適応した欲求を抱き，その限られた欲求を満足してしまうような選好形成のことをさす——の現実のただなかにいる，といえるでしょう。

　こうした「酸っぱい葡萄」ないしは「幸福な奴隷」問題のノアイデンティティ版——あるいは再帰的自己が営むコミュニケーション形式のアイデンティティ・バージョン——とでも呼ぶべきものをゴフマンは実に鮮やかに描き出してくれました。それはコミュニケーションを社会学する上で決定的に重要な遺産であるといえます。しかしながら，私たちは「酸っぱい葡萄」と諦めざるをえなかった狐や「幸福な奴隷」である奴隷が，自らのアイデンティティを保ち／守るためにのみ，限られた選択肢に適応した欲求を抱き，それに満足しただけ

ではなく，自らが生きていくための，生き延びるためのかぎられた資源のなかからそのような選択を余儀なくされていることを知っています。したがって，コミュニケーションを社会学することは，アイデンティティの視座からのみならず，人が生きていくためのさまざまな手立てとそれを与えている（あるいは与えていない）社会の仕組みを論考すること，このことが求められているといえましょう。

> **コラム**
>
> ### 「酸っぱい葡萄」問題の社会学？
>
> 「酸っぱい葡萄（sour grapes）」とは，もともとイソップ寓話の1つです。「狐と葡萄」と記されることもあります。英語では「負け惜しみ」の代名詞として使われています。
> 　狐が歩いていると，高い場所にたわわに実った甘そうな葡萄をみつけた。何とか食べようとして跳び上がるが，葡萄は手の届かない高い場所にあるためにどうしても採ることができません。狐は怒りと悔しさで「あの葡萄は酸っぱいのだ。誰が食べてやるものか」と言い残して諦めていくという物語です。
> 　一般的には，もともと手に入れたい（＝あの葡萄が食べたい）という欲求を抱いていたとしても，いくら手を尽くしても手が届かない対象である場合，その対象を自らの欲求の対象ではないもの，自らにとって価値のないもの（＝酸っぱい葡萄）であると見做すことで諦め，その葡萄に対する欲求それ自体を喪失することで，自らの平穏を保つと説明される寓話であります。精神分析などでは防衛機制のうちの「合理化」や「補償」の例として用いられることも多いので知っている人もいるでしょう。
> 　しかし，この「酸っぱい葡萄」問題も，安藤馨が『統治と功利──功利主義リベラリズムの擁護』（勁草書房，2007年）で論じているように，「適応」といってもそこには様々なレベルがあります。実際，手の届かないところにある葡萄を取り下して狐の目の前に差し出すと，①狐は喜んで葡萄を食べる，②もはや葡萄を食べようとしなくなっている，の2つの行動が考えられます。
> 　前者は単なる「負け惜しみ」であるとしても，後者の「もはや葡萄を食べようとしなくなっている」には，(a)「甘い葡萄は食べたい」という欲求は保持しつつも，「あの葡萄は酸っぱいのだ」という信念のせいで欲求をしなくなっている──したがって，「あの葡萄は甘いよ」と説得してあげれば，その葡萄への欲求も復活する──，(b) 既にくだんの葡萄が甘いと信念を復活させた後でもそれを欲求しなくなっている，の2つがありえます。そして，(b)には，(b-1)「葡萄は身体に悪い」というように，もともとあった「甘い葡萄を食べたい」という欲求を覆す欲求が生まれている場合があり──だから「葡萄は身体に悪いものではなく，美味しい

よ」と諭してやれば,「あの葡萄を食べたい」という欲求は復活する——,(b-2)「葡萄を食べたい」という欲求自体が失われてしまっている場合——なお,ここでの欲求の喪失による適応も「心理的適応」と「肉体的適応」の2つに分けられる——,の2つがさらに考えられるのです。

　ここでは詳述することはできませんが,(a) 説得すれば「あの葡萄は食べたい」という欲求は復活する場合でも,(b-1)「葡萄は身体に悪いものではなく,美味しいよ」と説得して欲求が復活する場合でも,(b-2)「葡萄を食べたい」という欲求自体を喪失してしまっている場合でも,社会学においてはそれがどのような文脈と条件のもとで生じているのかを緻密かつ明快に解明していければよいのかもしれません。ただ,問題は「その先」を問うことだと思うのです。

　こうした「酸っぱい葡萄」問題に対して,私たちはどのような態度をとるのか,具体的には,主人に仕えることに喜びや誇りを感受してしまっている「幸福な奴隷」に対して,あるいは飢餓状態にありながらも食べることをもはや欲求をしない飢えた人びとに対して,さらには男性からの暴力を被りながらもそこから逃れ難く,逃れたくないと望んでしまっている女性に対して,さらには圧倒的な抑圧と暴力のもとにありながらそのなかに留まることでかろうじて自ら生き延びることが可能となっている無数の名もなき人びとに対して,私たちはいかなる「自由」を論考することができるかが問われているといえるでしょう。それは,一見すると,「コミュニケーションを社会学すること」ととても遠い思考空間にあるように思われるかもしれませんが,その実,こうした徹底した思考こそが,「コミュニケーションを社会学すること」,ひいては「社会学すること」それ自体をその根底において鍛え上げていくことにつながることになるでしょう。

引用・参考文献

天田城介『〈老い衰えゆくこと〉の社会学』多賀出版,2003年
───『老い衰えゆく自己の/と自由──高齢者ケアの社会学的実践論・当事者論』ハーベスト社,2004年
───『〈老い衰えゆくこと〉の社会学〔普及版〕』多賀出版,2007年
───「老い衰えゆくことをめぐる人びとの実践とその歴史──私たちが自らを守らんがために現われてしまう皮肉かつ危うい事態について」,上野千鶴子・大熊由紀子・大沢真理・神野直彦・副田義也編『ケアすること』(『ケア──その思想と実践』第2巻),岩波書店,173-198頁,2008年
───「「脆弱な生」の統治──統治論の高齢者介護への「応用」をめぐる困難」『現代思想』第37巻2号,156-179頁,2009年
───『〈老い衰えゆくこと〉の社会学〔増補改訂版〕』多賀出版,2010年
───『何ものかとの争い(仮題)』医学書院,【2010年刊行予定】
安藤馨『統治と功利──功利主義リベラリズムの擁護』勁草書房,2007年

Beck, Ulrich, Giddens, Anthony, Lash, Scott. *Reflexive Modernization; Politics. Tradition and Aesthetics in the Modern Social Order*, Polity Press, 1994（松尾精文・小幡正敏・叶堂隆三訳『再帰的近代化――近現代における政治，伝統，美的原理』両而書房，1997年）

Giddens, Anthony *The Consequences of Modernity*, Polity Press, 1990（松尾精文・小幡正敏訳『近代とはいかなる時代か？――モダニティの帰結』両而書房，1993年）

――――*Modernity and Self-Identity; Self and Society in the Late Modern Age*, Stanford University Press, 1991（秋吉美都・安藤太郎・筒井淳也訳『モダニティと自己アイデンティティ――後期近代における自己と社会』ハーベスト社，2005年）

Goffman, Erving *The Presentation of Self in Everyday Life*, Doubleday & Company, 1959（石黒毅訳『行為と演技――日常生活における自己呈示』誠信書房，1974年）

――――*Asylums; Essay on the Social Situatuion of Mental Patients and Other Inmates*, Doubleday & Company, 1961a（石黒毅訳『アサイラム――施設被収容者の日常世界』誠信書房，1984年）

――――*Encounters; Two Studies in the Sociology of Interaction*, Bobbs-Merrill, 1961b（佐藤毅・折橋徹彦訳『出会い――相互行為の社会学』誠信書房，1985年）

―――― *Stigma; Notes on the Management of Spoiled Identity*, Prentice-Hall, 1963（石黒毅訳『スティグマの社会学』せりか書房，1970年）

――――*Behavior in Public Places; Notes on the Social Organization of Gatherings*, Free Press, 1963（丸木恵祐・本名信行訳『集まりの構造』誠信書房，1980年）

――――*Interaction Ritual; Essays on Face-to-Face Behavior*, Bantheen Books, 1967（広瀬英彦・安江孝司訳『儀礼としての相互行為』法政大学出版局，1986年）

――――*Relation in Public; Microstudies of the Public Order*, Basic Books, 1971

――――*Frame Analysis; An Essay on the Organization of Experience*, Harper & Row, 1974

――――*Gender Advertisement*, Harper & Row, 1979

――――*Forms of Talk*, University of Pennsylvania Press, 1981

――――"The Interaction Order", *American Sociological Review*, 48(1), pp. 1-17, 1983

畑谷史代『シベリア抑留とは何だったのか――詩人・石原吉郎のみちのり』岩波書店（岩波ジュニア新書），2009年

Mead, George Herbert *Mind, Self and Society*, edited by C. W. Morris, University of Chicago Press, 1938（稲葉三千男ほか訳『精神・自我・社会』青木書店，1973

年)
────── *Movement of Thought in the Nineteenth Century*, University of Chicago Press, 1936(魚津郁夫,小柳正弘訳『西洋近代思想史(上・下)』講談社学術文庫,1994年)

奥村隆『他者という技法──コミュニケーションの社会学』日本評論社,1998年

Winkin, Yves *Les moments et leurs hommes*, Seuil, 1988(石黒毅訳『アーヴィング・ゴッフマン』せりか書房,1999年)

▌推薦文献

Goffman, Erving *Asylums; Essay on the Social Situatuion of Mental Patients and Other Inmates*, Doubleday & Company, 1961(石黒毅訳『アサイラム──施設被収容者の日常世界』誠信書房,1984年)
──既に「古典」として読まれることが多い本書ではあるが,単なる「精神病院」の緻密かつ詳細な民族誌的記述として(のみ)読むのは間違いである。私たちは様々なものを失い,奪われていくような状況のなかで自らのアイデンティティを死に物狂いで保たん/守らんとするが,その意図せざる表出・行為こそが,皮肉にも,過酷な事態を招いてしまう,という社会学においてきちんと考えなければならない論点を内在した良書。

Mead, George Herbert *Mind, Self and Society*, edited by C. W. Morris, University of Chicago Press, 1938(稲葉三千男ほか訳『精神・自我・社会』青木書店,1973年)
──古典中の古典。コミュニケーションの社会学,あるいは自己/自我の社会学とでもいうべき領域に関心がある者にとっては必読の書である。「I/me」の議論が引かれることが多いが,むしろ,自己の発生論・生成論としてあらためて読まれるべき古典である。

奥村隆『他者という技法──コミュニケーションの社会学』日本評論社,1998年
──初学者には本書を強くお勧めする。コミュニケーションの場において私たちが何をいかに制御しているのかを通じて,私たちの社会におけるコミュニケーションがいかに編成されているのかの配置=配分が見えてくる秀逸した一冊。

第 10 章

情報・メディア・プライバシー
――「生活の情報化」をどう生きるか――

柴田　邦臣

「いまさら『情報』『インターネット』なんてわざわざ議論するの？」と思う方がいらっしゃるかもしれません。情報通信技術（Information Communication Technology, ICT）を利用したメディアは，私たちの生活においても，医療・福祉の領域においても，取りたてて珍しくもないものであり，不可欠なものです。だからこそ私たちは，肯定も否定もせず，淡々と受け入れていきます。

しかしその情報化が，私たちがこれから目指す「医療・福祉」社会の進展と，コインの表裏の関係にあるとしたらどうでしょうか。むしろ医療・福祉が今後，社会に浸透していくかどうかの帰趨は「情報化」の進展にかかっているともいえるのです。そして新たに到来する社会は，私たちが描く夢や理想を超えるものになるかもしれません。個人情報を貪り食い，予想もしなかったライフスタイルを吐き出す怪物『リヴァイアサン』とでも呼べるような……。

この章では，医療・福祉領域における情報・メディアの深化を通史に位置づけつつ再考し，私たちの生活とプライバシーに与える影響を論じます。

1　「医療・福祉の進展は，人間の情報化と同じである」

▎医療・看護の「情報化」

かねてから医療・福祉は"人間を問われる仕事"といわれてきました。看護にしろ，介護にしろ，福祉にしろ，人間の身体と生命を扱う専門職であるとされています。だからこそ，そこで求められるのは「人間としての心」「温かさ」といった「人間味」である。私たちは，そう信じて疑いません。

一方，「情報」や「メディア」といったものは，あまり人間味と相いれない

印象があります。無機質なパソコン，匿名的なインターネットというイメージは，温かな人間性とは縁遠いものにみえます。福祉について知るためにメディアについて学ぼう，という人は少ないでしょうし，情報化を考えることが福祉社会を問うことになると思っている人も，ほとんどいないでしょう。

にも拘らず，「医療・福祉の進展は，現代社会の情報化と同じ意味である」と断言したら，驚かれるでしょうか。そこまでいかなくても，違和感をもつ人が大多数だと思います。しかし現代社会においては，医療も，看護も，福祉も，すべて「社会が情報化されていく」ことを前提としており，その進展は「人間の身体と生活を情報化する」ことと，同義になっているのです。

2つほど具体例を挙げてみます。医療・看護に少しでも興味がある人は，EBM という言葉を聞いたことがあるでしょう。EBM は Evidence Based Medicine（根拠に基づく医療）の略称で，名人・職人の勘ではなく，データベースとして整備された科学的な研究成果をきちんと調べ，それを根拠として患者を治療することを意味しています。名医の個人的な経験に頼らない治療を実現する EBM は，医療シーンを一新する革命とも呼ぶべきムーブメントになっています。しかしそのためには，先進的な治験結果や，多くの患者の治療データを基にした研究が蓄積され，整理されていなければなりません。コンピュータを利用したデータベースと，データベースに接続するネットワークの存在は，まさに EBM の大前提になるのです。

▍福祉の「情報化」

それでは，福祉領域ではどうでしょうか。お世話する人・助けられる人，や

▶情報・情報化

「情報化」とは手垢のついた言葉ですが，その意味を読み解くと興味深いものがあります。そもそも「情報（Information）」の定義は，「事柄の可能性に関して選択的指定をもたらす知らせ」や，「自然界に偏在する物質・エネルギーの時間的・空間的パターン」など様々な定義があります（浜嶋・竹内ほか，1997）。しかし「情報化」というとたいていは，情報通信技術が導入されることを意味します。この典型例が，ICT が社会を変革するという「情報社会」論であるといえるかもしれません。私たちは「情報化」という言葉に踊らされず，悲観もせず，冷静にとらえるべきでしょう。ちなみに「情報社会（Information Society）」という言葉を初めて使用したのは日本人であるといわれています（増田，1968）。

さしい心と高い介護技術で構成される福祉の領域こそ，ITや情報化といった非人間的なものに捉われない世界なのではないでしょうか。しかし，現実は逆なのです。日本の福祉の支柱である介護保険制度は，何しろ「世界で初めて情報化の進展を前提とした福祉制度である」とまでいわれているのです。

　介護保険は高齢者を対象とした福祉制度で，高齢者の多くと障害者の一部がそれを利用して自宅や施設で生活しています。まさに日常生活を支える大黒柱の福祉制度です。実際に介護保険のサービスを受けようとする場合，私たちはいくつもITメディアと情報化の成果のお世話になることになります。

　介護保険のサービスを受けるためには，それが必要な身体状況であることが認定されなければなりません。それを「要介護認定」というのですが，第一段階はその名も「コンピュータ判定」とも呼ばれています。介護判定員の訪問を受け，身体状況や生活状況について聞きとられたり調べられたりした情報は，コンピュータにかけられます。専用の「一次判定ソフト」に入力され，それが決められた規準にしたがって利用者の「要介護度」の判定を行います。その「要介護度」によって，利用者のサービス水準と月々の利用限度額（単位数）が定められ，原則としてその範囲内でサービスを受けることになります。見ようによっては，コンピュータの判定によってどのサービスがどれくらい受けられるのか，枠づけられているといえるわけです。もちろん要介護度は二段階によってなされ，介護認定審査会での吟味及び二次判定で最終的に認められているではないか，という反論があるかもしれません。確かにそこでは特記事項や医師の意見書が添えられたり，委員の見解によって要介護認定が変更されたりすることがあります。しかし「介護の時間の総量＝要介護認定等基準時間に置き換える作業はコンピュータによる判定が代行している」（厚労省，2009，2頁）とあるように，その骨格はほとんど変更されません。もっとも，実際の支援プランそのものは介護支援専門員（ケアマネジャー）がその人にあわせてケアプランをつくっているではないか，という意見もあるでしょう。しかしケアプランは，要介護認定によって与えられた金額・時間を逸脱することができません。利用者にとって最も重要な「支援の総量」は，コンピュータによる厳密な規準にしたがった判定によって枠づけられているのです。

　実際の介護の現場においても，あらゆる局面においてコンピュータやネット

第10章　情報・メディア・プライバシー

ワークが顔を出しています。ケアマネジャーはヘルパーから利用者の情報を集め，それを各種の記録や報告書式にまとめます（給付管理）。利用者のサービスの内容，時間数，単位数などを月ごとにすべて記録し申請しなければなりません。そうしないと国民健康保険国体連合会（国保連合）から給料（介護報酬）をもらえないからです。ただし，すべての利用者のすべてのサービスの委細について記録するわけですから，その記録書類量は膨大になります。そのため，ほぼすべての事業所で「給付管理ソフト」といわれるソフトウェアを導入し，書類作成を行っています。関連するソフトウェアは，介護計画書，訪問記録簿や利用者の基本情報管理など，介護保険のあらゆる部分で使われるようになってきています。実際のところケアマネージメントは，そのようなソフトを前に情報の管理と書類作成を行う仕事ばかりになってしまうことさえあり，介護現場での問題として議論されてもいます。

写真10-1
ヘルパー用のPDA

　なかには，写真10-1のようなPDAを用意している事業所もあります。その場でPDAに介護した内容・時間・様子といった情報を打ち込ませ，事務所においてケアマネやヘルパーどうしで共有しておけるようにしているのです。これによってサービスの向上を図ると共に，入力の手間を省き，書類作成の負担を軽くすることがねらわれています。

　さらに進んだ情報化もあります。複数の事業所を抱える大手や，病院に併設されている施設・事業所などでは，これらの介護保険に関するソフトウェアをインターネット上のサーバで管理するとともに，拠点となっている地域包括支援センターや，なかには市役所や区役所の介護保険システムと直接情報共有できるシステムさえ開発されています。

　ここまでくると，医療・福祉の領域は，むしろみなさんの生活よりも情報化しているとまでいえるのかもしれません。いずれにしても，医療・福祉を効率的に，公平に，質を向上させて行うためには，ITやインターネットが不可欠であると考えられているのです。

　ですから，医療・福祉に関心を持つ私たちにとって，情報・メディアを学ぶ

ことは，なによりも大事なことなのです。本書・本章を読んでいただく意義は，まさにここにあるといえるでしょう。ただし，そのことと，「なるほど，医療・福祉はますます情報化されて良かった」と単純に評価してしまうこととは，別問題です。むしろ，医療や福祉の充実が情報化とイコールである点にこそ，現代社会の特徴と問題点が隠されているかもしれないからです。

しかし，そのような現代の福祉社会と情報社会の交錯を読み解くためには，まず，社会がどのようにメディアの影響を受けてきたのか，その過程を再認識していく必要があるでしょう。そこで次節では，社会とメディアの歴史的経緯を，メディアの利用者としての立場から概観してみましょう（章末コラム参照）。

2　メディアとその利用者の歴史

▌印刷技術・近代的個人・規律社会

本節から整理するのは，「メディアが，私たちの社会をどのように形づくってきたのか」に関する歴史的な概観です。本節では，メディアの歴史のなかでも特に顕著な影響が確認されている，活版印刷技術の成立から考えてみたいと思います。活版印刷技術には，印刷された情報を読む人びとの誕生が伴っていたという特徴があります。それは，テレビの視聴者のように，ないしは介護保険の要支援者のように，私たちを利用者とし，その集積である社会を決定づける力が働いているからです。

▶メディア・リテラシー

「メディア・リテラシー」という言葉は，メディア研究や教育において，「メディアの利用法」――ビデオカメラによる撮影技法や，インターネットの活用法など――にとどまらない概念として指摘されてきています。水越はそれらを，1.「子どもや市民がメディア文化を批判的に読み解く力を養おうという考え方」，2.「放送教育，情報教育など，メディアを活用した学校教育」，3.「コンピュータ，ネット，ケータイをはじめとするデジタル・メディアの技術的な使用能力」の3つの系譜に整理しています（伊藤編，2009，162頁）。そもそも私たちは小さい頃から，マス・メディアの情報を自分なりに受けとり，ケータイやインターネットを駆使して生きてきました。その意味で，それぞれ"メディア利用のプロ"といっても差し支えないような経験をもっているはずです。だからといって，メディア・リテラシーが自然と身についているわけではありません。私たちに求められるのは，メディア・リテラシーの新しい習得ではなく，それを"再度問い直す"作業だといえるでしょう。

印刷技術そのものの発生は古くまでさかのぼれますが，社会的に大きな影響を与えるようになったのは15世紀のヨーロッパにおいてです。1455年グーテンベルクがぶどう搾り機を改良し，鉛合金製の可動活字を使用して聖書を刷るようになりました。それまでは手紙や写本など，情報を手書きするしか記録・交換するすべがなかった社会において，印刷技術はまたたくまに広がり，後に「グーテンベルク革命」とまで呼称されるようになります。そのテクノロジーが「新聞」という強力なマス・メディアに結実した歴史も踏まえると，まさにメディアの発生点と呼ぶにふさわしいといえるでしょう。

　ところが，グーテンベルクが開発した活版印刷技術は，当初は全くマス・メディアを志向したものではありませんでした。私たちは「印刷技術」というと，このテキストのように同じ情報を多くの人に大量に伝達するテクノロジーだと思いがちです。それゆえ，グーテンベルクの活版印刷の第一歩は，テレビが当初白黒であったように，白黒でペラペラの印刷物を思い浮かべる方が多いでしょう。しかし世界で初めての印刷物としても過言ではない，グーテンベルクが印刷した「四十二行聖書」は，「フルカラー」といってもよいものだったのです。重要な部分には赤インクが使用され，章の冒頭には装飾頭文字が，欄外には挿絵のような装飾も施されました。ページによってはすかし絵まで入っているといった，絢爛豪華なものだったのです。

　「印刷」というテクノロジーは，当初私たちが現在考えているものとは全く異なった利用法がされていたことが，おわかりになると思います。ではなぜ，グーテンベルクは聖書を印刷する技術を開発したのでしょう。その理由は私のように字が汚くて，手紙を書くにも直筆ではなく，わざわざパソコンで印刷している人には，よく理解できると思います。彼は数多く聖書を印刷するためではなく，手書きよりも美しく完璧に聖書を複写するために，活版印刷技術を開発したと思われるのです。

　神の言葉を美しく留めるために開発された印刷技術は，しかしながらヨーロッパ社会に決定的な影響をもたらしました。当初の意図に反し活版印刷は，聖書のコピーを大量に生み出すようになりました。キリスト教が社会の決定要因であった当時において，修道院において大切に写本されていた聖書は，それを手に入れることそのものが修行であり，聖職者の権威を示しました。聖書が教

会にしかないからこそ，人びとは教会を中心とした中世的権威に服していたとしても言い過ぎではないでしょう。中世における大半の人びとの姿は，そのような封建的権威にしたがう農奴でありました。

しかし実際に印刷技術は，崇高で求められてやまない聖書を大量生産し，最初は聖職者以外の裕福な人びと，やがては信仰を求める一般の市民の手に届くものとなります。手元に神の言葉を得た人びとが，やがて教会の権威に縛られなくなり，宗教改革の土壌となり，そして近代的個人の礎となったことは，想像に難くありません。中世的権威から独立した近代的個人の析出に，活版印刷技術が大きく寄与していたのです。

中世的権威から独立した近代的個人は，かといってあらゆる権力から自由になったわけではありません。逆に権力は，独立した個人に内面化され「規律」として私たちを拘束するようになります。フーコーはそのような内面化された権力のあり方を，「パノプティコン＝監獄」として説明しました。監獄において看守は，見える位置にはいません。看守の居場所は暗く外から見えないように，一方で看守からは囚人全体が見回せるように設計されています。看守がいるかいないかわからない……結局囚人は，看守がいなくてもいるものとして行動せざるをえない。その構図は，見張られているわけでもないのに「規律」にしたがって生活する，近代的個人そのものです。

近代的個人によって形成された社会を，フーコーは「規律―訓練社会」であると看破しました。現に個人は工場で，街中で，そして時には戦場で，上司上官に見られていようといなかろうと，黙々と勤勉に，与えられた目的に向かって働きますし，それを至上の価値としています。「今やそこでは権力の行使が社会全体によって取締可能である透明な建物に変わる」（Foucault, 1975=1977, 210頁）。何のことはない，教会のような中世的権威から，内面化された規律にしたがい訓練を受けるだけの主体に変わっただけです。中世から移行して成立した社会はその意味で，近代的個人による「規律社会」でありますが，その成立の過程において「印刷技術」は源泉であり，土壌となったのです。

■ 新聞・公衆・公共圏

印刷技術がより広範に普及し，印刷された情報が日々流通する，つまり新聞

というメディアが社会のメイン・インフラになると、個人と社会の関係は、やや様相を変えてきました。新聞は不特定多数の人びとに対して、定期的に、主に事実＝時事情報及びその論評を、印刷物によって伝えるマス・メディアです。そのようなメディアが現れるのは17世紀のヨーロッパ、まさに封建社会から近代社会へ転換していく過渡期でした。当初の新聞はすべての人が手に入るほど多量に印刷できているわけではなかったですし、まだ文字を読めない人も多かったため、「コーヒーハウス」や「カフェ」といわれる場所で、1つの新聞をみんなで読むことが普通でした。ニュースが記載してある新聞を複数で読めば、そのニュースに対して見解を述べたり、議論をしたりするようになるのは自然の流れです。このように新聞の成立は、ある場所に集まって意見を述べあう人びと、議論する公衆を生み出しました。ハーバーマスはそのような人びとが自らの社会について議論する空間を「公共圏」と呼び、封建的な権威に従属しがちであった人びとが、社会に対して自らの意見を持つ場として機能していたと指摘しました（Habermas, 1990）。自らの意見を持って社会に参加することは現代の民主主義において最も重要な要素ですが、それをもたらしたのは当時の公共圏であり、それを生み出したのは新聞というメディアだったのです。やがてそれは、民主主義社会に不可欠な"世論"という形をとり、新聞は世論形成になくてはならないマス・メディアとなります。

映像メディア・大衆・管理社会

新聞のようなマス・メディアは確かに人びとが議論し、世論を形成する契機を与えましたが、逆にいうとマス・メディアに依拠しなければ、世論を形成できないことにもなります。そもそも、マス・メディアはすべての事実を正確に伝えることができるわけではありません。ニュースは単純化され、時として紋切型＝ステレオタイプになりがちです。人びとの意見は、そのようなマス・メディアに大きく左右されることになります。マス・メディアの成立は、社会の大半の人びとが、メディアに大きな影響を受ける情報の「受け手」という存在になることと同義でもあります。そのような人びとのことを「大衆＝マス」といい、まさにマス・メディア＝大衆のためのメディアが成立してきます。リップマンはそのような大衆が、メディアによって形成された「疑似環境」のなか

で生きるようになってしまう点を指摘し，それが世論に与える影響を批判しました（Lippmann, 1922）。

　もっとも最初に成立したのは新聞でしたが，その後，映画やTVなどが登場し，マス・メディアの主役としての地位を得ていきます。これら映像メディアが世論に，そして社会に与える影響にもっとも注目したのが政治家などのエリート層でした。彼らは権力を得るために，マス・メディアの影響力に注目し，それを利用して世論を操作しようとします。それらの手法をプロパガンダといいます。実はプロパガンダの手法は現在の政治経済にも受け継がれているのですが，その最も典型的な例は20世紀前半にみられました。マス・メディアを利用して大衆を扇動する独裁政治……ナチスのヒットラーです。

　ヒットラーが権力を握り，持続するために最も重視したのがプロパガンダでした。彼はドキュメンタリー映画をマス・メディアとして利用して国民を誘導し，第二次世界大戦を遂行しようとします。その点からいえば，大衆はメディアによって総動員される対象となりました。まさに「マス・メディアに操作される大衆」といえるかもしれません。

　素朴で露骨なプロパガンダは，やがて見透かされていきます。しかし大衆操作の技術は，より洗練され，巧みに私たちを動員するようになりました。戦争の時代が終わると，動員される先は新しい戦場＝経済成長の現場になります。そのスタイルは従来の規律的で勤勉なる工場労働者としてではありません。先進諸国がもれなく到達した戦後の経済成長において必要不可欠なのは，広大な市場です。私たちは大量消費社会の担い手として，マーケットに動員され，次々と商品を購入するように操作される，消費者となったのです。

　大衆操作のノウハウの正統かつ白眉な後継者を，映像メディアの王たるTVとそこで流されるCMに求めることに，異論は少ないでしょう。常識的には，ある商品の販売を促進しようとした場合，その商品がいかに優れているかを列挙しなければなりません。しかし多くのCMは，商品の性能や利点を取り上げるのではなく，イメージやセンスを重視した宣伝ばかりです。それらのなかに，そして実際にそのイメージに突き動かされて大量に消費する私たちのなかに，操作される大衆＝消費者像を再発見することができるのです。

　ドゥルーズは，近代からこのような時代に至る過程を，フーコー的「規律・

訓練社会」から「管理社会」への転換であると指摘しました。「管理社会」のなかで私たちは，別に工場に"監禁"されているわけではなりませんし，特別に訓練を受けているわけでもありません。ドゥルーズの言葉を借りれば，「管理社会になると，今度は企業が工場にとってかわる。（略）企業は，工場よりも深いところで個々人の給与を強制的に変動させ，滑稽きわまりない対抗や競合や討議を駆使する恒常的な純安定状態をつくるのだ」(Deleuze, 1990, 訳359頁)。つまり，規律と訓練の場である工場から，生産管理の場である企業に変化してきたと説明できるのです。企業の管理の手段は，給与です。社内で競わせ給与を上げたり報酬を与えるようにすれば，私たちは競って販売成績を上げようとします。成績が上がらなければ給与が下げられてしまうからです。企業は直接命令するのではなく，実績と報酬の管理を行うことで，収益を上げていくという目的を遂行していきます。同じ構造は，企業が対象とする消費市場にも見出すことができるでしょう。私たちは競い合って稼いだ給与を，惜しみなくつぎ込んで，競い合って商品を購買します。そのように競合させ，生産させ消費させる仕組みの中に，映像メディアが組み込まれているのです。

3　情報・メディア・プライバシー──「生活の情報化」の時代に

■ ICT と「生活の情報化」

　それでは，私たちが生きているこの時代を，どのように考えればよいでしょうか。まずいえることは，印刷メディア・映像メディアと移行してきた過程が，明らかにもう一段階進もうとしている事実です。それこそが ICT にほかなりません。ICT は，印刷メディアや映像メディアの，単なるデジタル化ではありません。印刷メディアも映像メディアも，利用者は基本的に情報の受け手であり，情報の作り手や送り手ではありませんでした。しかしインターネットを典型例とする ICT は，情報を多くの利用者＝マスに送信するメディアでありながら，その情報は私たち利用者自らが送り出しているものでもあります。具体例はブログ，SNS, twitter など枚挙にいとまがありません。このように自分の意見，表現，そして個人の情報を多くの人びとに伝達するメディアは，明らかに従来と一線を画した技術です。これまで情報や商品の消費者であった多

くの利用者は，自ら情報の生産者となり，どんな大企業もメディア産業も，私たち利用者の一言を無視できなくなりました。その意味で，「操作される大衆」像とは異なった利用者像の可能性をみせているということができます。活版印刷から600年，私たちは初めて，自らの情報を直接不特定多数に伝達するメディアを手にしたのです。

ただし，自らが「発信者」になった事実は「自己表現ができるようになった」と無邪気に喜べるようなものでもありません。パソコン，ケータイ，ICカード……私たちの生活はまさにICTに包まれています，重要なのは，それらは私たちの表現，言動，状態すべてを情報化しかねないメディアだという点です。「生活の情報化」とでも呼ぶべき事態において，私たちは意識するしないに拘わらず，既に情報源と化しているのです。

▌個人情報・プライバシー・ライフログ

ICTというメディアが実現化した「生活の情報化」の本質は，「個人情報＝プライバシー」という点から考えると理解できます。「生活の情報化」を最も如実に表しているのは，ネット時代の新しいマーケティングの主流となりつつある「ライフログ・マーケティング」といわれるものです。例えば，ネットショップで「この本を買った人はこんな本も買っています」という欄をみたことがある人は多いのではないでしょうか。これは過去の販売データを蓄積し，各個人の販売傾向と関連付けて，「売れそうな人に売れそうなものを特化して推奨する」マーケティングの戦略です。たいていそのようなオンライン・ショッピングサイトで物品やサービスを購入する場合，契約書の段階で，以下のように書いてあったりします。Amazon.co.jpの例をみてみましょう。

> 「お客様から集めた情報は，Amazon.co.jpでのお買い物をお客様に合ったよりよいものにし，Amazon.co.jpがインターネットを通じて提供する店舗，プラットフォーム，情報検索等のサービスをお客様にご利用いただくために役立てられます。……お客様の個人情報は，（略）第三者に業務委託して技術，ロジスティクスその他の機能を代行させる場合にも利用されることがあります。」

個人情報を活用したマーケティングの証といえるでしょう。私たちはこれらを承諾し，時には積極的に個人情報を提供することで，ICTを"快適に"利用しているのです。

　ライフログ・マーケティングとは，このように各人が個人生活や社会生活を送るなかでの購買行動・消費行動が，サイト上の様々な部分に収集され，分析されて，販売促進やサービス向上に利用されることをいいます。このような手法は，すべての行動が情報として残り，膨大な個人情報を，直接蓄積し逐一分析することを可能にしたICTを前提にしなければ，成立し得ません。重要なのは，私たち利用者は，そのような個人情報の収集と利用に同意しなければ，そのサービスを受けられず，不便になるという点です。

　オンライン・ショッピングでのライフログであれば，利用しなければいいかもしれません。個人情報を提供してサービスを受ける人と，拒否する人がいればよいわけです。それでは，同じことを行政府が行ったらどうでしょうか。実はその試みは，既に志向されています。2009年7月，内閣府IT戦略本部は「i-Japan戦略2015」を策定しました。そこには，いくつかの"画期的"なシステムが提言されています。それそのものが実現するしないに拘らず，今後目指されている方向性を如実にあらわしています。

　そのうちに，「国民電子私書箱」と呼ばれるものがあります。これまで国，各省庁，および地方自治体は，私たちの個人情報を所管に応じて蓄積してきていました。収入や税務情報なら国税庁，住民情報なら基礎自治体の住民課……などです。しかしこのような縦割り行政のせいで，私たちはそれぞれの役所の窓口で手続きや届け出をしなければなりませんでした。しかし「国民電子私書箱」が導入されれば，個人情報の登録はその「私書箱」1か所，ワンストップサービスで済むようになります。行政府は必要に応じて情報を参照し，サービスを行うことができます。さらに，そこに登録されている個人情報は，利用者が自分で更新可能になっています。もしも間違いがあれば自分で修正できますし，婚姻・出産などライフイベントごとに，自分で情報を追加することができます。常時自らによって更新される個人情報を生かして，公共政策を実施していく……まさに，ライフログの国家版を目指すものでもあるのです。

社会保障制度と個人情報

　他に，行政府によって企図される例として「社会保障カード」もあります。管理のずさんさが問題になった年金記録と，健康保険・介護保険の情報を一括管理できるシステムが提案されています。現在みなさんが病院にかかる時に持っていく保険証を，国民共通のICカードにしようというわけです。

　そのように一括管理される個人情報は，行政内で共有されるだけでなく，必要に応じて民間の病院や企業にも提供することができます。内閣府が想定している具体例として，健康診断との連携があります。健康診断で問題が発見された人には，その情報が保健所や病院に提供され，適切な指導や治療を受けることができるようになるでしょう。具体例として健康情報がスポーツクラブなどに提供され，適切な運動指導を受けることなども想定されているようです。

　例えば，私はまだ若いつもりでいたのに，特定健康診査で経過観察が必要と指摘されてしまいました。最近ご飯がおいしすぎて，お腹まわりが増えてしまったようで，いわゆるメタボ検診で今はやりのメタボ（太り）気味であると指摘されてしまったのです。ショックとともにふと想像したのが，すでに「社会保障カード」が円滑に導入された"もしも"の世界です。今頃，職場の保健室より特定保健指導のおすすめが届き，近くのかかりつけ医で将来の病気を避けるような指導を受け，薬を処方されているかもしれません。その背後で進んでいる「電子薬歴システム」が発展していれば，病院前の薬局では薬の併用禁忌（飲み合わせ）を調べ終わって，もしかして調剤にまで入っているかもしれません。保険料の請求のオンライン化はあたりまえの風景となっているでしょう。そしてもしかすると次の月には，近くの保健所で管理栄養士の栄養指導講習を受け，帰ってきてフィットネスクラブのDMをみることになるかもしれません。おそらくその時私は，「ああ，太る自由もないのだなあ」と思うような気がしています。

　これはもちろん極端な話で，想像の域を出ません。ただしもとになった話があります。私の友人で，ある障害で施設に入所しつつ療養生活をおくっている人との何気ない会話です。なにしろ施設生活ですから，カロリーと栄養に配慮された3食が中心であり，不健康な食事はほとんどありません。「まあ，不健康に生きることもできないんだよね」という一言が，ずっと心に残っているの

です。彼の一言は，実は私たちの未来なのではないか。「社会保障カード」や「国民電子私書箱」がそのきっかけとなるのではないかとも思えるのです。

　実は締切ぎりぎりに政権党が交代したため，「社会保障カード」と「国民電子私書箱」がどのように実現するのかは不確定です。2009年の行政刷新会議では，事業仕分けにより次年度の予算計上が見送られました。しかし与党マニフェストには「税と社会保障制度共通の番号制度」をつくるという内容があり，「年金通帳」や「納税者番号」との整合性がとれるとさらに強力なシステムになりかねません。いずれにしても，どのような政権になったとしても，同じ方向の施策が進んでいくだろうと思われます。なぜなら年々費用が増えている医療・看護・福祉においては，「経費の上昇を抑えつつ最善のサービスを提供する＝効率化する」必要があるためです。安くよいサービスを受けられるのは，利用者にとって最大の利益です。しかし，その「効率のよいサービス」の効率とは，だれのどのような効率化で，そもそもなぜ効率化されなければならないのでしょうか。冷静に考え直してみると，その理由が医療費支出や介護保険給付額など，社会保障費を抑えるためであることがわかります。「社会保障」にとってプライバシーは，「個人情報が漏えいや悪用がされないように守る」という問題では，全くありません。守られた情報がどのように利用されるのか，その過程を私たちがどれほど理解できているのかなのです。

　年々肥大化する社会保障費は，国にとっても地方自治体にとっても深刻な問題になっています。医療・福祉サービスを無制限に実施する余裕は，既にありません。そのなかで効率化されているのは，どのサービスが誰に必要なのかという決定の過程です。「私たちが自分たちで選んだ」サービスではなく，保険料や年金保険料と利用者の利益を天秤にかけ計算された，「国・機関がベストとして推奨する」サービスのみが，提供されるようになるのです。

4　きたる福祉社会と新しいメディア

　ここまでくると，これらの ICT という新しいメディアがもたらした「効率のよいサービス」が，本章の冒頭で議論した「福祉社会」と見事に重なりあっていることを理解できるでしょう。「福祉社会」の主柱である介護保険制度は，

「委員会が個人情報を収集し分析することで，誰にどのようなサービスが必要かを決定し，効率的に実施する制度」であったといえます。それは表面的には利用者のためですが，本音にせまれば，福祉にかけるコストを最小にするためでしかありません。例え現在の厚生労働省や政府がそのつもりではなくても，将来急速に社会保障の予算が枯渇することが自明である以上，効率性を求める利用法になるのも，また自明だといえるでしょう。

　そして忘れてはならないのは，そのような効率性は別に隠れて行われるのではなく，私たちの許諾のもとに実施されるという点です。私たちは希望して年金を支払い，介護保険の認定を受け，社会保障カードを受けとり，そのために自ら望んで個人情報を提供します。利用者本人が「便利なサービス」を受けるため，自主的に日々，個人情報を最新に更新してくれるのです。行政府などその中心となる権力は，もはや監視する必要もありません。政府が設定した規準にしたがって，順番に資源やサービスを分配していくだけです。主体は従順かつ愚直に，自分の身体と生活を，その資源とサービスに適応させていくでしょう。そうしなければ介護保険も年金ももらえないからです。

　私たちは，その入口を承認しています。しかし出口まで承認していないし，想像できてはいません。にも拘らず私たちの個人情報は，どこまでも利用可能になってしまう。その結果，自分に適合しているとされる支援・サービスが自動的に絞られ，自らをそれに適合させるほかなくなります。あなたが"健康"でいられるためには，健康保険の支払いを抑えるべく「太る自由もない生き方」をするほかない。そのような自由を，みなさんは望むのでしょうか。

　ここで例に上げた「国民電子私書箱」も「社会保障カード」も，ICTという新しいメディアによって，私たちの個人情報つまりプライバシーが，これまでにない局面に到達しようとしている事実を如実に表しているといえます。それは個人情報が悪用される，という意味ではありません。むしろ，最も私たちから自己決定を剥奪する制度は，「あなたを今より健康にするサービス」として，善意の塊のようにして到来するのです。

　そのような現代社会のあり方は，印刷メディアが切り開いた近代社会においてフーコーが見出した，"監禁"するような規律社会よりはずっと自由ですが，映像メディアが到来した時代に対して，ドゥルーズが指摘した管理社会よりも，

表 10-1　変遷するメディア・私たち・社会のありかた

主たるメディア	メディアのあり方	私たちのあり方	社会のあり方
新聞	印刷メディア	個　人	規律・訓練社会
TV・映画	映像メディア	消費者	管理社会
ネット・ケータイ	ICTメディア	利用者	リバイアサン？

出典：筆者作成。

ずっと不可視で陰険にみえます。何しろ，利用者自らが望んだ「福祉社会」であり，それを維持するための効率化なのですから。私には，その社会は人びとの自然な権利をほぼ強制的に譲渡させる社会契約をもって成立するような，専制的な権力——ホッブズが『リバイアサン』と呼んだような——の統治するものにさえ似て見えます。ICTというメディアは，その意味で従来とは異なった社会を私たちにもたらそうとしているのです（表10-1）。

　本書をお読みのみなさんにとって，特に重要なのは，このような個人情報のあり方，そしてメディアと利用者の関係が，医療・福祉にこそ，典型的にみられているという点です。プライバシーは，当人の許可がとれていて，悪用しなければよい，というものではありません。その個人情報の扱い方が，本当に利用者のためになっているのか，その自由を疎外することがないか，あらためて問いなおす作業が求められているでしょう。

　私たちがこれから生きる社会は，ますます「福祉社会」化するとともに，「情報社会」化する時代です。その両方を同時に生きる私たちは，メディアと社会保障制度の両方の利用者でもあります。例え現状が異なっているにしても，そもそもメディアも制度も私たちの主体性を奪うのではなく，私たちに寄与すべく生まれたはずです。福祉社会と情報社会の利用者としていかに生きるのか。まさに問われているのは，「利用者としてのあなた」なのです。

〈謝辞〉

　本章の写真や事例を提供して下さった方々にあらためて感謝いたします。なお本章は大妻女子大学2009年度プロジェクト研究の成果の一部です。

> コラム

支援技術（Assistive Technology, AT）とメディアとしてのパソコン

　支援技術（AT）という言葉があります。例えば写真10-2のように，障害などによって身体の不自由な人が機能を補うための技術です。特に近年は，キーボードやマウスを特別な入力補助装置で代用したり，他の方法で操作をしたりするための技術が注目されています。

　ATによって障害のある人たちは，ICTを活用できるようになります。あごで棒状のスイッチを押したり，額にスイッチを張り付けたりして必死にパソコンを使おうとする姿をみて，驚いて「そこまでしなくても」と思う介護職も少なくないようです。特に本書を読み進めてきた方は，そう思うでしょう。しかし，ATが実現する「生活の情報化」は，本章でふれてきたものとは，社会的意味が異なっています。

　たいていの障害当事者は，自らがパソコンを使えるようになるために，必死に努力を積み重ねます。自分に使えるスイッチはないか，どのようにすればスムーズに使えるのか，作業療法士やリハビリテーション・エンジニアなど専門職の助けを借りながら試行錯誤し，工夫して何か月もかかってやっと使えるようになる人もいます。パソコンの操作ができるようになった後は，インターネットに繋ぎ，ソフトウェアを活用するための勉強が待っています。長時間の作業に不向きな身体であっても，疲労をいとわずトレーニングする人は少なくありません。

　むしろ彼ら彼女らの努力や試行錯誤こそが，私たちに求められている「生活の情報化」をさし示しているといえるのではないでしょうか。私たちはキーボードやマウスを，買った時の付属品のまま使っています。しかし手の大きさ，指の長さ，力は人によって違うはずです。にも関わらず自分に合ったマウスやキーボードを探そうともしない私たちは，何の考えもなく与えられたまま，目の前のメディアを受け入れてしまっているのと同じなのではないでしょうか。

写真10-2
特別な機器を用いてパソコンを利用する障害当事者

　私たちは目の前にメディアがあることを当然視しがちです。それゆえ各種の情報に受け身になってしまい，意識せずに情報化を受け入れ，右往左往しているように感じます。それに対して，自らの努力で工夫し試行錯誤してICTを手に入れ，大事に活用しているようすは，私たちがどのように主体的に付き合えばいいのかを，示しているように思えてなりません。

引用・参考文献

阿部潔・成実弘至『空間管理社会――監視と自由のパラドックス』新曜社，2006年

Castells, M. & Himanen, P. *The information society and the welfare state―the Finnish model*, Oxford University Press, 2002（高橋睦子訳『情報社会と福祉国家――フィンランド・モデル』ミネルヴァ書房，2005年）

Deleuze, G. *Pourparlers*, Minuit, 1990（若林寛訳『記号と事件――一九七二―一九九〇年の対話』河出書房新社，2007年）

Foucault, M. *Surveiller et Punir―Naissance de la prison*, Gallimard, 1975（田村俶訳『監獄の誕生――監視と処罰』新潮社，1977年）

Habermas, J. *Strukturwandel der Öffentlichkeit*, 2. Aufl., Frankfurt a. M.: Surkamp, 1990（細谷貞雄・山田正行訳『第2版公共性の構造転換』未來社，1994年）

浜嶋朗・竹内郁郎ほか『社会学小事典』有斐閣，1997年

早坂裕子・広井良典編著『みらいに架ける社会学――情報・メディアを学ぶ人のために』ミネルヴァ書房，2006年

Hobbes, T. *Leviathan*, 1651（水田洋訳『リバイアサン（1～4）改訳版』岩波書店，1992年）

伊藤守編著『よくわかるメディア・スタディーズ』ミネルヴァ書房，2009年

川崎賢一・李妍焱・池田緑『NPOの電子ネットワーク戦略』東京大学出版会，2004年

厚生労働省『要介護認定　介護認定審査会委員テキスト2009改訂版』http://www.mhlw.go.jp/topics/kaigo/nintei/shinsa/dl/0903.pdf，2009年

Lippmann, W. *Public opinion*, Macmillan, 1922（掛川トミ子訳『世論（上・下）』岩波書店，1987年）

増田米二『情報社会入門：コンピュータは人間社会を変える』ペリカン社，1968年

推薦文献

メイロヴィッツ，J./安川一ほか訳『場所感の喪失（上）――電子メディアが社会的行動に及ぼす影響』新曜社，2003年
　――マクルーハンとゴフマンの概念を掛け合わせて，状況におけるメディアを問うた，情報社会論の好著です。メディア研究というものの考え方を理解できると同時に，メディアを社会に結びつけるために必要な視角を提供してくれます。

イリイチ，I./高島和哉訳『生きる意味――「システム」「責任」「生命」への批判』藤原書店，2005年
　――メディアと技術を問う本を1冊。社会と技術の関係は（それが決定要因かどうかも含め），様々に語られてきました。しかしその結論は，既にイリイチによって

出されていたともいえるのではないでしょうか。同じく彼の『コンヴィヴィアリティのための道具』とともに，ぜひとも読んでいただきたい本の1つです。

パトナム，R./柴内康文訳『孤独なボーリング──米国コミュニティの崩壊と再生』柏書房，2006年
──メディアと社会の関係を問う本として，ぜひお勧めいたします。社会関係資本（ソーシャル・キャピタル）の視角を巷間に広めた著名な本ですが，見方を変えると，メディア論として読むことができます。メディアが本当に私たちを社会参加に結びつけるのか，本書はそれを私たちに問うているのではないでしょうか。

柴田邦臣，『社会に繋ぐメディア──障害者のICTと社会参加』春風社，2010年
──僭越にて汗顔の至りですが，紹介させてください。なぜなら福祉領域での情報化は，障害者福祉や高齢者福祉の世界に決してとどまらないからです。むしろ私たちの生活と社会が細分化し受動化する未来の"カナリア"かもしれない。本書で取りあげているテーマと議論は，まさに現代社会のフロンティアそのものです。

第 11 章

感情を社会学的に考える
―― 介護・看護・福祉における感情労働 ――

崎山　治男

　本章では，感情を「社会学する」ことが，介護・看護を考える上でどのような意味を持っているのか，その面白さと難しさについてみなさんに考えてもらう材料を提供します。

　本章では，まず最初に感情と社会学との関りについて若干の理論的な系譜をみた上で，感情と私たちの社会とがどのように関っているといえるのか，その見取り図を示します。次に，感情管理・感情労働といった感情社会学で示されてきたものの見方を示しながら，私たちが日常生活や仕事のなかでどのように感情を知らぬ間にやりくりしているのかを示していきます。

　その後に，特に介護・看護といった場面での感情労働の特質とその難しさについて，ジェンダー，組織との兼ね合い，ケア・ワークの特質といった側面から示しつつ，感情を社会学的に捉える意義とケア・ワークとの関りについてのものの見方を示します。

1　感情社会学の誕生

▍感情と私たち

　私たちが日常生活で感じる様々な感情と，社会学とがどのような関りがあるのか，不思議に思う方々が多いと思います。何気なく生活をしているなかで嫌いな動物や昆虫をみた時に感じる嫌悪感。あるいは恋人と会ったり試験で良い点をとった際に感じる幸福感。こうしたものは，私たちが自然と感じられるもののように思えてしまいます。だからこそ，生理的・心理的にうけつけないといった言葉にみられるように，感情を私たちの本能のように考えてしまうこと

も多いと思います。

　その延長線上に，感情を程度の低いもの，考えるに値しないものだという考え方があるでしょう。このように，感情を低くみる態度は日常生活のみならず学問のなかにも存在し，だから1970年代以前は社会学のみならず心理学などの領域でも感情研究はあまり進展してこなかったのです（Cornelius, 1996=1999）。

　その一方で私たちは，日常生活のなかで感じる感情を，何となくその場にあわせたものにしているようにもみえます。例えば，恋愛の場面において「楽しさ」を感じたりするでしょう。また，葬儀の場面においては「悲しみ」を感じたりするでしょう。もちろんそれらの場面の多くでは，意識せずともこうした感情を持ったり表したりするでしょう。ただ一方で，恋愛の場で疲れていても「楽しさ」を表そうと無理に努めてしまったり，葬儀の場であまり親しくなかった相手であったとしても，「悲しさ」を感じたりするようにしてしまうかもしれません。そして，おのおのの場面でこうした感情の適切さについて，何となくルールがあるように思え，ルール破りをしてしまうことに恥ずかしさを感じてしまうでしょう。このように考えてみると，私たちは知らず知らずのうちに感情をTPOにあわせて，社会の影響のなかでつくり出しているようにも思えます。

　このように，私たちは感情は生理的なものとも，また社会的なものとも思っているようです。感情社会学という考え方そのものが実はこうした考えの交差点から出発しています。

▎感情社会学の誕生

　感情社会学というものの見方は，1970年代に他の学問領域との相互関係から登場してきました。なぜこの時代か？　という点は，まさに先述してきたことが学問的にも社会的にも問われてきた時期だからです。つまり，その時代までは感情的であり，無価値とされてきた女性や有色人種による異議申し立ての運動が大きく盛り上がってきたこともあり，また高度経済成長を終え，モノから心へと社会全体の関心が大きくシフトしていった時です。

　さらに，感情についての人類学・社会史の研究と相まって，感情が必ずしも生理的なものと考えられなくなったこともあります。例えばアリエスは，1対

1の夫婦関係が「愛情」に基づくものであり，その間で誕生してきた子どもを特に愛らしい存在である，という考え方が西欧近代社会に特有に生じてきたものであり，他の時代・文化圏ではなかったことを証明したりしてきました。このような時代背景と様々な知見から，感情が社会的に形づくられているのではないかという感情社会学という学問が登場してきたのです（岡原ほか，1997，3-6頁；崎山，2005，9-14頁）。

感情社会学の系譜

では，このように感情が持つ社会性についての関心から登場した感情社会学は，どのような理論展開を試みていったのでしょうか。比較的初期に登場した主要な立場としては，実証主義派，感情エネルギー論，相互行為論派があります。

実証主義派とは，社会関係を地位・権力・責任主体のマトリックスと捉え，その3つの関係から感情が算出されるとみたもので，代表的な論者としてはケンパーがいます。感情エネルギー論とは，集団の凝集─解体を感情の強度からみたもので，代表的な論者としてはコリンズがいます。相互行為論派とは，感情がいかに相互行為の解釈のなかでつくり出されるのかを問うたもので，代表的な論者としてはホクシールドがいます。

これら3つの理論のなかでの優劣は，現代にいたるまで感情社会学の内部で議論が続いていますが，より感情の社会性を強く打ち出していることと，それにより多様な感情のやりとりが分析でき，感情労働といった場面の実証的な蓄積が進んでいることから，相互行為論的な立場が優位にあるといえます（崎山，2005，第1章，第2章）。次節では，相互行為論派の代表的論者であるホクシールドの感情管理論，感情労働論のエッセンスをみていきます。

2 感情労働という分析視角

感情規則と感情管理

ホクシールドは，著書『管理される心』において，日常生活で私たちが行っている感情の解釈の仕方の規則性から，感情を私たちがどのようにマネージメ

ントしようとしているのかを説明しています。

　私たちの日常生活には，あたりまえのものとして共有されている感情に関する決まり事があふれています。例えば，恋人が2，3日連絡をくれなくとも怒るべきではない。だけれども断りもなく異性の友人と遊びに行っていたならば嫉妬・怒ってよい等々。

　ホクシールドは，こうした日常生活で感情に課せられる規則の束の延長線上に「感情規則」（feeling rule）が存在し，私たちはそれにしたがって感情を感じたりマネージメントするのだ，と主張しています。彼女によれば，私たちが日常生活で個々の感情を解釈するのは，この社会的に分かち持たれた感情規則によるものです。しかし，私たちは必ずしもこの感情規則にしたがってのみ感情を解釈し，表したり持ったりできるわけではありません。前述した例でいうと，恋人が2，3日連絡をくれないぐらいで嫉妬や怒りを感じてしまったりしてしまうこともあるでしょう。

　ホクシールドは，そのような「不適切」な感情を抱いてしまった際になされるのが，「感情管理」（emotion management）だとしています。私たちは，感情を通しても常に「適切」な感情を示したり内面で感じてしまうことを日々行っています。それを通して，私たちは自らが逸脱者ではないことを他人や自分に示すことによって，自尊心を保っています。例えば，前述した例で簡単に嫉妬や怒りを恋人に表してしまうと，その恋人を失ってしまうばかりか，嫉妬深い・怒りやすい人だ，という否定的な評価を受けてしまいます。

▌感情管理の方法論

　ホクシールドは，このような感情管理の方法として，表層行為（surface acting）と深層行為（deep acting）の2通りの方法を挙げています。前者は，いわ

▶感情規則
　日常生活で感じられる感情のルールが，明確な規則となって分有されているものをさします。

▶感情管理
　感情管理とは，ある相互行為に適合的な形に感情規則にしたがって自らの感情をつくることです。その方法は表面上感じたフリをすること（＝表層行為）と，内面から感じようとすること（＝深層行為）とに分けられます。

ば他人に与える印象のみをマネージメントするために，他人にみえるしぐさを「感じられるべきこと」にあわせようとみせかけることをさします。後者はそればかりではなく，実際に自分が内面で感じてしまう感情でさえも自分自身を納得させるためにあわせることをさします（Hochshild, 1983, pp. 152-157）。例えば前述の例でいうならば，2，3日連絡をくれない恋人に嫉妬や怒りをみせずに普通に接しようとするのが表層行為であり，内心で感じる嫉妬や怒りを，「いけないこと」と思って変えてしまおうとするのが深層行為です。

　ホクシールドが切り開いた地平の面白い点は，両者が連続したものでありえることと，特に後者を行うことが自己自身の評価のカギとなるとした点にあります。例えば，2，3日連絡をしなかった恋人にいつも通りの接するフリをしているうちに，内心での嫉妬心もなくなっていったりします。また，内心の嫉妬心・怒りを消さないことには自分自身の小ささを感じてしまわざるを得ない，といったこともあるでしょう。このように，感情管理を行うことは個々人の自尊心と深く結びついているのです。

■ 感情労働と疎外

　このように感情管理は私たちが日常的に行っているもので，極論するならば私たちは日々，感情管理をお互いにしあうなかで自他を認めあっているといえるでしょう。ですがホクシールドがここで大きな問題とするのはこうした日常で行っている感情管理が，その自然さのため，対価が払われにくい労働に利用されてしまう可能性があることです。

　ホクシールドは，感情管理が労働市場で用いられることを「感情労働」▶（emotional labor）と概念化しています。それは，個々人の感情管理の能力が「商品」として①対面的も顧客との接触のなかで，②顧客に何らかの感情経験を喚起させることが求められ，③そのために，労働者自身の感情管理が企業組織に求められた形にゆがめられることと定義されています（Hochschild, 1983,

---

▶感情労働
　感情管理を行い，あるサービスで望ましい感情をつくり出すことが商品とされていることをさします。感情管理を日常的に行っていることや，ジェンダーの要因から自然で労働と認められにくく，またバーンアウトの原因にもなります。

p. 147）。ホクシールドが具体的に調査対象としたフライト・アテンダントや，特に読者である介護職の「やさしさ」などがイメージしやすいでしょう。

　それがなぜ対価が支払わにくいものかといえば，第1節で述べたように感情が自然なものであるとみなされやすいことや，後述するようなジェンダーによるとされています。その結果としてホクシールドは，感情労働者は自らのパーソナリティと深く結びついているとみなされている感情が商品として無自覚に売られるため，精神的な摩耗をきたすとし（Hochshild, 1983, p. 7），その形を3つのものにまとめています。

　第1のものが，職務で求められる感情規則との自己同一化です。過剰に「良い」感情労働を行おうとし，白衣の天使と形容されてしまうような振る舞いを心から行おうとしてしまう場合などがこれにあてはまるでしょう。この際に生じるのが，過剰に感情規則と同調しようとすることから生じる摩耗としてのバーンアウトや，どれが自分の本当の感情なのかわからなくなる自己の乖離だとされています。

　第2のものは，逆に職務で求められている感情規則を仕事だと割り切り，それをシニカルにみてしまうことです。白衣の天使像をシニカルに捉えすぎ，自分が行っている介護行為を金銭のためと割り切り，表面だけの感情管理でやりくりする場合がこれにあてはまるでしょう。この際に生じるのが，自分が行っていることが欺瞞なのではないか？　という自己嫌悪だとされています。

　第3のものが，ちょうど1と2の中間形態にあてはまるもので，感情規則を仕事のためと割り切りつつも，それにうまく同調できてしまうことです。白衣の天使像を仕事のうえとわかりつつも，実際にそうなりきれてしまう場合がこれにあてはまります。この場合には，ある種のパラドックスが生じます。確かに仕事で求められている自己像をうまく演じており，感情規則にしたがっているという意識がありつつも，実際にそれになりきれてしまうことから，自分がどんな職業人なのか，あるいはどのような人間なのかわからなくなるという自己の分離，あるいは職業上の役割への嘘の意識に苛まれるとされています（Hochshild, 1983, pp. 124-135, 188-192）。

　このように，感情労働とは，日々無意識に感情管理を行っていることが商業上利用されながらも対価が気づかれにくい労働なのです。次節以降では，それ

にまつわる問題について，主に感情労働のそもそものカラクリに潜む問題と，特に現在ケア・ワークで問題となってきている問題とを念頭におきながらみていきましょう。

3　感情労働の落とし穴

▌感情労働とジェンダー

　まず，このような感情労働のカラクリがなぜ気づかれにくいのか，という点から考えていきましょう。

　それは第1には，第1節でみてきたような私たちが感情に対して持つイメージがあります。私たちは感情というのは自然とわきおこってくるものであると考えたり，日常生活で自然に感情管理を行っています。そのため，感情管理を行うスキルはあたりまえに身につけているものであるとみなされ，感情労働を行う際に，それが特に商業目的に利用されているとは気づかれにくい構造があります。例えば，私たちが人びとに接する際にみせる「やさしさ」は誰でもが身につけているようにも思え，その延長線上でたとえばケア・ワークでは嫌いな患者に対してもなされている，といったことは気づきにくいでしょう（Hochshild, 1983, pp. 17-23）。

　第2には，ジェンダーという要素です。ケア・ワークに従事している人びとの男女比をみればわかるように，感情労働に従事している割合は，女性の方が圧倒的に高いです。このことは，女性の方が感情管理に長けているということを意味するのでしょうか。

　その答えはもちろんノーです。様々なジェンダー研究の成果が明らかにしてきたように，「やさしさ」「思いやり」「愛情」などに女性があふれているという見方は，あくまでも歴史的・社会的な産物・神話です。むしろホクシールドが述べているように，こうした神話が存在していることから，子どもの頃からの男女の教育の仕方が異なり，結果として女性の方が感情労働者として再生産されやすいとさえいえるでしょう（Hoshchild, 1983, pp. 162-181）。

　さらに，この神話が市場の中で組織的に利用されていることも指摘できます。例えばホクシールドは自身が調査したフライト・アテンダントたちのやさしさ

が，空の旅を魅惑的なものとするための広告として用いられていることを指摘しています。またスミスも，イギリスのNHS（英国の国民保健システム）のなかでいわゆるナイチンゲールのイメージに沿った形で看護学生がリクルートされ，それが看護師のイメージを外の世界にアピールすると同時に，看護学生たちがあまり感情労働のトレーニングをうけないことを指摘しています（Smith, 1992=2000, 32-51頁）。このように，感情労働ではジェンダーという媒介を通して，そのしんどさがみえにくいカラクリがあるといえるでしょう。

ただ，このことは男性が感情労働とは全く無縁である，ということを意味するものではありません。ホクシールドが男女の家庭生活を通して明らかにしたように，男性にも「力強さ」，「頼もしさ」といった感覚をパートナーに抱かせる感情管理にとりつかれています（Hochshild, 1989=1990）。全体を通してみると，ジェンダーの神話を通して，ある特定の感情労働に男女がしらぬ間に割り振られているのでしょう。

■ 感情労働の不可視化

感情労働を難しくさせているのは，必ずしも感情労働に内在するカラクリだけではありません。あたりまえのことですが，サービス業では感情労働だけがなされるわけではありません。それが仕事である以上，他の様々な事柄がなされるので，それらとのバランスをとる必要があります。

スミスは，前述したように感情労働のジェンダー間での非対称性を説くばかりではなく，感情労働と他の労働とのバランスを問題としています。具体的には，NHSの崩壊・改革とあわせて，人員削減などで患者に接する時間が減少するなかで「ケア」よりも「キュア」を要求されがちであることを指摘しています。さらに，そして医療組織のなかで感情労働が労働として評価されていないために，ろくなトレーニングがなされていなかったり，感情労働による精神的なストレスへのサポート体制が欠けていることを指摘しています（Smith, 1992=2000, pp. 52-84, 223-241）。これは，感情労働がみえにくいためにそれが他の労働と比べて軽視され，正当に評価されがたいことを表しています。

▌感情労働と他の仕事との調整

　しかし，感情労働が評価されにくい理由は，必ずしもそれがみえにくい労働だからだけに限りません。ジェームズは，看護師の労働を感情労働とケア，肉体労働とキュアとに二分し，看護師には患者のニーズ解釈と応答といった感情労働と，他の医療における職務とが要請されるとします。しかし実際には医療組織で，前者が効率性・合理性の観点から軽視され，本来行うべき感情労働ができなかったり，他の職務とのバランスをとらなければならないことを指摘しています（James, 1989, 1992）。パットナムらはこの点を引きつぎつつ，それを医療という知識や場の持つ合理性や，究極的にはケアよりもキュアを優先させる点に求めています（Putnam & Mumby, 1993）。このように，ケアされる人びととの感情労働が必要であるにも関らず，それが他の「合理的」な職務に取って替わられる困難もありえるでしょう。

　さらに，組織が課す効率性という問題もあります。ホクシールドは，感情労働が一層困難になってきた理由として，航空業界においてフライト・アテンダントの割合が削減されたり，より大勢の客をさばかなければならなかったりする効率性との調整の問題をあげています（Hochschild, 1983, pp. 123-133）。それはフライト・アテンダントだけの問題ではありません。オルセンらも，アメリカでの医療改革において公的部門の人員縮小が進むなかで組織の効率性を優先し，患者をベルト・コンベアに乗ったような存在として扱わなければならないほどの忙しさの調整を指摘しています（Olesen & Bone, 1998）。

　このように効率性・合理性を優先させる組織のなかで，他の仕事と比べて感情労働が後回しにされたり，他の仕事との調整をつけなければならないといった問題もあるのです。近年の日本における効率化が目指される医療・福祉システムの「改革」のなかで，働きづらさを訴えるケア・ワーカーにも通じる問題ではないでしょうか。

4　感情労働としてのケア・ワーク

▌ケア・ワーカーを取り巻く感情労働

　本節では，ケア・ワークと他の職種での感情労働の違いに目を向けることを

通して，ケア・ワークでの感情労働の難しさについて，さらに考察していきましょう。

　ケア・ワークにおける感情労働を他の職種のそれとを比較するならば，大きくは２つの点で違いがあるようにみえます。第１には，その受け手の性質です。ケア・ワークの受け手である被介護者・患者は，自らの長期にわたる疾患や，それにまつわる日常生活や仕事での不自由さを想像するなかで，しばしば感情の大きな揺れ動きを感じ，それをケア・ワーカーにぶつけていきます（Strauss, et al., 1984=1987）。このような長期にわたる不安定な受け手に対して，ケア・ワーカーは長期間・継続的に感情労働を行っていかなければなりません。それは，前述した感情労働と自分との折り合いをいかにつけるべきかという課題を長期的に引き受けるばかりではなく，介護者・患者の感情をいかにマネージメントするか，という課題を強く感じさせるものでしょう。

　第２には，それがしばしば「良き」感情労働を行おうとケア・ワーカーを駆り立てるものであり，結果として自らにどこまでが仕事であるか，という点を見失わせやすいという点です。前述したように，ケア・ワークの対象である被介護者・患者は，その疾患による〈弱さ〉を常に抱え込んだ存在です。それに対して感情労働を行う際には，しばしば自分自身の感情を強くコミットさせ，商品としての感情労働ではなく，被介護者・患者の感情を優先させることがあり，結果として組織ではなく個人に負荷をかけやすいものです（Copp, 1998）。その結果としてケア・ワーカーにどこまで労働として割り切れるのか，あるいは「良き」感情労働を行っていくことを強く求めさせます。

■ 共感と巻き込まれ

　このように，ケア・ワーカーの感情労働は，〈弱さ〉を抱えた被介護者・患者に対する長時間にわたるものであるため，常に受け手の感情にさらされており，それへの応答が要求されます。その際にどうしても生じてしまうことが，〈弱さ〉を抱えているがゆえに受け手の感情に自らの感情が同一化してしまったり，距離をとることが難しくなっていくことです。

　スターンズは，このような〈弱さ〉を抱える受け手との感情労働について，介護・看護教育や実践のなかで「共感」（empthy）と「同情」（sympathy）の

区分の重要性を強調しています。〈弱さ〉を抱えた存在へのケア・ワークであり，その感情にさらされつつも，ケア・ワークで必要な指導や，なれ合いを避けるために距離をとるのが「共感」です。一方，それに対して〈弱さ〉を抱えた存在であるがゆえに慈悲的な姿勢を強く持ってしまい，受け手の揺れ動く感情におぼれてしまい，その一言一句に自らの感情が左右される結果として共感疲労などを生じさせてしまう態度が「同情」なのだとし，こちらに偏ってしまう傾向を批判しています（Sterns, 1993）。

　こうしたことが生じるのは，必ずしもケア・ワーカーの姿勢の問題だけではありません。皮肉なことなのですが，日本でも患者中心の看護・介護が提唱されているように，ケア・ワークの受け手の気持ちを尊重しようという「良き」理念から生じやすくなっていることでもあるのです。看護・介護の理論・理念は，被介護者・患者の意志や気持ちを尊重することにその出発点の１つがあります。ですが他方，それは共感疲労という問題を引き起こすものでもあるのです。

　ミラボーらは，患者中心・利用者本位といった看護・介護の新しい理念（New Nursing）が，一方では被介護者や患者の感情に配慮することを促し，他方では患者の感情経験に配慮することを排して判断を行わなければならないという矛盾があるとします。その矛盾があるからこそ，被介護者や患者に過剰な感情的コミットメントをするなかで，「巻き込まれ」（involvement）が生じて，共感疲労をや専門職としての自己像が保ちがたくなる，としています（Meerabeau & Page, 1998）。

　このように，〈弱さ〉を抱えている受け手の感情に自らの感情が触発され，ままならなくなる事態が，本来は「良い」方向でもありえる介護・看護の転換のなかで生じてしまうのです。

他者の感情管理

　〈弱さ〉を抱える存在である被介護者・患者への感情労働は，常にその受け手の感情の揺れ動きに同調し，感情労働の共感疲労を増してしまう可能性があります。では，そうした自己の感情だけを「適切」に管理していけばいいのでしょうか。

　感情労働における感情管理は，必ずしも自分の感情をマネージメントするだ

けにとどまりません。感情労働の定義で述べたように，またそれが商品となる以上，結局は他者の感情をいかにマネージメントするかを，自らの振る舞いだけにとどまらず，音楽やセッティング，組織の理念など，様々な道具を利用することを通して追求することが求められます（Thoits, 1996）。

　ここにも，ケア・ワークに特有だと考えられる感情労働の難しさがあります。その受け手が何らかの〈弱さ〉を抱えている以上，自らの揺れ動く感情をよりマシな方向に持っていきたいと思うのは自然のことでしょう。ケア・ワーカーがそれに応じるか応じないか，あるいは応じてしまうことそのものが，受け手である被介護者・患者を何らかの形で支配することにつながりうるのです。

　それは，ごく単純にいってしまうならば，ケア・ワーカーが感情労働を行うか否かが，受け手である介護者や患者には報酬の有無，と感じられてしまう形で現れます。受け手がその〈弱さ〉に起因した，不安・恐怖などの感じたくない否定的な感情を経験した際に，ケア・ワーカーがそれに対処し，うまく感情管理を行ってくれるか否かが受け手にとっては大きな問題となることがあります（Treweek, 1996）。そして，それを行ってもらうために，できるだけ模範的な患者であろうとし，本来であるならば揺れ動く感情を隠し，ケア・ワーカーにとって扱いやすい被介護者・患者になろうとしてしまう時さえあるでしょう（O'breien, 1994）。

　さらにいうならば，ケア・ワーカーが，いわゆる医療的側面だけではなく，受け手の揺れ動く心をも管理・統制の下においてしまうことさえありえます。熱心に受け手の感情を把握しようとし，その揺れ動く感情を肯定的な方向へ持っていこうとすることは，いわゆる疾患だけではなく，受け手の「心」さえも医療の対象とすることになります（Fox, 2000）。そしてその結果，患者の揺れ動く感情の源の1つでもある，様々な生活習慣やそれに起因する感情を激しく責め立てることにもつながってくるでしょう（Baker, et al., 1996）。近年日本でも問題となっている被介護者・患者への虐待，イジメといった事柄は，必ずしも身体的なものだけではなく，心の面でも起きうるのです。

▌感情労働への動員

　このように，ケア・ワークにおける感情労働は，必ずしも感情規則通りに感

情を保てるわけではありません。長期にわたる相互行為のなかで，受け手である被介護者・患者との間での抜き差しならない感情の交換をも含み込むものです。そのなかでは，逆に被介護者・患者からの肯定的な感情が嬉しく感じられる場合もあるでしょう。

　ヒメルヴァイトやボルトンは，この点にケア・ワークと他の職種の感情労働の違いを指摘します。彼女たちの主張は，ケア・ワークにおける感情労働は，必ずしも自分自身の感情をねじ曲げて職務にあわせるばかりではなく，受け手の被介護者・患者から肯定的な感情を贈り物（gift）として受けとっている点にその特質があるとします。そのため，これまで述べてきた感情労働が疎外へと転化するばかりではなく，感情労働そのものに報酬があるという点にケア・ワークの特異点を見出そうとしています（Himmelveit, 1999；Bolton, 2005）。

　もちろん，ケア・ワークにおいてこうした面が存在することは否定できないでしょうし，それがある意味では職務のやりがいともなっているでしょう。ただ，2点ほど問題が指摘されています。

　第1には，いうまでもなくそれがある意味で規範とされること，つまり「良い」感情労働を行うことが強要されることです。「良き」感情労働を行おうとすればするほど，それが行われたり，逆に破綻した際には感情労働の共感疲労を強く引き起こすことにつながります（崎山, 2005）。

　第2には，感情労働の対価をみえにくくする点です。感情労働そのもののなかに良いエピソードが含まれていることから，それが「良き」労働であると強調することは，感情労働の負の側面を見落とさせるだけではありません。それが「良き」労働であるために，ケア・ワーカーやボランティアが時には進んで見返りを要求せずに労働にのめり込んでいったりすることもあります。さらにはそれに応じようとして，受け手である被介護者・患者も「良き」感情労働をサポートさせられてしまうことがあったりします（渋谷, 2003）。

　これまでみてきたように，ケア・ワークの感情労働の「心」の対価という側面だけを強調すること，あるいはそれを賞賛することは，ケア・ワークに潜む統制や労働への動員といった側面を見落としてしまうことにつながりかねません。「ケアする人びとへのケア」と呼べるようなプロジェクトを通して，ケア・ワーカーが感情労働で感じるしんどさを共有，意識できる場を設けること

が必要だといえるでしょう。

> コラム

感情労働してしまうことの功罪

　ホクシールドが主著『管理される心』のなかで最後に提起した問題が，心理主義と呼ばれる個人の心を意識しすぎる社会への批判，本文中で述べたことでいうと「良き」感情労働にいかに人びとが動員されていくのか？　といった点であることは，意外にもあまり論じられていません。彼女は『管理される心』の最後で，感情労働のスキルを得ようとする意識，あるいは共感疲労からセラピーや心理学の知に頼り，自己の感情を適切なものに取り戻そうとする傾向を指摘し，それが結局は感情労働と別種の感情の統制の仕方にすぎないと喝破しています。

　この別種の感情の統制とは，感情管理のマニュアル化と感情管理の能力をめぐって私たちが競争を余技なくされることです。例えば，この10年ぐらいの年月を比較してみても，ちまたには「心」のマナーブックやクイズが溢れかえり，また入社試験や昇進試験の内容も，EQといった言葉に代表されるように，感情をうまくマネージメントする能力へと変わってきています。そして私たちは，一方ではこれらの技術を高めることは，人間関係をスムーズかつ豊かなものにするものとして享受しつつも，他方では「人間力」といった言葉に代表されるように，それが選抜の道具とされることによる（ペーパー試験に比べての）曖昧さに不満を覚えたり，それが得られない場合に自己の欠陥とさえみなしてしまいます。

　これを特に介護・福祉職にあてはめてみるとどのようなことがいえるでしょうか？　第1にいえることが，介護・福祉職における人間関係のマニュアル化です。心理学の知識をそのまま引用した対人関係論がテキストに持ち込まれるようになり，確かに対人関係が重視されるようになってきました。しかしそれは必ずしも現実を反映したものでもない机上のものであるため現場でのOJTに頼る傾向に変化はなく，また臨床心理士など他職種との競合におかれてしまうこともあります。

　第2には，感情労働の強化です。確かに看護・介護に感情労働という言葉が持ち込まれることにより，それがケアの内実の一端をさし示す言葉として市民権を得つつあるように思えます。ですが，それは単純に感情労働の中身を充実させていけばよい，ということを意味するものではありません。本文中で述べたように，感情労働の強化の中身には，被介護者・患者の感情を統制したり，不払い労働へと自ら進んで参入することを意味したりもします。

　ケア・ワークの職務の魅力が，被介護者・患者との感情の交流であることは否定できないでしょう。ですがそれを即「感情労働」することに結びつけるのではなく，一歩下がった姿勢や，多様な感情の交流へと開かれる必要があります。

引用文献

Bolton, S. C. *Emotion Management in the Workplace*, Palgrave, 2005
Baker, P. S. et al. "Emotional Expression During Medical Encounters: Social Dis-ease and the Medical Gaze", James, V. & Gabe, J. (eds.) *Health and The Sociology of Emotions*, Blackwell, pp. 173-200, 1996
Copp, M. "When Emotion Work is Doomed to Fail: Ideological and Structural Constraints on Emotion Management", *Symbolic Interaction*, 21-3, pp. 299-328, 1998
Cornelius, R. R. *The Science of Emotion: Research and Tradition in the Psychology of Emotions*, Prentice-Hall, 1996(斉藤勇監訳『感情の科学――心理学は感情をどこまで理解できたか』誠信書房, 1999年)
Fox, N. "The Ethics and Politics of Caring: Postmodern Reflections", Williams, S. J. & Gabe, J. & Calnan, M. (eds.) *Health, Medicine, and Society: Key Theories, Future Agendas*, Roultledge, pp. 333-349, 2000
Himmelwelt, S. "Caring Labor", Steinberg, R. J. & Figart, D. M. (eds.) *The Annals of the American Academy of Political and Social Science: Emotional Labor in the Service Economy*, Sage, pp. 27-38, 1999
Hochschild, A. R. *The Maneged Heart: Commercialization of Human Feeling*, University of California Press, 1983(石川准・室伏亜希訳『管理される心――感情が商品になるとき』世界思想社, 2000年)
─── *The Second Shift: Working Parents and the Revolution at Home*, Penguin, 1989(田中和子訳『セカンド・シフト――アメリカ共働き家庭のいま』朝日新聞社, 1990年)
James, N. "Emotional Labour: Skill and Work in the Social Regulation of Feeling", *Sociological Review*, 37-1, pp. 15-42, 1989
─── "Care=Organization+Physical Labour+Emotional Labour", *Sociology of Health & Illness*, 14-4, pp. 488-509, 1992
Meerabeau, L. & Page, S. "Getting the Job Done: Emotion Management and Cardiopulmonary Resucitation in Nursing", Bendelow, G. & Williams, S. J. (eds.) *Emotions in Social Life: Critical Themes and Contemporary Issues*, Roultledge, pp. 295-312, 1998
O'brien, M. "The Managed Heart Revisited: Health and Social Control", *The Sociological Review*, 42, pp. 393-413, 1994
岡原正幸ほか編『感情の社会学――エモーション・コンシャスな時代』世界思想社, 1997年
Olesen, V. & Bone, D. "Emotions in Rationalizing Organizations: Conceptual

Notes for Professional Nursing in the USA", Bendelow, G. & Williams, S. J. (eds.) *Emotions in Social Life: Critical Themes and Contemporary Issues*, Roultledge, pp. 313-329, 1998

Putnam, L. L. & Mumby, D. K. "Organization, Emotion, and Myth of Rationality", Fineman, S. (ed.) *Emotion in Organization*, Sage, pp. 36-58, 1993

崎山治男『「心の時代」と自己――感情社会学の視座』勁草書房, 2005年

渋谷望『魂の労働――ネオ・リベラリズムの権力論』青土社, 2003年

Smith, P. *The Emotional Labour of Nursing: How Nurses Care*, Macmillan, 1992（武井麻子・前田泰樹監訳『感情労働としての看護』ゆみる出版, 2000年）

Sterns, C. A. "Empathy and Sympathy: Note on the Emotional Socialization of Nurses", *Free Inquiry in Creative Sociology*, 21-2, pp. 189-193, 1993

Strauss, A. L. et al. *Chronic Illness and the Quality Life*, The C. V. Mosby Company, 1984（南裕子監訳『慢性疾患を生きる――ケアとクオリティ・ライフの接点』医学書院, 1987年）

Thoits, P. "Managing the Emotions of Other's", *Symbolic Interaction*, 19-2, pp. 85-109, 1996

Treweek, G. L. "Emotion Work, Order, and Emotional Power in Care Assistant Work", James, V. & Gabe, J. (eds.) *Health and The Sociology of Emotions*, Blackwell, pp. 115-132, 1996

▎推薦文献

Hochschild, A. R. *The Maneged Heart: Commercialization of Human Feeling*, University of California Press, 1983（石川准・室伏亜希訳『管理される心――感情が商品になるとき』世界思想社, 2000年）
――感情の相互行為論と, フライトアテンダントの感情労働を描き出した感情社会学の主著。

Smith, P. The *Emotional Labour of Nursing: How Nurses Care*, Macmillan, 1992（武井麻子・前田泰樹監訳『感情労働としての看護』ゆみる出版, 2000年）
――看護職の感情労働に焦点をあてながら, その商品化, 教育, 実態などを暴き出した好著。

岡原正幸『ホモ・アフェクトス――感情社会学的に自己表現する』世界思想社, 1998年
――感情社会学の展開の可能性を, 感情の制御, 感情のコンフリクトなどに広げた快著。

第 12 章

健康と健全
――晒される生命の訴え――

早坂　裕子

　日本でも，そして諸外国においても，ある社会のなかで人びとの健康度を示すデータとして一般的に提示されるのは，特定の病気の罹患率や死亡率そして平均寿命などです。確かにそれらのデータは，その社会の保健医療システムやそこに生きる人びとの年齢構成そして社会経済状況や衛生行政などを含む複合的な様相を映し出すものといえましょう。そのことを念頭におきつつも，本章では敢えて角度を変えて，3つの側面から現代の日本人の健康度そして日本社会の健全度を考察して行きます。その3つとは「雇用の多様化と健康度」，「自殺」そして「過労死・過労自殺」についてです。

　健康が人の病の有無や心身の健やかさを基準としているのに対し，健全は環境や状況まで視野に入れた健やかさやバランスのよさを表す指標（バロメータ）であり，人と社会との関連性を強調する概念といえましょう。

1　雇用の多様化と健康度

▌雇用の多様化

　産業構造の再編，経済と雇用情勢の変化および人びとの就労意識の変化に伴う雇用の多様化により，非正規雇用労働者（パート，アルバイト，派遣社員，契約社員，嘱託，その他）が増加しています。

　総務省「平成25年労働力調査」によると，2013年の雇用者（役員を除く）に占める非正規雇用労働者の割合は36.6%と労働者の3人に1人が非正規雇用です。また性別でみると男性21.1%，女性55.8%と女性が多いことが顕著です。年代別では男性は15〜24歳が45.1%，65歳以上が69.9%と高くなっていますが，

その間の45～54歳までは年齢が上がるにつれて低くなっています。女性は25～34歳が41.1％と最も低く，年齢が上がるにつれて高くなり，65歳以上は73.7％となっています。

■ 健康への影響──青年労働者の実態

雇用の多様化が労働者の健康にどのような影響を及ぼしているか，特に35歳未満の青年労働者の実態について，非正規雇用労働者全国センターほかが共同で実施した調査により，その詳細が明らかになりました。

調査は2008年8月末～9月末に行われ，全労連と春闘共闘加盟組織の協力を得て3,263人分の回答が集まりました。分析対象者の属性は男性60.3％，女性39.7％で，年代は20代後半が40.1％と最も多く，30代前半は35.1％，20代前半は23.4％です。雇用形態は正規職員79.0％，非正規職員（パート，アルバイト，臨時，非常勤等の正規職員以外の合計）21.0％です。

雇用形態別の健康関連の調査結果について，特筆すべき点を以下に記載します。

①過去1年間でみた傷病による休暇・休業の状況と対応について

過去1年間で病気のため仕事を休む必要があったのは全体の40.9％で，実際に休んだ人は35.4％である。その内，正規雇用労働者は「有給休暇を使った」88.7％，「傷病手当を受給した」3.6％といった経済的保障があった人が92.3％を占めているのに対し，非正規雇用労働者では64.3％に留まり，「休んだために給与が無くなった」のは24.6％だった。また少数ながら非正規雇用労働者の1.2％が「休んだために職場から解雇された。失業した」と回答している。その他にも非正規では「生活のため休めなかった」5.4％，「健康保険が無いので病院に行かずに我慢した」2.7％といった回答が寄せられ，雇用形態によって療養できるかどうかの差があることが明らかになった。

②メンタルヘルスについて

CES-D抑うつ尺度日本語版により評価した抑うつ度を雇用形態別でみたところ，抑うつ状態にあたる16点以上の割合は正規男性52.7％，非正規男性51.7％，正規女性56.4％，非正規女性50.4％だった。男女とも大きな差異はなく，非正規の女性が最も精神健康度が高い状態にあることがわかった。

男女，雇用形態を問わず長時間労働は抑うつと関係しており，労働時間が週あたり「60時間以上」の労働者は抑うつ状態にある人が58.3％である。また，短時間の睡眠時間と抑うつは関係しており，1日4時間未満の睡眠時間しかとれていない労働者のうち74.1％が抑うつ状態にある。

　以上のデータから非正規雇用労働者は処遇格差の問題を抱えていることが明らかになりました。しかし，とりわけ非正規の女性は抑うつ度，さらには本章で割愛したストレス度などによって示される健康状態が良いことが示されています。
　その理由として，非正規女性の当該雇用形態を選択した理由（3つ以内）をみると，「正社員の仕事につけなかった」という回答が51.0％であり，「ある程度労働時間・労働日が選べるから」と答えた人が42.7％でした（非正規雇用労働者全国センターほか，2009）。
　厚生労働省が実施した「就業形態の多様化に関する総合実態調査」でも同様の傾向がみられ，「自分の都合のよい時間に働けるから」は2003年30.9％，2007年42.0％，2010年38.8％，「家計の補助，学費等を得たいから」は2003年35.0％，2007年34.8％，2010年33.2％のように推移しています。
　一方，「正社員として働ける会社がなかったから」は2003年25.8％，2007年18.9％，2010年22.5％と自己都合を下回っています。
　健康対策・社会保障等に関しては，自発的に非正規雇用を選んでいる人が存在することを勘案した上で検討する必要があるのではないでしょうか。非正規雇用のなかでも扶養家族の有無など，労働者がおかれている状況を詳細に把握し，施策に生かすことが求められています。

▌労働災害の急増
　喫緊の問題として派遣労働者の労働災害が急増しています。2013年に発生した派遣労働者の「労働災害」（労働者が業務遂行中に業務に起因して受けた業務上の災害のこと）による死亡または休業4日以上の負傷者数は3,152人であり，労働者派遣法に基づいて派遣が製造業務へ拡大した2004年の667人に比べ約4.7倍になっています。また2010年から3年間の労働災害による死亡者または休業4日以上の負傷者数をみると2,757人，3,002人，3,117人と，徐々に増加してきて

いることが解ります。業種別の発生状況を見てみると，製造業の全体に占める割合が56.9％と最も多く，次いで陸上貨物運送事業が13.8％となっています。

　総務省「平成25年労働力調査」によると，労働災害が最も多い生産工程従業者の（役員を除く）雇用者774万人のうち正規の職員・従業員は529万人で，非正規の職員・従業員（パート，アルバイト，派遣，契約，嘱託その他）が245万人と約32％を占めています。同年の派遣労働者の割合は，生産工程従事者では3.0％，輸送・機械運転従事者では1.8％，運搬・清掃・包装等従事者では3.8％となっています。

　このような推移が労働災害が増加した要因と考えられますが，職業訓練の機会が少ない派遣労働者の労働災害の問題も顕著となっています。これを受け厚生労働省は，派遣労働者の労働条件及び安全衛生の確保にあたり，派遣元事業主及び派遣先事業主が各自，または連携して実施すべき重点事項等について取りまとめた「派遣労働者に係る労働条件及び安全衛生の確保について」を2009年3月31日付で各都道府県労働局長あて通達しています。

　雇用の多様性に伴う諸問題は，一部の労働者の問題として捉えるべきではありません。顕在・潜在する問題を社会全体で共有し，解決・改善策を講じることが求められます。

2　自　殺

■ 自殺の国際比較

　日本の自殺率の高さは世界的によく知られています。これはこの国の社会文化的要因を伴って発現している非健全性の蔓延やその深刻さを表すものと考えられます。

　WHOが2014年に公表したデータによると，2012年の自殺率（同じ年齢構成として比較するための年齢調整後）1位であるガイアナの10万人あたり男女平均44.2人をはじめ北朝鮮，韓国などを含む国々に続き，日本は18.5人（2012年）で18位となっています。2000年の18.8より僅かに減少しています。

　OECD諸国の中では韓国の自殺率が最上位にあり，10万人あたり男女平均28.9人（2012年）と示されています。2000年の13.8人から大幅に増加している

のが注目されます。

　北欧でもっとも自殺率が高いフィンランドは14.8人，アメリカ12.1人，オランダ8.2人，イギリス6.2人（2012年）です。

　このような国際比較のデータを，どのように読みとればよいのでしょうか。

　Choi, Chen and Sawada の研究では，他の OECD 諸国と比べて，日本の自殺率には以下の特徴があると述べています。

　1）1人あたり GDP は男女それぞれの自殺率と負の相関がある。つまり，所得が低いことが自殺率の高さと関連している。その傾向は，中高年男性（45〜64歳，65歳〜）においてより大きくみられる。

　2）経済成長率が低いことと自殺率が高いことの間には強い相関関係がみられ，その傾向は特に中高年男性（45〜64歳，65歳〜）と25〜44歳の女性で強い。これらの層は所得低下のリスクに対して脆弱である可能性が高い。

　3）高失業率と高自殺率の正の相関関係については，男性（特に65歳以上の高齢者）の場合に強くみられる。

　しかし，以上の指摘同様に筆者が注目するのは，日本を含むほとんどの国では女性よりも男性の自殺率が圧倒的に高いことです。先述の国別データでは，10万人あたり，日本は男性26.9人，女性10.1人（2012年），韓国は男性41.7人，女性18.0人（2012年），フィンランドは男性22.2人，女性7.5人（2012年）です。

　WHO の先述のデータに記載されている172か国の内，中国，バングラディッシュ，イラク，パキスタン以外のすべての国で男性の方が圧倒的に多く自殺しているのです。このような自殺率の男女差は，あまり議論の対象となってきませんでしたが，自殺を多面的に考察する上では注目すべき事実ではないでしょうか。

　近年，人びとの健康問題に対して性差が注目される傾向にあり，日本でも男女の身体的な違い・危険因子（リスクファクター）の差異などによる疾患の発生や治療効果の差などに注目する「性差医療」が浸透してきています。「女性外来」，「男性外来」というクリニックの広告を目にすることも増えてきました。しかし自殺に関しては性差に関する議論がほとんどなされていないのが現状です。

　さらに自殺率を考えるうえでもう1つ重要な視点があります。それは安楽死

との関係です。オランダなど安楽死が合法化されている国においては自殺率との関係を詳細に検討する必要があります。

▌デュルケムの自殺論

　ここで社会学の古典であるデュルケムの『自殺論』（1897年）について振り返ってみましょう。彼は社会を「人びとの意識に還元することのできない独自の実在」として捉え，自殺を「社会的事実」として理解することを主張しました。自殺が一見，個々の理由を持ちえているようにみえたとしても，社会全体としては「集団の凝集性」が大きく関っていることを統計データを基に解明したのです。そして「集団の凝集性」の強弱は，人びとの「集合的感情」によって決定づけられること，一定率の人びとを自殺に追い込むような，そしてそれ以外の人びとを自殺から抑止している，この「集合的感情」というものによって，自殺は基本的に3種類に類型化できることを導き出しました。それらは「自己本位的」「集団本位的」「アノミー的」と名づけられました（注釈の中で「アノミー的」と対立するタイプとして「宿命的」という自殺類型について言及していますが，本節では省略）。

　「自己本位的」な自殺は，他人の迷惑を顧みず自己の利益だけを追求するというような，利己的な自殺という意味ではありません。極度の個人化つまり「個人が他者や集団との結びつきを弱め，自己のなかに閉じこもり，孤立化した状態」（宮島，1979，94頁）での自殺であり，このような集合的感情の希薄さは自己の生きる意義を見失いがちで，自殺への要因となりうるというのです。

　「集団本位的自殺」は「自己本位的自殺」の対極にあり，集団への所属によって引き起こされる自殺と理解されます。本人の自由意思ではない義務化された死，「個人が固有の自立した存在としてではなく，集合体に埋没し，従属しているような存在として位置づけられている」（宮島，1979，100頁）状況下でおきる自殺です。殉死はその典型といえるでしょう。

　「アノミー的自殺」は欲望の無規制による自殺であるとデュルケムは説明しています。ここでもむしろ超肉体的な欲望，社会的な欲望を自殺の要因として捉えているのです。経済的な発展は個々人の欲望への自制心を失わせ，無限の欲望へと駆りたてます。しかしその欲望を満たすことのできる人はほんの一部

であり,多くは不満,焦燥,苦悩,挫折などに直面せざるを得ません。宗教はその規制力の大半を失い,人間の欲望が神格化されているのです(宮島, 1979, 115-122頁)。

『自殺論』は自殺を初めて社会学的な視点で著した,当時としてはきわめて挑戦的なものでした。さらに今日の社会における自殺についても多くの示唆を与えていることに気づかされます。

日本の自殺

先述のように国際的にみた場合の日本の自殺率は高く,2012年のデータではアメリカの約1.5倍,イギリスの約3倍となっています。それでは国内の推移を経年的にみた場合はどうでしょうか。1983年から2013年までの男女別自殺率を「人口動態統計」を基に示したのが図12-1です。

経済企画庁によりますと1986年11月から1991年2月までが「バブル期」とされており,この間で男性の自殺率に若干の低下がみられたもののその後漸増し,1998年に10万人あたり男性が36.5人と急増しました。この数値は1899年に日本において初めて自殺率の統計を取り始めて以来,最も高いものとなりました(Aihara and Iki, 2003)。それ以降,2011年までは一貫して男女合計で3万人を超えていました。2012年からは14年ぶりに3万人を下回っています。

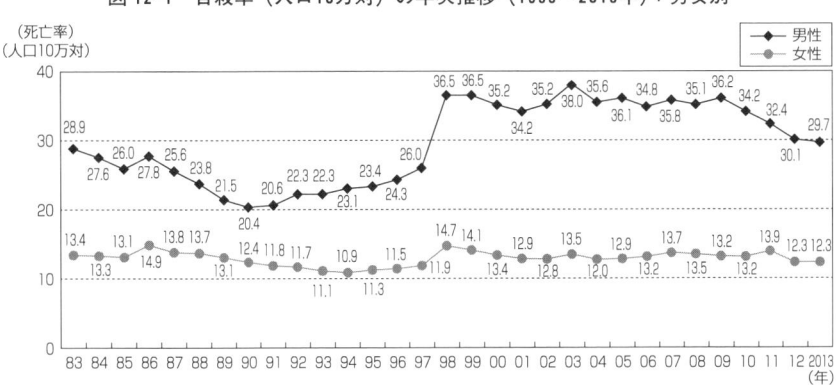

図12-1 自殺率(人口10万対)の年次推移(1983〜2013年):男女別

男性の自殺率(人口10万対): 83年28.9, 84年27.6, 85年26.0, 86年27.8, 87年25.6, 88年23.8, 89年21.5, 90年20.4, 91年20.6, 92年22.3, 93年22.3, 94年23.1, 95年23.4, 96年24.3, 97年26.0, 98年36.5, 99年36.5, 00年35.2, 01年34.2, 02年35.2, 03年38.0, 04年35.6, 05年34.8, 06年36.1, 07年35.1, 08年35.8, 09年36.2, 10年34.2, 11年32.4, 12年30.1, 13年29.7

女性の自殺率(人口10万対): 83年13.4, 84年13.3, 85年13.1, 86年14.9, 87年13.8, 88年13.7, 89年13.1, 90年12.4, 91年11.8, 92年11.7, 93年10.9, 94年11.1, 95年11.5, 96年11.3, 97年11.9, 98年14.7, 99年14.1, 00年13.4, 01年12.9, 02年12.8, 03年12.0, 04年13.5, 05年12.9, 06年13.2, 07年13.7, 08年13.5, 09年13.2, 10年13.2, 11年13.9, 12年12.3, 13年12.3

注:年齢調整なし。
出典:厚生労働省HP「人口動態統計(確定数)の概況」をもとに著者が作成。

図 12-2 年齢階級別自殺者数の推移（男性）

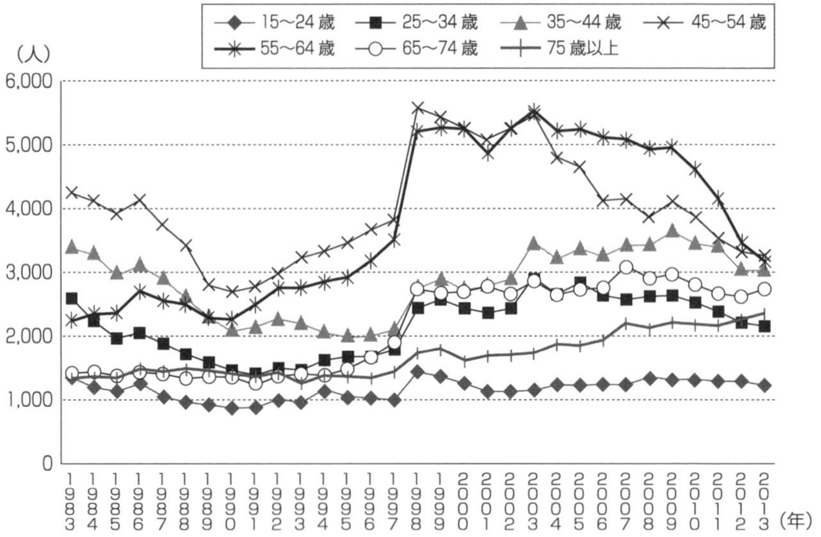

出典：厚生労働省 HP「人口動態統計（確定数）の概況」をもとに筆者作成。

①性・年代別自殺率

図 12-2 によると男性では15歳～24歳の年代は大幅な変動はみられません。25歳～34歳では1998年に急激な増加がみられ，その後2009年まで高止まりの傾向が続いていました。35歳～44歳では1998年に急激に増加し，それ以降は2011年まで高止まりしていました。45歳～54歳では1998年と2003年に山を形成しましたが，2004年以降は減少傾向にあります。55歳～64歳では1998年から2009年まで山の形成が続きましたが2010年以降は減少してきています。65歳～74歳では1998年に急増し，その後は高止まり傾向にあります。75歳以上の年代では急激な増加はみられませんが，漸増する傾向にあります。

図 12-3 に示されているように，女性については1998年にすべての年代で増加がみられましたが，男性のような大きな変動はないまま推移しています。また，75歳以上を除くすべての年代で男性より死亡率が低いことが解ります。女性の自殺率で注目されるのは，75歳以上が他の年代と比較して一貫して高いこと，そして年度によっては男性の同年代の自殺率より高い場合があることです。

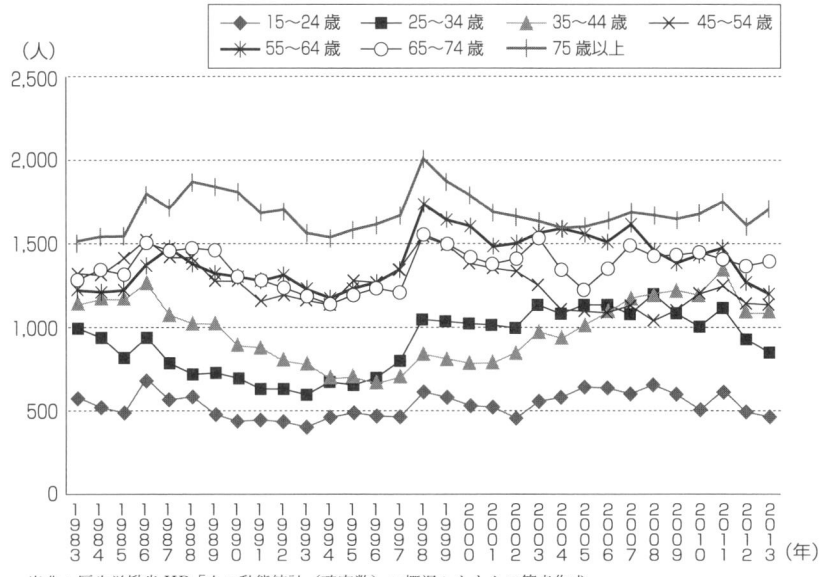

図 12-3　年齢階級別自殺者数の推移（女性）

出典：厚生労働省 HP「人口動態統計（確定数）の概況」をもとに筆者作成。

②職業別

2013年の自殺者をみると，「無職者」が16,465人（60.3％）と自殺者の半数以上を占め，次いで「被雇用者・勤め人」が7,272人（26.7％），「自営業者・家族従事者」2,129人（7.8％），「学生・生徒等」918人（3.4％）です（内閣府）。

③配偶関係

2011年の配偶関係別の自殺死亡率は，男女ともに「有配偶者」がすべての年代で総数よりも低くなっている一方で，「未婚」，「死別」，「離別」は各年代別の総数よりも高くなっています。特に30歳代から50歳代の男性の「離別」の場合に顕著です（内閣府）。

④原因・動機

2007年に遺書等の自殺を裏付ける資料により特定できる原因・動機を自殺者一人につき3つまで計上することとしたため，自殺者総数等とは一致しないことが前提となります。

2013年の状況としては，原因・動機を特定できたのは20,256人（74.2％）で

した。「健康問題」が最も多く，13,680人，「経済・生活問題」が4,636人，「家庭問題」が3,930人，「勤務問題」が2,323人，「男女問題」が912人，「学校問題」が375人，「その他」が1,462人となっています（内閣府）。

「健康問題」の中では，うつ病による悩み・影響が5,832人と最も多く，「経済・生活問題」の中では生活苦が1,277人，「家庭問題」では夫婦関係の不和が1,002人，「勤務問題」では仕事疲れが649人で最多を占めています（内閣府）。

▍自殺と社会経済的背景の研究

日本では，なぜこれほどまでに自殺が増えているのでしょうか。先述したデュルケムの「自殺の3類型」と関連付けて考察してみると，どうでしょうか。彼が『自殺論』を著してから1世紀以上経過しているわけですが，時代を超えて，自殺と社会との関りがいかに強いかを改めて考えさせられるのではないでしょうか。

日本における自殺と様々な社会経済状況との関連を統計的に明らかにした先行研究では，特定の年代，性別における自殺率と完全失業率との関係を検討したもの（谷畑ほか，2003）や，自殺率と都市化の度合いとの関係を調査したもの（久保田ほか，2007）（野原ほか，2003）（本橋，1999）などがあります。

▍自殺実態白書2013

「自殺は人の命に関わる極めて個人的な問題である。しかし同時に社会的な問題であり，社会構造的な問題でもある」として実践的な自殺対策に取り組むNPO法人ライフリンクと自死遺族支援活動家，弁護士，研究者などで構成する「自殺実態解析プロジェクトチーム」は，2007年7月〜2013年10月までに実施した自殺者523人の遺族への聞き取り調査を基に「自殺実態白書2013」を公表しています（同法人HP）。

その一部は以下の通りです。
① 自殺の危機要因となりうるものは69個ある。自殺で亡くなった人は「平均3.9個の危機要因」を抱えていた。
② 職業等の属性により「自殺の危機経路（プロセス）」に，一定の規則性がみられた。

③最初の危機要因（出発要因）の発現から自殺で亡くなるまでの日数は，職業等の属性によって大きく異なり，「自ら起業した自営業者」が最も短く，50％が2年以内に亡くなっていた。
④正規雇用者（正社員＋公務員）の25％は，配置転換や昇進等の「職場環境の変化」が出発要因となっていた。
⑤うつ病は，自殺の一歩手前の「要因」であると同時に，他の様々な要因によって引き起こされた「結果」でもあった。
⑥実は，自殺で亡くなった人の多くが「生きよう」としていた。亡くなる前に行政や医療の専門機関に相談していた人は70％に上った。

NPO法人ライフリンクは，政府機関・研究機関等と連携して自殺を重要な社会問題と位置づけ，原因の究明と予防に積極的に取り組んできています。その活動が日本の自殺率の減少に大きく貢献したことは，2014年にWHOの報告書「自殺の予防：国際的な急務」の中でも注目すべき事例として採り上げられています。

3　過労死

■ 過労死の現状

過労死とは，仕事による過労・ストレスが原因の1つとなって，脳・心臓疾患，呼吸器疾患，精神疾患等を発病し，死亡または重度の障害を残すにいたることを意味します（過労死110番全国ネットワーク）。

同ネットワークは1988年から「過労死・過労自殺・過労疾患110番全国一斉電話相談」を行っています。弁護士，過労死にくわしい医師，カウンセラーなどが相談を受け付けており，2003年以降は大体年2回のペースで実施されています。2009年6月の「110番」にはは全国30の都道府県で276件の相談が寄せられました。内容としては労災補償相談（死亡または療養）が114件，過労死予防・過重労働相談93件などでした。相談の対象となっている人は男性の30代～50代が大多数を占めているとのことです。

具体的な相談内容としては，コンビニとマンション管理の仕事を掛け持ちで行い，深夜勤務や不規則勤務を続け，致死性不整脈により突然死した30代男性

のケース，研究者として毎日深夜まで働き，最終バスで帰宅，部下とのトラブルも重なってうつ病を発症し自殺した40代男性のケースなど，あらためて状況の深刻さが訴えられています。

■ 労働者災害補償保険（労災補償）

　労災補償の対象となる業務上の身体的な疾病（死亡も含む）かどうかの認定基準は，2001年に改定された「脳血管疾患及び虚血性心疾患等（負傷に起因するものを除く）の認定基準」に基づきます。対象となるのは，脳血管疾患（脳出血，くも膜下出血，脳梗塞，高血圧性脳症）と虚血性心疾患等（心筋梗塞狭心症，狭心症，心臓性突然死を含む心停止，解離性大動脈瘤）に限られています。

　改定前は，発症前一週間の就労状況に着目し，長期的・慢性的な疾病の悪化は主として生活習慣病とみなし，業務との関わりを否定する傾向にありました。しかし，改定により，短期間の過重業務への就労だけではなく長期間の過重業務への就労にも注意を払い，発症前おおむね6か月の疲労の蓄積具合にまで評価期間を拡大しました。

　どの程度の時間外労働があれば過労死と判断されるかについても「発症前1か月間におおむね100時間以上」「発症前2か月ないし6か月間に1か月あたり，おおむね80時間以上」と具体的な数字を明らかにしました。

　また，これまでは業務の過重性を「業務量，業務内容，作業環境等を総合的に判断する」と抽象的にしか評価していませんでしたが，改定後は，長時間労働，不規則な勤務，深夜勤務，作業環境（温湿度・騒音・時差など），精神的緊張の必要性（ノルマの有無など），出張頻度などを総合的に評価することになりました（厚生労働省「脳・心臓疾患の認定基準の改正について」平成13年12月12日：「疾病労災の労災認定の基準」http://www.fujisawa-office.com/rousai4.html）。

　図12-4は近年の労災認定件数を示しています。2013年に認定された人の特徴は，年代別では50代の人が多く全体の35％，職種別では輸送・機械運転従事者が多く全体の31％でした。同年の認定者306人の内148人（48.3％）は残業が月平均100時間以上だったとのことです。残業時間がより少ない人も含めて全認定者中133人は死亡に至っています（厚生労働省）。

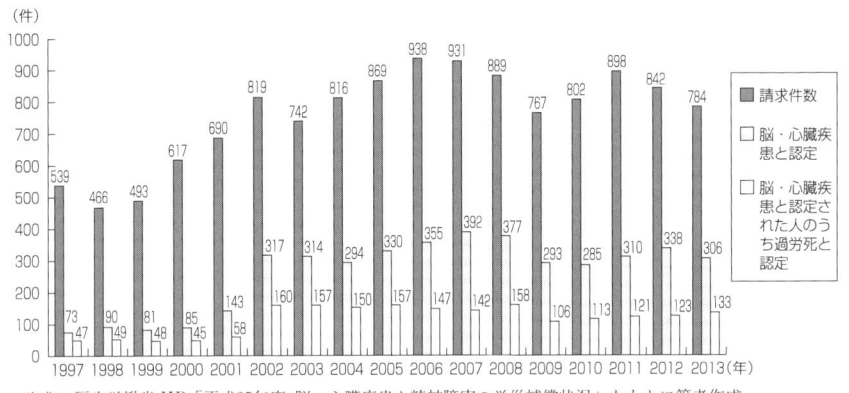

図 12-4 脳・心臓疾患に係る労災認定件数の推移

出典：厚生労働省HP「平成25年度 脳・心臓疾患と精神障害の労災補償状況」をもとに筆者作成。

　過労死の問題が社会問題としてクローズアップされてから20年が経過しているわけですが、なぜこのような状況が続いているのでしょうか。過労死研究者である大野は、この20年で労働者一人ひとりが分断化され、孤立化してきており、そのなかでノルマやプレッシャーを一人で背負い込んでいることが要因の1つであると述べています。

　さらに背景としては、労働者が身をおいている職場集団の協調性や緊密性などが弱まっており、日本企業の特徴としての「分担のあいまいさ」が特定の人たちを果てしない労働に追いやり、他方では自己中心的、他人任せで仕事をしない人たちをつくりだしています。かつての職場では「分担のあいまいさ」があったからこそ労働者間の相互配慮性を引き出し、お互いに協力し合っていましたが、その職場集団性が大きく変化しました。その結果「職場・社会環境の二極分化」につながってくるような「仕事格差」が生じているというのです。そして、国民経済規模でのワークシェアリングだけでなく、職場集団内のワークシェアリングもしくは平準化が必要だと訴えます（大野, 2008）。

▌過労自殺

　過労自殺とは、仕事による疲労がたまり、過労による大きなストレスを受けて、場合によっては「うつ病」を発病し、自殺に至ることです（過労死110番全国ネットワーク）。

図 12-5　精神障害等に係る労災認定件数の推移

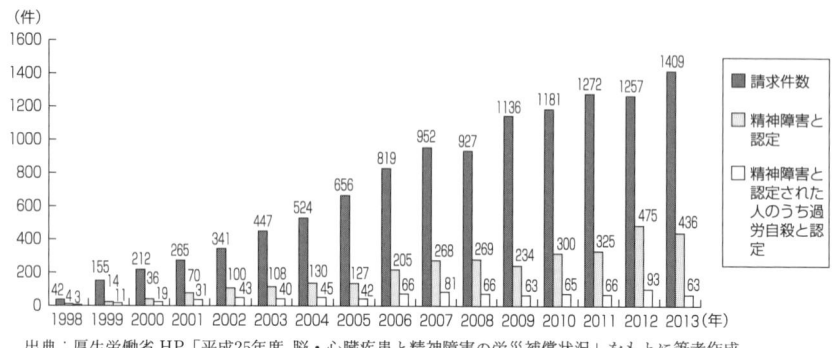

出典：厚生労働省 HP「平成25年度 脳・心臓疾患と精神障害の労災補償状況」をもとに筆者作成。

　過労自殺は過労死の一種であり、川人はこれを「現代日本の職場の矛盾のあらわれ」と述べています（川人，1998）。近年の推移は図 12-5 の通りです。

　労災補償の対象となる業務上の精神疾患（自殺も含む）かどうかの認定基準は、1999年の「心理的負荷による精神障害などに係る業務上外の判断指針」に基づくことになっています。

　対象疾患は、国際疾患分類（ICD-10）で「精神および行動の障害」に分類されている精神障害であり、具体的には、うつ病などの気分（感情）障害、ストレス関連障害、神経症性障害、統合失調症、妄想性障害、症状性を含む器質性精神障害などです。

　労災認定の対象となるのは以下の3つの条件をすべて満たす場合です。
①上記の精神障害を発症していること。
②発症前のおおむね6か月間に、客観的にみて、その精神障害を発症させるおそれのある業務に強度の心理的負荷が認められること。
③業務以外の心理的負荷および個体側要因（既往歴、生活史〔社会適応状況〕、アルコール等依存状況、性格傾向）により当該精神障害を発病したとは認められないこと。

　図 12-5 に示されていますが、2013年に認定された人は436人で、前年よりは少ないとはいえ、それ以前と比較すると大幅に増加していることが解ります。認定された人の特徴は、年代別では30代が161人（36.9％）、次いで40代106人（24.3％）、20代75人（17.2％）と働き盛りの世代が目立ちます。職業では専門

表12-1　過労自殺した労働者が従事していた産業及び職業別分布

産　業		職　種	
農林漁業	0名	専門的・技術的職業従事者	16名
鉱　業	0	（SE等3，建設コンサル3，医師2）	
建設業	5	管理的職業従事者	9
製造業	5	事務的職業従事者	5
電気・ガス	3	販売職業従事者	3
運輸・通信	1	サービス職業従事者	4
卸・小売	4	保安職業従事者	0
金融・保険	2	農林漁業従事者	0
不動産	1	運輸通信職業従事者	0
サービス	9	技能・単純職業従事者	0
公　務	4	その他分類不能	0
その他	3（情報）		

出典：上畑鉄之丞，天笠崇「過労自殺事例からみた自殺要因にかかわる研究」『社会医学研究』24，2006年，3頁，表1をもとに筆者作成。

的・技術的職業従事者が104人（23.9％）と最も多くなっています（厚生労働省）。

　精神障害の労災認定は，対象労働者及びその家族の内面心理やプライバシーの調査を避けて通れないため，認定までに時間がかかるという問題があります。厚生労働省は，審査の迅速化や効率化を図り，6ヶ月以内の決定を目指すことを目的として，2011年12月に新しい認定基準を策定しました（厚生労働省「心理的負荷による精神障害の労災認定基準を策定」2011年12月26日）。

　上畑と天笠は，2002年から2年間，過労自殺の労働者の事例について遺族代理人からインフォームドコンセントを得て，37事例に関する背景についての調査を行いました（表12-1）。その結果，業務上ストレス関連の12のストレスフルイベント（以下イベントと記す）要因と1つの個人的要因とに分類することができました（表12-2）。

　さらに，表12-3に示したように，過労自殺者の身体不調への家族，同僚，上司の気づきの有無については，家族だけが気づいているケースが多く，上畑・天笠は，防止のためには職場のみでなく，家族が相談しやすく，かつプライバシーにも配慮された地域の「場」の確保が急務であると述べています。保健所や精神保健福祉センターに加え，保健センターの窓口などを活用し，より

表12-2 ストレスフルイベントの頻度とその大きさ

項目	イベント総数	%	イベントの大きさ（内訳）		
			著しく大きい	非常に大きい	大きい
長時間不規則労働	30	81.1	15	12	3
予期し得なかった重大な出来事	16	43.2	8	4	4
いやがらせ，ハラスメント	16	43.2	14	1	1
仕事目標が達成できないストレス	15	40.6	11	3	2
過大な仕事責任	13	35.1	5	5	3
不本意な配置転換	10	27.1	5	2	3
昇進・昇格ストレス	9	24.3	1	4	4
人間関係のトラブル	8	21.5	5	2	1
職場サポートの喪失	7	18.9	1	3	3
初めて経験する仕事	6	16.2	1	2	3
単身赴任	6	16.2	0	1	5
その他の仕事上の出来事	9	24.3	5	3	1
本人・家族の病気や生活ストレス	12	32.4	3	8	2

出典：上畑鉄之丞，天笠崇「過労自殺事例からみた自殺要因にかかわる研究」『社会医学研究』24，2006年，6頁，表3をもとに筆者作成。

表12-3 身体不調への家族，同僚，上司の気づきの有無

家族	同僚	上司	件数	%
有	有	有	1	2.7
有	有	無	7	18.9
無	有	有	0	0.0
有	無	有	1	2.7
有	無	無	17	45.9
無	有	無	2	5.4
無	無	有	1	2.7
無	無	無	8	21.6

出典：上畑鉄之丞，天笠崇「過労自殺事例からみた自殺要因にかかわる研究」『社会医学研究』24，2006年，7頁，表7をもとに筆者作成。

多様な相談体制を構築するよう提言しています（上畑，天笠，2006）。

また，1983年から2000年までに発生した過労自殺22ケースの分析においても，自殺者の年齢は24歳～54歳，職業は企業労働者，教員，公務員などであったが（内1人を除く21人が中位の管理職），長い勤務時間，過重な負担（ワークロード）を担っていたことが解りました。さらに11人（50％）は精神疾患を発症する前に，そして残りの11人は過労自殺を決行する前に，昇進や転勤などのライフイベントを経験していたことが明らかになりまし

た（Amagasa, Nakayama & Takahashi, 2005）。

　川人は，多くの識者により日本企業と軍隊が類似の組織的特徴を持っていると指摘されてきたことに言及しつつ，「中高年労働者の過労自殺は，直接的には，過労とストレスから起こるものであるが，その根底には個人の会社に対する強い従属意識があり，会社という共同体に精神面でも固く繋縛（けいばく）された状況があるといえる。その意味では，これを「会社本位的自殺」と呼ぶことが可能であろう」と述べて，デュルケムの「集団本位的自殺」と通底する側面を凝視しています（川人，1998）。

　以上のように，本章では現在の日本社会における大きな課題についてみてきました。健康を害してしまった，あるいは死を選ばざるを得なかった人びとが，どのような形で社会や他者と関わり，どのような過程を経て当該の状況にいたったのか，その一つひとつを辿ることには大きな意味があります。特に医療・看護・福祉を学ぶみなさんにとって，日本人の健康度の背景ともなっている，この日本社会の「健全度」や関連する諸問題への理解が深まることを心から願っています。

> コラム
>
> ### 厚生労働省「人口動態統計」と警察庁「自殺の概要」
>
> 　自殺のデータを調べる際にしばしば混乱させられるのは，統計をとっている厚生労働省と警察庁とのデータの取り方の違いです。以下に列挙してみます。
> 　1．調査対象者の差異
> 　　厚生労働省では，日本における日本人を対象としているのに対し，警察庁では，総人口（日本における外国人も含む）を対象としている。
> 　2．調査時点の差異
> 　　厚生労働省では，住所地をもとに死亡時点で計上しているのに対し，警察庁では，発見地をもとに自殺死体発見（正確には認知）時点で計上している。
> 　3．事務手続上（訂正報告）の差異
> 　　厚生労働省では，自殺，他殺あるいは事故死のいずれか不明の時は，自殺以外で処理をしており，死亡診断書等について作成者から自殺のむね訂正報告がない場合は，自殺に計上していない。それに対し，警察庁は，死体発見時に自殺，他殺あるいは事故死のいずれか不明のときには，検死調書または死体検分調書が作成されるのみであるが，その後の調査等により自殺と判明した時は，その時点で計上する。
> 　以上のように両者のデータには大きな違いがあり，「どちらを基準とすべきか」は悩ましい問題です。どちらに依拠するかによって数値が異なりますので注意が必要です。なお，内閣府によりますと，WHOで公表しているデータは厚生労働省の報告に基づいているそうです。

引用・参考文献

Aihara, H and Iki, M. "An Ecological Study of the Relations between the Recent High Suicide Rates and Economic and Demographic Factors in Japan", *Jornal of Epidemiology*, 13(1), pp. 56-61, 2003

Amagasa, T. Nakayama, T. & Takahashi, Y. "Karojisatsu in Japan: Characteristics of 22 Cases of Work-Related Suicide", *Jornal of Occupational Health*, 47, pp. 157-164, 2005

Choi, Chen and Sawada "How is Suicide Different in Japan", forthcoming, Japan and the World Economy, 2008（自殺実態解析プロジェクトチーム『自殺実態白書2008　第二版』2008年）

非正規雇用労働者全国センター・働くもののいのちと健康を守る全国センター・労働運動総合研究所『青年の労働と健康実態調査報告（抜粋）』2009年（http://www.cwac.jp/blog/files/SKMBT_60009080309180.pdf）

自殺実態解析プロジェクトチーム『自殺実態白書2008　第二版』2008年
「過労死110番全国ネットワーク」(http://karoshi.jp/)
川人博『過労自殺』岩波新書，1998年
久保田晃生ほか「静岡県内における自殺死亡の地域格差および社会生活指標との関連」『厚生の指標』54(3)，29-36頁，2007年
毎日新聞「安楽死が始まる　オランダの経験④」2002年2月2日
宮島喬『デュルケム　自殺論』有斐閣，1979年
本橋豊「秋田県の自殺死亡の地域格差と社会生活要因に関する研究」『厚生の指標』46(15)，10-15頁，1999年
内閣府『平成23年版自殺対策白書』2011年（http://www8.cao.go.jp/jisatsutaisaku/whitepaper/w-2011/pdf/index.html）
野原勝ほか「自殺の地域集積とその要因に関する研究」『厚生の指標』50(6)，17-23頁，2003年
大野正和ほか「〈座談会〉過労死・過労自殺の実効的対策のあり方」『労働法旬報』，1666，6-48頁，2008年
「疾病労災の労災認定の基準」(http://www.fujisawa-office.com/rousai4.html)
谷畑健生ほか「自殺と社会背景としての失業」『厚生の指標』50(8)，23-29頁，2003年
上畑鉄之丞，天笠崇「過労自殺事例からみた自殺要因にかかわる研究」『社会医学研究』24，1-10頁，2006年
WHO "Suicide rates per 100,000 by country, year and sex"（http://www.who.int/mental_health/prevention/suicide_rates/en/）"Inappropriate euthanasia" The Lancet, 361, pp. 149, 2003
読売新聞　東京版「「心の病」で労災308人　昨年度，過去最多　申請者は1,181人」2011年6月15日

推薦文献

上畑鉄之丞『過労死サバイバル』中央法規出版，2007年
——30年以上にわたり医師として過労死・過労自殺の問題に取り組んできた著者が，自ら労災意見書を作成した多くの事例を通して過労死の理由や背景を追及し，国や企業がとるべき対策を提言しています。

大野正和『過労死・過労自殺の心理と職場』青弓社，2003年
——タイトルに「心理」とありますが「心理療法」の話ではありません。働く人びとの「心的過程」を追っているのです。過労死研究者である著者は，日本型の責任境界が曖昧な「柔軟な職務構造」や歪んでしまった「職場集団性」により，特定

の労働者が過労死・過労自殺にいたった軌跡を読み解いています。

川人博『過労自殺』岩波書店，1998年
　——労働者はなぜ極限まで追い詰められるのか．組織の論理，社会の構図，労災行政などに鋭いまなざしで切り込む，弁護士である著者による良書です．

第 13 章

NPO・ボランティア
──「良心的支持者」からなる集合行為──

本郷　正武

　ボランティアと，受け入れるNPO・市民活動とのあいだには様々な「緊張」があります。「こんなはずじゃなかった」と感じるボランティアと，ボランティアが増えない，しかも定着しないという悩みを抱えたNPO・市民活動。このようなミスマッチングが起こるのはなぜなのでしょうか。より一般的な枠組みでいえば，直接の利益を得られないにも拘らず活動に関与する「良心的支持者」になる，あるいはなってもらうにはどのような仕組みが必要なのでしょうか。本章では，この仕組みを伝統的ボランティア観が想定する「純粋な動機で他人のために無報酬で行動する人」という枠を超えたスポーツ・ボランティアとホスピス・緩和ケアのボランティアの事例から考えていきます。

1　スポーツ・ボランティアはどこからやってくる?

▌イベント・ボランティア

　ワールドカップや世界選手権といったメガ・イベントが日本で開催されています。世界各国からトップアスリートたちが集結する大規模スポーツ・イベントは，競技を純粋に楽しむほか，地域の経済振興やインフラ整備など，様々な思惑が交錯する場になっています。オリンピックの大々的な誘致活動にも象徴されているように，近年，スポーツ・イベントの商業化は加速度的に進展しているといえるでしょう。

　その一方で，各国のアスリートや関係者，観客をもてなすホスピタリティが開催者に求められたり，イベントを住民・市民が支えるべきであるという側面が強調されます。ここで必要とされるのが，「イベント・ボランティア」と呼

ばれる人びとです。彼女ら／彼らは，NPOや市民活動で活動しているような，ある程度継続的に活動を担うボランティアとはいえません。むしろ，災害救援ボランティアのように，緊急時にその姿を現すような「潜在的なネットワーク」に属しているといえるかもしれません。阪神・淡路大震災（1995年）以降，地域の防災ネットワークを構築する動きが定着しつつあるように，いざという時に頼りになるのは，必ずしも実感をともなっていないかもしれない，日頃からの人と人とのつながりでした。いわば地域にとって「よそ者」であるボランティアは，地域住民同士の支え合いを気づかせ，さらには促進する役目を担ったのです。

それでは，メガ・イベントを支えるスポーツ・ボランティアは，どのようにして集まってきて，具体的にどのような活動を担っているのでしょうか。

スポーツ・ボランティアの受け入れ

イベント・ボランティアには，言語や医療に関する専門性をもった人，受付や観客やメディアの対応と案内，記録などを行う人とがいます（森，2008：300）。後者のボランティアは，段取りをよく理解してないとスムースに対応できないという点では，事前準備が欠かせませんが，特に前者は，大規模な国際大会であればあるほど，より高度な能力が求められることになります。それゆえ，スポーツ・ボランティアの実働期間は単発で短期間とはいえ，大会当日に思慮深く活動するために，実際には長期間の準備・研修期間が必要とされるのです。このように考えると，表面上は一時的な活動にみえるスポーツ・ボランティアも，長期間にわたりコミットメントが求められますし，ボランティアを受け入れる運営側にも相応のマネジメント能力が問われてくることになります。

例えば，全国高等学校体育大会（インターハイ）や国民体育大会など，都道府県で開催が持ち回りになるスポーツ・イベントから，ワールドカップやオリンピックなどのメガ・イベントまでに共通する開催の必須要件は，選手・関係者の「食・住」の確保です。「住」に関しては，ホームステイの受け入れから，「選手村」と呼ばれるような居住施設の建設まで多岐にわたります。このことは，開催地域の住民以外の外部からやってくるスポーツ・ボランティアにとっても同じことです。イベント当日の弁当を遺漏無く確保し，夏場であれば食中

毒に気をつけたりするだけでも大変な労力と配慮が必要なはずです。

ボランティアの受け入れのためには，ここまで必要なのかと驚いた人もいるかもしれません。さらに，常時雇用者と異なり，自発的にボランティアとして活動参加しているという固有の特質があるがゆえに，いざという時に「拒否権」を発動できる点があります。このボランティアの流動性は，ボランティアの受け入れを複雑かつ困難にさせます。ボランティアは自ら進んで行動する「自発性」が活動の起点であり，それゆえ意に沿わないというだけで活動から降りてしまうことも可能です。もちろん，ボランティアといっても，アスリートや観客に対するホスピタリティを示すためには，時間を守ったり，決められたルールを守るなど相応の責任を背負うことは必要です。このようなボランティア活動に継続的に関ってもらうためにできる工夫とは何なのでしょうか。

▎ボランティアをつなぎとめる工夫

大事な人との語らいやふれあいが，その人にとって貴重な体験や記憶となって蓄積していくのと同様に，ボランティアにとっても，活動で助けられたり，よろこばれた人からの言葉が活動を継続する支えになることは往々にしてあるでしょう。活動の対象となるエンドユーザーとのコミュニケーションから得られるやりがいのようなものから進んで，さらには，共通の体験や記憶を持ったボランティア同士の交流が，ボランティア活動へと駆り立てる要因の1つとしてはたらくことも指摘されています（森，2008）。

平たくいえば「友だちづくり」であるボランティア同士の交流は，確かに本来の活動目標からは外れ，時に「不純な動機」として敬遠されてしまう側面もあるでしょう。しかし，「選手を生で見られる」といった不純とされる参加動機は，事前準備や研修，さらには実際の活動を通じて，適切な「動機の語彙」

▶ 動機の語彙

ミルズが「われわれは，いろいろな状況に対する行為の準則や規範に相伴って，その状況に適した動機の語彙を学ぶ」（Mills, 1971）というように，動機を語る語彙はとかく「あとづけ」されがちなものです。活動参加を尻込みする人に対して，「最初，自分はパートナー探しでここに来たんだよ」といった不純な動機を語るのは，参加への「敷居の低さ」を示すためだったりします。逆に，ボランティア希望者が怪しまれないように，進んで自分の不純さを取り繕うかもしれません。

（Mills, 1971）をもって「再構成」されることがあるように，最終的にはボランティア同士の交流も第一義の目標にはなりません。むしろ，交流を通じて形成されたネットワークが，その人の人生を豊かにすると共に，別のイベント・ボランティアを呼びかける際の重要な経路となって立ち現れることになるのです。一度でもイベント・ボランティアを経験した人は，ノウハウをもった貴重な「戦力」になります。せっかくのスキルが一度きりのイベントで消費されてしまうのは惜しいという観点からも，このようなネットワークを形成する意義は大いにあるでしょう。

　ネットワークづくりを促進するのは，意外なようですが，同じユニフォームであったり，記念品であったり，ボランティアと運営側のスタッフが一同に会する解散式のような場がきっかけであったりします（森，2008）。体験や記憶の共有は自動的に与えられるものではありません。実際にはまだこのようなイベント・ボランティアのネットワーク形成と，その活用は十分ではないようですが，地方にフランチャイズをもつクラブチームを草の根的に支え，振興するカギはここにあります。

▌社会関係資本

　私たちは集団でいるイベント・ボランティアの表面的な活動につい目を奪われがちですが，ボランティアたちが張り巡らせている潜在的なネットワークの機能についてももう少し知る必要がありそうです。ボランティア活動を通して形成されたネットワークは，目に見えないものでありながらも，その人がもつ固有の能力のようなものとして，時に機能します。ここには，教育程度や資質をあらわす「人的資本」，家庭で引き継がれる文化的財である「文化資本」とは異なる，人間関係に埋め込まれた資源としての「社会関係資本（social capital）」があり，それがボランティア活動に投入，活用されていることがわかります。言いかえれば，ボランティアを結びつける社会関係資本にいかにはたらきかけるかが，経験豊富なイベント・ボランティアを集めるのに重要であることになります。

　社会関係資本には，ある集団の結束を強めるような「結束型社会関係資本」と，いくつもの集団や多様な経験をもった人びとを結びつける「橋渡し型社会

関係資本」とに大別できます (Putnam, 2000)。個々のスポーツ・イベントで形成される社会関係資本を「結束型」であるとすれば，他のイベント・ボランティアとつながることで形成される社会関係資本は「橋渡し型」となります。先に説明した，ボランティア活動を通じて蓄積したスキルの伝承は，結束型の社会関係資本では1回きりのイベントでしか活用されないことになりますが，橋渡し型の社会関係資本の場合であれば，他のイベントでも活用される機会が開かれることになるでしょう。他方，共通の体験や記憶を持つためには，まずもって結束型社会関係資本が形成できていなければならないことになります。

社会関係資本概念からすると，▶NPO・市民活動とはボランティアが交わる結節点のようにみえてくるでしょう。出入りが多く流動性が高いボランティアは，NPO側からすればつかみどころのない存在に思えるところですが，何らかの社会関係資本を持った人びとと捉えることで，いつでもネットワークにアクセスすることにより，経験豊かなボランティアを集めることができると考えることもできます。

2 ただ「いるだけ」のボランティア

▎伝統的ボランティア観

みなさんはボランティアを「純粋な動機で他人のために無報酬で行動する人」であると多かれ少なかれ暗黙の前提として考えているかもしれません（本郷，2004）。最初の参加動機が不純でも，活動を通じて動機が「調整」されることは先に述べた通りですが，「他人のために無報酬で行動する」という点は，事業費を調達（ファンドレイジング）するNPO・市民活動の活動理解を妨げてきたといえます。ボランティア活動には，活動場所までの交通費や研修のため

▶ NPO・市民活動

本章でNPO＝Non Profit Organizationと市民活動を並記しているのは，「特定非営利活動法人（NPO法人）」や，一定の公益性の基準を満たした「認定NPO法人」のほかに，法人格を有していないグループがあることを念頭においてのことです。他方，NGO＝Non Governmental Organizationは，もともと国連の登録団体をさす呼称でしたが，現在は，政府・行政との区別を強調する際や，国際貢献などグローバルに活動する団体をさしてNGOといいます。

のテキスト代，さらにはイベント会場や事務所スペースの使用料など，ボランティア個人やNPO・市民活動の「持ち出し」ではとてもまかなえない金額が活動には必要です。そのためNPO・市民活動は，寄付金や会費，行政や民間財団からの助成金，さらにはイベントの参加費などの事業収入から活動費を捻出することになるわけです。ここには，ボランティア活動は無償でなくてはいけないということに縛られた段階から，事業収入を得ることによって活動を継続させ，モチベーションの高いボランティアを確保する段階へと活動が展開していることがわかります。

　他方，活動的なボランティアを多く抱えた医療福祉分野でも，無償であることがかえって活動の展開や深化の「足かせ」になってきたといわれています。1990年代以降，福祉政策の見直しから，「住民参加型」の福祉が求められ，行政主導でボランティアの育成が進められました。育成されたボランティアは安価な「有償ボランティア」として動員され，ヘルパーのような専門職へと進む道も阻害されることになりました（田代，2007）。このような，安上がり福祉を肩代わりする「マンパワーとしての（有償）ボランティア」という位置づけは，伝統的ボランティア観に絡めとられてしまった姿とはいえないでしょうか。

ホスピス・緩和ケアでのボランティア

　人の生老病死と向きあう過酷な医療福祉の現場では，安い賃金で働かされるボランティアの存在は軽視されてしまっているのでしょうか。ここでは，ボランティアの持つ可能性の芽を摘むような「マンパワーとしてのボランティア」という位置づけに抵抗する動きを紹介します。

　患者の治癒を目標とし，死を忌避する医療のあり方に対して，死を迎えつつある末期患者の痛みを和らげ，QOL（Quality Of Life）を高めることを目的とする「ホスピス・緩和ケア」が今日展開されるようになっています。ホスピス・緩和ケアは「末期の患者を主たる対象とした新しいケアのシステム」であり，スピリチュアルな側面や，患者を取り巻く家族なども含めた全人的ケアを目指すものです（田代，2007，124頁）。それゆえ，医療だけでは及ばない部分にも配慮する必要が出てくるため，ここにボランティアに固有の役割が与えられることになります。

アメリカでは，ボランティアが医療チームに入っていないとホスピスは認可されないように，ボランティアの役割はかなり大きく，重要な位置を占めていることがわかります。患者の完全な治癒を目標としないにせよ，適切な医療行為を行う医師や看護師などに加えて，ボランティアの果たす役割と機能とは一体何なのでしょうか。

社交としてのボランティア

ホスピス・緩和ケアで活動するボランティアは，医療者が基本的にタッチできない患者領域を担っています。それは，患者の「生活（史）」であり，医療「外」的な要素を多分に含んだ領域です。例を挙げましょう。脚が不自由で病室から外に出るのもままならない患者がいたとします。行動範囲が狭まることで，他者とのコミュニケーションの機会は必然的に激減するでしょう。他の患者も看なくてはいけない多忙な医療者とのコミュニケーションは，基本的に医療「内」で収まることになるでしょうから，患者は退屈してしまう。そこでもし，新しい「他者」が現れたら，自己紹介でも世間話でもかまわないのですが，自分の心を開いて話す機会が訪れることになります（田代，2007）。とかく，病院や施設は「管理」に重きがおかれ，徘徊してしまう患者や高齢者を物理的に拘束することがありますが，よかれと思って施した医療により，かえって精神や心までをも縛り付けてしまうことが時にはあるのです。このような閉塞状況に風穴を開けるのがボランティアの役割であるといってよいでしょう。患者の趣味に付き合って，発表会などの小さなイベントを開催したり，記念の写真集をつくってみたり，およそ医療「外」の所作ではありますが，それらは患者個々人にとってかけがえのない人生（史）の一部であり，たやすく切り離してはならないものです。このような医療業務から離れた「社交」こそがホスピス・緩和ケアの「味付け」になっているのです。

このような社交ボランティアは，伝統的ボランティア観でいう「純粋な動機で他人のために無報酬で行動する人」といった「他人のため」という部分が希薄であると感じられる人もいるかもしれません。話し相手としてボランティアに行ったのに，もしかしたら何もおしゃべりができずに帰ることを余儀なくされる日もあるかもしれない。日々移り変わる患者の病態に振り回され，打ちの

めされることもあるかもしれない。確かに第1節でみたような、スキルが蓄積していくような継続性や一貫性のある活動にはならないかもしれません。しかし、ボランティアの持つこの自由さと風通しの良さこそが、閉じた医療現場に心地良い風合いを出し、患者の心を癒すことにつながることを忘れてはなりません。

3　「良心的支持者」概念の再提起

▌事業性と運動性

　本章では「伝統的ボランティア観」の枠内ではおさまりきらないボランティアの形やあり方を紹介してきました。最後に、現代のボランティアやNPO・市民活動を理解するための概念枠組みを示して本章を閉じたいと思います。

　NPOやNGOは頭文字に「Non-」がついていますが、これは単に、行政や企業ではないという「残余カテゴリー」としての位置づけがされているわけではありません。第2節で紹介した社交ボランティアがマンパワーとしてのボランティアではなく、医療が担えない領域を専門的に担っている存在であると同様、NPOやNGOにも既存の枠組みや専門性を軽く飛び超えていくだけの機能と活動の説明責任（アカウンタビリティ）があります。時には、地域内、施設内、集団内のいわば内向きの活動から、「社会的使命（ミッション）」を帯びた対社会的な活動へと向かうこともあります。これは、①一時的でなく、一定程度組織化している、②「われわれ意識」を持った凝集性がある、というような「集合行為」のうち、③制度変革的志向性、さらには自己変革的志向性を持つ「社会運動」としての側面を持っていることになります。スポーツクラブを地域で支援するための制度を立案するよう政策提言（アドボカシー）をすること、緩和ケアのための支援センターの設立を訴えること、これらは十分に①から③の社会運動の要件を満たしています。

　このように、患者や地域住民、市民の抱えるニーズに根ざし、自前での問題解決、あるいは政策提言を行うNPO・市民活動は、前述したような活動資金を調達する事業性に加えて、運動性を持っていることになります。

表 13-1　運動から得られる利益と運動参加との関係

		運動からの直接の利益		
		得る	得ない	（現実的に）得る見込みがない
運動参加	する	手段的支持者／構成員	良心的支持者／構成員	表出的支持者／構成員
	しない	フリーライダー／傍観者	傍観者／敵対者	傍観者／敵対者

出典：本郷，2007，43頁。

良心的支持者

　NPO・市民活動の担い手である活動の中心となる有給スタッフは，患者や観客や地域住民といったニーズを抱えた「当事者」と常に向きあいながら活動を維持・展開させています。その際に，事業性・運動性の双方にとって最大の課題となるのは，いかに人びとの支持や共感を獲得し，ボランティアや支援者を募るかです。多くの支持者を獲得できれば，資金調達が容易に進むという点で事業性を高め，社会や一般市民に大きなインパクトを与えることができるという点で運動性を高めます。「相対的にわずかしか勢力を持たない運動が，なぜ，高揚し，目標を達成しうるのか。それは，直接的な利害当事者や運動のメンバーをこえた，外部からの支持獲得，資源動員に成功するからではないのか」（長谷川，1985：128）という問題提起は，社会運動に限らず，継続的に社会的サービスを提供したり，政策提言していきたいNPO・市民活動にとっても，同様のことです。

　ただし，活動自体を大きくすれば，事業性も運動性も満たされるというわけではありません。活動を大きくすることで，考え方の違う人同士の対立が生じ，活動の分岐・分離が起こるかもしれません。特に，みんなで協力すれば，法律や施設といったみんなが同じ利益（集合財）を得ることができるにも拘らず，活動に参加しない人が出てくるという「フリーライダー（ただ乗り）問題」は，社会運動論の定立にとって重要なテーマとなりました。表13-1にあるように，フリーライダーは運動から直接の利益を得られるにも拘らず運動に参加しない人びとです。みんなで掃除をすれば，より早くよりきれいになるのに，誰かがサボると（＝フリーライド），全体の士気が下がったり，まじめに掃除をやろうと思う人がどんどん抜けていってしまうかもしれません。このようなフリーラ

イダーを出すことで被る負の影響を極小化するためには，組織規模をかえって小さくしたり，選択的誘因という，いわばアメとムチを使い分けることでフリーライダーの出現を水際で防ぐといったことが方策として知られています。

■「当事者性」の獲得

しかし一方で，フリーライダーと対極のセルにある，運動からの直接の利益を得られないにも拘らず運動に参加する「良心的支持者（conscience adherents）」とは一体どのような人びとなのでしょうか。直接の利益を得ることがないのに活動に関与する人びとというのは，奇特な人であったり，単なるお人好しなのでしょうか。この良心的支持者こそ，今日でいうNPO・市民活動を担うボランティアといっても過言ではありません。

「なぜ良心的支持者になる（なれる）のか」という問いには，大きく2種類の解答の仕方があります。第一は，直接の利益は得ることができる「当事者」ではないが，間接的・副次的な利益を獲得することが活動に関与するモチベーションになっている，とする説明です。活動を続けることで，第1節で述べたような社会関係資本を得て，友だちが増えたであるとか，第2節のように，ささいな活動でありながらも患者の心を和ませることで充実感ややりがいを得たりするといった利益があるかもしれません。もちろん，こうした作用は無視できないどころか，ボランティアをつなぎとめるためのボランティアマネジメントを構成する一要素となります。しかし，この解答は，活動そのものから何が得られるのか，という解答としては説明力に乏しいのです。

第二は，問題の「当事者」の持っている問題意識を積極的に理解・受容し，自身の糧にしていくことで参加の意欲を駆り立てていく「当事者性の探求」です。末期患者の例を持ち出すまでもなく，ボランティアの誰しもが厳密な意味での「当事者」になれるわけではありません。「セルフヘルプ・グループ」でもない限り，「当事者」のみからなる集団は形成され得ないでしょう。一方で，アスリートも観客も運営のスタッフが一体となって大会を盛り上げることでみんなが「当事者」になれるとも考えることができます。言い方を変えれば，その人（たち）の意味づけの仕方により，「当事者」カテゴリーをごくごく狭く設定することもできれば，際限なく広げることもできるわけです。すなわち，

良心的支持者になるということは、この意味づけの転換を促す試みになります。

　このような当事者性の探求は、ボランティアの参加動機や初発の問題関心と、受け入れるNPO・市民活動の求めるボランティア像と掲げる理念とを「調整」することが第一歩となります。それは、カギを持っている人（＝ボランティア）と、カギ穴つきのドア（＝NPO・市民活動）との関係と同じで、最初から合いカギをもっていることは非常にまれなことであり、合いカギをつくったり、カギ穴のほうを持っているカギにあわせたりといったプロセスを経なければ、ボランティアは定着していきません。例えば、日本には数多くの大規模な日系ブラジル人コミュニティがありますが、そこで医療通訳のボランティアを募集しているとします。そこでいくら充実したホームページを開設して活動の重要性をアピールしたとしても、ポルトガル語の素養があっても医療用語に通じていない人であれば、素通りということになるのは火を見るより明らかです。

　このカギをあわせるプロセスを、本章の事例でいえば、社会関係資本をたどって活動に接触する機会を創出すること、さらにはイベント・ボランティアのための事前研修や解散式のような「当事者性の探求」を促進する場を提供することです。さらには、今日多くのNPO・市民活動が提供している「ワークショップ」のような、より深い学びへといざなう試みもおこなわれています。ワークショップ中は、相手の話を最後まで聞くこと、話を遮ったり、批判や議論をしないことが決められています。これは、「具体的な他者の生／生命に対する関心／配慮を媒体とする、ある程度持続的な関係性」を持った「親密圏」（斎藤，2003）を構成する営みです。それゆえ、自身がもっている偏見や心的外傷（トラウマ）について否定されたり、責められたりすることなく、プライバシーが守られた環境のなかで自分が持っている価値観を言葉にすることができます。これにより、自分の考えを相対化・客観化することを通じて、知識の押

▶ **セルフヘルプ・グループ**
　アルコール依存症者の会（AA＝Alcoholic Anonymous）に代表される、同じ疾病や障害、経験を有する人びと、もしくはその家族からなるグループのこと。グループ・ミーティングでは、①言いっぱなし、聞きっぱなし、②この部屋で聞いたことはこの部屋においていく、などというルールがあります。これらのルールにより、指導や教育といった場とは異なる安全かつ安心な場を創り出し、今の自分を見つめ直し、回復へと向かうことができるようにするのが特徴です。後述する「ワークショップ」にも同じような機能があります。

しつけではなく，自身の深いところまで当該の問題を理解できる可能性が出てきます（本郷, 2007）。

以上のように，いかにして傍観者やフリーライダーを良心的支持者へと変えていくような仕組みを準備できるか，あるいはどのようにして自分にとっての当事者性を探求していくか，これらの課題がNPO・市民活動の現場で交錯しているのです。

> **コラム**
>
> ### 「もう一方の当事者」の言い分
>
> 　市民活動・NPOの現場で聞きとり調査や参与観察をしていると，行政や専門職に対する意見や批判を耳目にすることがあります。一方，行政や専門職の人たちと話をしていると，逆に市民活動・NPOに対する疑問が呈されることもあります。このような「ミスマッチング」とでもいうべき状況は，一体何を示しているのでしょうか。
>
> 　個々の好き嫌いはともかくとして，相手を批判的にみざるをえない背景には，仕事・活動や言動の問題だけではなく，自分たちのオリジナリティや組織を確保・維持するためであると考えることができます。市民活動・NPOは社会的なニーズが存在する以上，継続性を求めて活動をしていきます。その反面，ニーズが存在しない，もしくは解消されたにもかかわらず，活動の継続が自己目的化することでその存在意義が失われるきわめて流動的な立場におかれています。それゆえ，時には厳しい姿勢で行政・専門職と相対し，オルタナティヴを提起することになるのです。社会運動は，その先鋭化した形態といってよいでしょう。
>
> 　他方で，批判の矛先にある行政や専門職側にも，相応の「言い分」があるはずです。例えば，行政側にしてみると，「縦割り」「単年度決済」など柔軟な対応が困難であるとする批判は，官僚制により合理化・効率化された組織を維持するという観点からみれば，さして重要なことではないかもしれません。筆者が共同で調査研究を進めている「薬害HIV」問題では，当時の行き過ぎたマスコミ報道などにより，感染の原因となった薬剤を投与した医師がスケープゴートにされました。その結果，眼前の治療を優先させた現場の医師たちは，口と心を閉ざさざるをえない状況に追い込まれてしまいました。そのため法廷は，薬害が生起した構造的問題を検証したり，謝罪や赦しがなされる場から遠く離れてしまいました。
>
> 　本来であれば，同じ課題に向きあっている「当事者」であるのにも拘らず，一方の立場しか顧みられないのは不自然なことでもあります。まだHIVの治療法が確立されていない当時，患者に真摯に向きあった医師への聞きとりでは，率直な語りを得ることができましたが，それらはむしろ鮮烈ですらあります。とかく，活動現場

に身をおいていると，当該の問題の「もう一方の当事者」の存在に目が行き届かないことが往々にしてあります。社会学徒を志すわたしたちは——フリーライダーとは正反対の位置づけにある良心的支持者の存在に目を向けるように——もう一人の当事者の「言い分」にも十分に耳目を傾ける必要があるのではないでしょうか。

▌引用・参考文献

長谷川公一「社会運動の政治社会学——資源動員論の意義と課題」『思想』737, 126-157頁, 1985年

本郷正武『HIV／AIDSをめぐる集合行為の社会学』ミネルヴァ書房, 2007年

――――「ボランティアとNPO——集合行為としてのボランティア」早坂裕子・広井良典編著『みらいを拓く社会学——看護・福祉を学ぶ人のために』ミネルヴァ書房, 140-156頁, 2004年

Mills, C. W. "*Situated Actions and Vocabularies of Motive*", American Sociological Review 5(6), pp. 904-913, 1940（田中義久訳「状況化された行為と動機の語彙」青井和夫・本間康平編『権力・政治・民衆』みすず書房, 344-355頁, 1971年）

森政晴「スポーツボランティアのジレンマ——スポーツボランティアの経験から」松田昇・小木曽洋司・西山哲郎・成元哲編著『市民学の挑戦——支えあう市民の公共空間を求めて』梓出版社, 299-324頁, 2008年

Putnam, R. D. Bowling Alone *The Collapse and Revival of American Community*, Simon & Schuster, 2000（柴内康文訳『孤独なボウリング——米国コミュニティの崩壊と再生』柏書房, 2006年）

齋藤純一編『親密圏のポリティクス』ナカニシヤ出版, 2003年

田代志門「「看取り」を支える市民活動——ホスピスボランティアの現場から」清水哲郎編『高齢社会を生きる——老いる人／看取るシステム』東信堂, 117-138頁, 2007年

▌推薦文献

川口清史・田尾雅夫・新川達郎編『よくわかるNPO・ボランティア』ミネルヴァ書房, 2005年

――本章ではあまり言及しなかったNPOの法制度や財政, 行政との協働などのトピックが盛り込んであります。

加藤哲夫『市民の日本語——NPOの可能性とコミュニケーション』ひつじ書房, 2002年

――体験・参加型学習「ワークショップ」の手法を切り口に, NPO・市民活動に特有の「専門性」とその意義を探っています。

大畑裕嗣・成元哲・道場親信・樋口直人『社会運動の社会学』有斐閣，2004年
——「社会を映し出す鏡」としての社会運動という観点から，国際NGOや環境運動など幅広いテーマを取り扱ったテキストです。

野沢慎司編・監訳『リーディングス　ネットワーク論——家族・コミュニティ・社会関係資本』勁草書房，2006年
——ネットワーク論・社会関係資本に関する古典的業績の翻訳と詳細な解説が盛り込まれた格好の参考書です。

佐藤郁哉『フィールドワークの技法——問いを育てる，仮説をきたえる』新曜社，2002年
——本章と直接の関連はありませんが，質的調査研究によりNPO・ボランティアに迫る上で必読文献です。

第 14 章

環境運動と地域社会
――環境をめぐる「意味づけの違い」を越えて――

熊本　博之

「動物たちを開発から守れ」,「美しい自然を子どもたちに」。こんなスローガンを聞いたことはありませんか。みなさんの住んでいるところでみかけたことはなくても,テレビや雑誌などで,プラカードや横断幕を持ちながらデモ行進をしている人たちの姿をみたことはあるのではないかと思います。

この章ではこのような,自然や動物を守るための活動をしている人たちについて考えていきます。具体的にとりあげるのは,沖縄本島の北部に位置する名護市の海を埋め立てて建設されようとしている米軍基地の建設に,自然保護の観点から反対をしている人たちです。かれらは特に,基地の建設予定海域に生息している,国の天然記念物であり,環境省も絶滅危惧種に指定している海棲哺乳類であるジュゴンの保護を訴えています。しかし一方で,建設予定海域の近くにある辺野古地区の住民のなかには「ジュゴンなんてみたことない」といって,保護運動をしている人たちをこころよく思っていない方もいます。海が埋め立てられることについては不満を持っているのにもかかわらず,です。

ジュゴンを守りたい人たちも,辺野古に住んでいる人たちも,共に海が埋め立てられることについては不満を持っているのに,なぜこのような反発が生まれてしまうのでしょうか。その背景には,辺野古という地域が抱えている特殊な事情に加えて,守ろうとしている「自然」に対する意味づけの違いがあります。この「意味づけの違い」という問題は,医療の現場においても起こりうる問題です。医療者も患者も,共に患者の疾病を治そうとしているのに,「疾病」に対する意味づけの違い（医療者にとっては数ある病例の1つであるけれど,患者にとっては「かけがえのない自分」を苦しめているもの）から,うまく意思の疎通ができず,お互いの間に不信感が生まれてしまうこともあるということは,みな

さんもご存じのことだと思います。この章では「意味づけの違い」が起きてしまう理由について「よそ者」という概念を用いて考察した上で、「意味づけの違い」を乗り越えていくためにはどうすればいいのか、考えていきたいと思います。

1　環境社会学の研究領域

　具体的な考察に入る前に、この問題が環境社会学におけるどの研究領域に関ってくるのかについてみておきましょう。

　日本における環境社会学研究のパイオニアともいうべき存在である飯島伸子は、自然的環境と人間社会の相互関係を、その社会的側面に注目して実証的かつ理論的に研究する社会学分野であると環境社会学を定義したうえで、環境社会学の主要な研究領域を4つに分類しています（飯島, 1998）。

　まず2つの大きな研究領域としてあげられているのが〈環境問題の社会学研究〉と〈環境共存の社会学研究〉です。〈環境問題の社会学研究〉は、環境問題がつくり出される社会的な仕組みや、環境問題によって被害を受ける人たちの階層や地域、人種などの特徴（多くは社会的弱者に集中しています）、被害の生じた地域において生じる様々な問題、環境問題への行政や企業などの対応およびマスメディアによる報道などを研究します。一方〈環境共存の社会学研究〉では、自然環境と調和して共存してきた社会の特徴を、時代や文化、地域などに注目しながら描き出していくと共に、地域社会における環境再生の試みから、より大きな水準における人間社会と自然環境との共存の可能性の探索にまでにおよぶ多様な研究がなされています。

　この2つの研究領域と交差する形で〈環境行動の社会学研究〉と〈環境意識・環境文化の社会学研究〉があります。〈環境行動の社会学研究〉は、こまめな節電や流行りのエコバックなど、環境への負担を軽減するための日常的な行動から、深刻な健康被害を受けた人たちの反公害運動、あるいは自然保護を訴える運動や自然保護のための実践的な活動などをテーマに、こうした活動や運動を進めていく上でぶつかる困難や障害の実態とその乗り越え方、あるいは活動や運動を始めるきっかけなどについて研究します。〈環境意識・環境文化

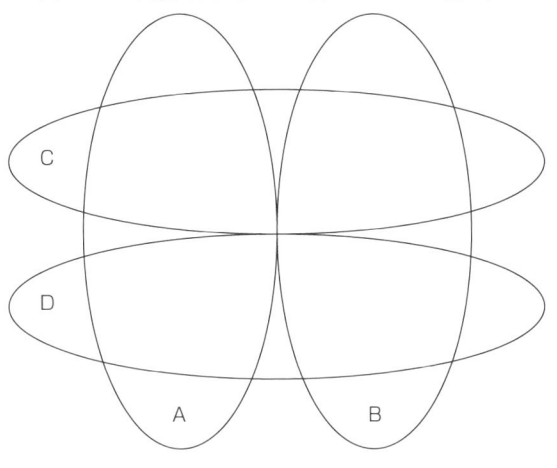

図14-1　環境社会学研究の主要テーマ群の関係図式

A　環境問題の社会学研究
B　環境共存の社会学研究
C　環境行動の社会学研究
D　環境意識・環境文化の社会学研究

出典：飯島，1998年。

の社会学研究〉は，いかにして環境を守ろうという価値意識が形成されうるのか，こうした意識が形成されることの意義や効果はどのようなものなのか，といったことについての研究を行います。

　この4つの研究領域の関係性を図式化したものが図14-1です。この図からもわかるように，ある環境問題についての研究が四領域のどこか1つに限られるわけではありません。環境問題には多様な側面があるので，研究も多面的なアプローチを行わなければ，環境問題の実態を捉えることはむずかしいのです。この章で取りあげる沖縄の米軍基地建設問題についていえば，辺野古という地域が周辺部に位置していることや，後でくわしく述べますが既に米軍基地を抱えている地域であるということに注目して，なぜ辺野古の海が米軍基地の建設予定地になったのか考察するのであれば〈環境問題の社会学研究〉となるし，辺野古の人たちと海とのかかわりに注目すれば〈環境共存の社会学研究〉も必要です。さらにジュゴン保護を訴える環境運動を分析するためには〈環境行動の社会学研究〉も行わなければならないし，海についての意味づけがジュゴン保護運動と辺野古住民とで違っていることについての考察は，まさに〈環境意

識・環境文化の社会学研究〉です。

　このように環境について社会学的にアプローチするための入り口はたくさんあります。そしてこの4つの領域における研究が十分になされなければ，環境問題の全容を描き出すことはできないのです。

2　「よそ者」論の系譜

　ここでは，環境に対する意味づけの違いについて考えていく上での重要な概念となる「よそ者」について，これまで社会学がどのように論じてきたのか，振り返っていきます。

■ ジンメルの「よそ者」論

　社会学は古くから「よそ者」という存在に対する関心を注いできましたが，その嚆矢にあたるのがドイツの社会学者，ゲオルグ・ジンメル（Georg Simmel）です。ジンメルは1908年の著書『社会学』において，「よそ者（fremde）についての補論」と題した一節を書いています。ここでジンメルは，放浪と定住の中間的な存在であり，滞在はするけれども定着はしない潜在的な放浪者として「よそ者」を捉えた上で，この「よそ者」の持つ移動性に着目します。「よそ者」は，その移動性のゆえに「血縁的，地縁的，職業的な定着化によって個々の要素と有機的に結びつくことはけっしてない」（Simmel, 1908=1994, 287頁）ことから，客観性を持つことができると説いたのです。そしてこの客観性を持つ「よそ者」は，「実践的にも理論的にもより自由な人間であり，彼は状況をより偏見なく見渡し，それをより普遍的より客観的な理想で判定し，したがって行為において習慣や忠誠や先例によって拘束されない」（同，288頁）が，その反面，集団内の成員との具体的，有機的な共通性の薄さが強調されてしまった場合，集団から排除されてしまう傾向を持つとしています。

　ジンメルが「よそ者」についての考察を試みている背景には，ドイツで生活するユダヤ人というジンメル自身の「よそ者」的経歴があるといえます。その影響なのかはわかりませんが，ジンメルの「よそ者」観は，「よそ者」の持つ知的優位性と被差別性が強調されている反面，「よそ者」の感情的，情緒的な

面への言及はなく，また文化との関連についても語られていません。これらの点を補った上で，その発展線上に「マージナル・マン（境界人）」の概念を設定したのがパーク（R. E. Park）です。

▍パークの「マージナル・マン」

　文化や人種の異なる人びとが接触した場合におこる様々な現象への関心を持ち続けたパークは，ドイツ留学中にジンメルから「よそ者」概念の示唆を受け，マージナル・マンの存在に注目するようになります。パークによればマージナル・マンとは，「二つの世界に生きているが，そのどちらも故郷ではない人」（Park, 1950, p. 51），「二つの文化と二つの世界に生きるよう運命づけられた人」（同，p. 111），「二つの社会と，二つの，ただ単に異なるだけでなく反目し合う文化のなかで生きるよう強いられている者」（同，p. 373），「完全には浸透し合うことも，融合することもない二つの文化と二つの社会の境界にある者」（同，p. 354）などと定義される存在であり，その典型を，ヨーロッパ系とアフリカ系の間に生まれたムラトーのように，異なる人種の間で生まれた「人種的ハイブリッド」と，ディアスポラのユダヤ人のように，人生の途中で生活する文化圏が変化する「文化的ハイブリッド」であるとしています。このように，二つの文化，二つの社会に生きるよう強いられているのに，そのどちらからも受け入れられないため，「よそ者」としてその境界線上に生きざるを得ないハイブリッドが，境界に生きる者＝マージナル・マンなのです。

　パークは，マージナル・マンには共通するパーソナリティがあるといいます。それは，精神的不安定，強い自己意識，おちつかなさ，日常的な不快感，不安感といったもので，これは新たな文化と接触することによって生じた道徳的な動揺に由来するものだとされています。しかし同時にマージナル・マンは，新しい文化との接触を通して，それまで自分が属していた文化やその伝統から解放され，両方の文化に対する客観的な視点を獲得することで，「より広い視野

▶ **パーソナリティ**
　日本語では「人格」や「性格」と訳されることからもわかるように，パーソナリティという言葉には個人の内面的な要素という意味が込められています。社会学では，個人がおかれている社会の状況が，その個人のパーソナリティに及ぼす影響を考察することになります。

と鋭い知性を持ち，公平かつ合理的な視点にたつ個人」となり，「常により洗練された人間」になるともいっています（同, p. 374）。このようにパークは，マージナル・マンの概念を用いて，ジンメルが強調する「よそ者」の知的優位性を説明するとともに，その感情的な不安定さにも言及しているのです。

ただし，ここで1つ注意しておかなければならないことがあります。というのは，ジンメルやパークが論じてきた「よそ者」や「マージナル・マン」の概念には，どちらも「移住」が前提されているのですが，当時と比べると一般の人びとが持つ移動性が著しく高まった現代社会においては，移住という形態をとらなくても，継続的な「訪問」という形で「よそ者」が異文化と深いかかわりを結ぶことができるということです。そのため，こうした多様なかかわりのあり方を視野に入れた形で「よそ者」を再構成していく必要があるといえるでしょう。こうした試みの1つが，鬼頭秀一による「よそ者」論です。

■ 鬼頭の「よそ者」論

環境社会学や環境倫理学の分野で活躍している鬼頭は，当該地域に住んでいないけれど何らかの形でかかわっている人や，外から当該地域に入ってきた人である「よそ者」が環境運動において果たしている積極的な役割として，政治的な力として運動の拡大に貢献することと，普遍的な視点の導入によって地域住民の環境意識を変容させることの2つをあげつつ，特に後者の点において，その普遍的な立場からの主張が地域の文化に対する配慮を怠った時には，地域住民から「あいつは地域の生活や文化を知らないよそ者である」というスティグマをはられてしまいかねないといいます（鬼頭, 1998）。よその地域から移住してきた人がそのようにいわれることもあるでしょうし，よその地域から通いながら自然保護を訴えているような人であればなおさらそうでしょう。

それゆえ鬼頭は，別のところで，「よそ者」は自分自身が地域社会の外部

▶ **スティグマ**

人種や性別など，ある特定の属性に対して与えられるマイナスイメージのことをスティグマといいます。ただし，特定の属性であることによって，自動的にスティグマが貼り付けられるわけではありません。周囲の人たちがその属性に対して否定的な反応を示すことによって，スティグマは貼り付けられるのです。

に立っている存在であるということを自覚した上で，地域社会とつながり，同化していくように努めなければならないと主張しています（鬼頭，1996）。このようなスタンスで地域社会にかかわっていくことによってこそ，「よそ者」は自らの特性を活かしつつ，「地元」の住民と協力した環境運動を行うことができるということです。

　このような鬼頭の「よそ者」論は，「よそ者」が味わう疎外感や「よそ者」の持つ普遍性を強調する点においてジンメルやパークらによって展開された「よそ者」概念を引き継ぎつつ，「よそ者」と地域社会との多様なかかわりのあり方にも配慮がなされています。そしてさらに重要なのは，パーソナリティの次元から社会とのかかわりの次元にまで広げて「よそ者」論を展開していることです。ここまで視野を広げなければ，環境をめぐる地域住民と環境運動との間にある「意味づけの違い」を考察することはできません。

　それでは，このような「よそ者」についての理解をもとに，ジュゴン保護運動と辺野古住民との間に起きたいくつかの問題について考察していきましょう。

3　普天間基地移設問題とジュゴン保護運動

▍問題の経緯

　冒頭で紹介した問題は，具体的には沖縄県の宜野湾市にあるアメリカの海兵隊基地である普天間飛行場を閉鎖し，その代替施設を辺野古崎の一部と沿岸部を埋め立てて建設するという普天間基地移設問題のことをさしています。普天間飛行場を閉鎖するという方針が決まったのは1996年4月のことですが，代替施設の建設はこの原稿を執筆している2009年7月にいたるまで始まってすらいません。代替施設の建設に反対する辺野古の住民や名護市民，および沖縄県内外に居住する人たちが長く厳しい反対運動を続けてきたことで，施設の規模や建設予定地の変更や修正が相次ぎ，結果的に建設を押しとどめているからです。ジュゴンの保護を求めている人たちの活動も，この反対運動の一翼を担っています。

　ただ，先ほど辺野古の住民が普天間代替施設の建設に反対していると述べましたが，実は現在，反対運動に参加している辺野古の住民はかなり少なくなっ

ています。代替施設の建設予定地として辺野古崎の沖合が候補にあがった当初は多くの住民が反対運動に参加していましたが，運動が長期化し，名護市長や沖縄県知事が建設を容認するようになるにつれて，徐々に参加する住民が減っていったのです。それにそもそも，辺野古の住民にとって米軍基地の建設に反対することは難しいことです。なぜなら辺野古には，アメリカ海兵隊基地キャンプ・シュワブが既に存在しているからです。

■シュワブと辺野古

　シュワブが辺野古に建設されたのは，まだ沖縄がアメリカの施政権下にあった1959年のことです。その4年前に，米軍から辺野古および辺野古に隣接する久志の山林野を接収するとの通告を受けた辺野古の住民は，生活の糧の多くを接収予定地である山林野から採取してきた薪の販売に頼っていたこともあり，当初はこの通告を拒絶していました。しかし，それならば強制接収するぞと脅しをかけられたため，住民は議論に議論を重ねた末，強制的に接収されるくらいなら，条件をつけた上で提供した方がいいだろうという結論に達し，農耕地はできる限り使用しない，基地建設の作業員は地元住民を優先的に雇用する，米軍の余剰電力や水道を使用させてもらうなどの条件のもと，米軍に土地を提供したのです。

　シュワブを受け入れた後の辺野古は，大きく変わりました。まず人口の増加です。シュワブを建設するにあたり，多くの人たちが建設作業員として辺野古にやってきました。さらに作業員向けの飲食店を開業するためにやってきた人たちもいます。シュワブが完成してからは，今度は米兵相手の飲食店を開くためにまた多くの人たちがやってきました。その結果，辺野古の人口はシュワブ建設前には650人ほどしかいなかったのに，建設が始まると一気に増加し，最盛期には2100人を越えています。住民票を移していない人もいたでしょうから，実際にはもっと多くの人びとが辺野古で生活をしていたといえるでしょう。

　人口が増えれば地域は活性化します。さらに多くの米兵も駐留するわけですから，辺野古の経済は著しい活況を呈することになりました。当時を覚えている住民は，夜になると道をまっすぐ歩けないほどに大人たちや米兵があふれていたといいます。このように辺野古は，シュワブを受け入れたことによって大

きく発展したのです。

　そしてもう1つふれておかなければならないのは莫大な軍用地料の存在です。軍用地料とは、米軍に提供している土地に対して支払われる地代のことです。辺野古は私有地だけでなく、明治時代に払い下げられ、辺野古の人たちが長い年月をかけて年賦で買い取った共有の土地である入会地もシュワブに提供しています。現在の法律では集落単位での土地所有が認められていないため、この入会地は名護市の土地となっているのですが、名護市は管理料の名目で入会地に対して支払われる軍用地料の4割を辺野古に分配しています。おどろくべきことに、その額は年間1億円を超えています。さらに私有地に対しても、合計で年間4億5千万円ほどが支払われています。軍用地を売り払った住民もいるので、このすべてが辺野古住民に支払われているわけではありませんが、それでも相当な額のお金を多くの住民が受領しているのです（余談ですが、この軍用地料を支払っているのはアメリカではなく日本政府です。つまり私たちが納めている税金から支払われているのです）。

　このように辺野古は、シュワブを受け入れたことによって、様々な恩恵を得ることになりました。もちろんいいことばかりではありません。今ではほとんどなくなりましたが、特にベトナム戦争が行われていた頃は、酔っぱらった米兵による暴行事件が後を絶たず、住民は自警団を組織して対応にあたっていたほどでした。現在でも、演習地となった山からは実弾演習による乾いた銃弾の音が絶えず聞こえてきますし、基地内にはヘリパッドもあるため、ヘリが低空を飛行している時や離発着の際には騒音でテレビの音も聞こえなくなります。しかしそれでもやはり、シュワブへの依存の度合いを深めている辺野古の人たちは、シュワブを拒絶することはできないし、しようとも思っていない人がほとんどなのです。

　ここまでみていけば、辺野古の人たちが新たな基地負担となる普天間代替施設の建設に反対することの困難さは容易に想像できるでしょう。辺野古の人たちにとって、米軍基地に反対するということは、シュワブを否定することでもあるのです。普天間代替施設の建設に反対する住民組織である「命を守る会」という団体があるのですが、その正式名称は、「ヘリポート建設阻止協議会・命を守る会」となっています。ヘリポートとは普天間代替施設をさす言葉です。

つまり住民組織としては，あくまでも普天間代替施設の建設に対する反対であるとすることで，シュワブについては容認していることを強調せざるを得なかったのです。

結果として辺野古の住民の多くは，普天間代替施設については諦めまじりの容認という立場をとっています。そして辺野古の指導者層の人たちは，建設されるのであれば安全面，補償面を含めいろいろな条件をつけなければ今後も辺野古に住み続けることができないとの立場から，名護市や近隣市町村，および沖縄県と協力しながら日本政府との条件闘争を水面下で進めています。

■ ジュゴン保護運動への違和感

辺野古はこのような地域であるため，反対運動から住民が離れていったのは，ある意味当然のことでもありました。かわって運動を続けてきたのは，他の地域に住みながら辺野古に通って運動に参加する「よそ者」たちでした。彼らがわざわざ辺野古に通ってまで運動を続けてきた理由は様々です。反戦平和の理想の実現に向けてあらゆる軍事施設に反対している人もいれば，運動の最前線で闘っているお年寄りの姿に胸を打たれた人もいます。ここでは紙幅の都合もあるので，建設予定海域に生息しているジュゴンを守りたいという思いから運動に参加している人たちに絞ってみていきましょう。

草食であるジュゴンは，海底に生えている海草(うみくさ)しか食べることができません。その海草は，主に沖縄本島の東海岸側に多く生えています。普天間代替施設の建設が予定されている海域の周辺にも多くの海草が生えていることが，ジュゴン保護団体や自然保護団体の調査によりわかっており，そこではジュゴンが海草を食べた跡も確認されています。つまり辺野古の沖合は，ジュゴンにとって大切な餌場となっているのです。もともと温かい海でしか生きられないジュゴンにとって，沖縄本島周辺の海は生息しうる北限であるといわれています。そしてその生息数は数十頭に満たないのです。そのため，普天間代替施設が海を埋め立てて建設されてしまえば，沖縄本島周辺にいるジュゴンが絶滅してしまう可能性は限りなく高いといえるでしょう。それゆえにジュゴン保護団体は，普天間代替施設の建設に反対し，基地をつくるのではなくジュゴンの保護海域を設定するべきであると訴えています。彼らはその訴えを，沖縄だけでなく日

本全国で行っています。そしてさらには国際自然保護連合（IUCN）という，国，政府機関，NGOによって構成されており，ユネスコの世界自然遺産の選定にもかかわっている国際的な自然保護機関に対してもジュゴンの保護を訴えており，これを受けてIUCNは日米両政府にジュゴンを保護するための対策を講じるよう勧告しています。

　このようにジュゴン保護を訴えている人たちは，辺野古の海に普遍的な価値を見出しているといえます。絶滅が危惧されているジュゴンの生息している美しい海を守り，残していくために，普天間代替施設の建設に反対しているのです。こうした普遍的な価値に気がつくのは，彼らが「よそ者」であることに大きく関係しています。辺野古の海は，住民にとっては，いつもそこにある，ただのありふれた海でしかありません。その海を，希少生物であるジュゴンを育む豊かな海であると意味づけることは，住民にはなかなかできないことなのです。

　しかし，辺野古の住民は，ジュゴンの保護を訴える人たちに対して概して批判的です。普天間代替施設の受け入れについて容認の立場にたつ住民の一人は，「あのねジュゴンというのはね，僕はあまり頭にはないね」といいます。そして「辺野古の人，漁民と住民，当時海に，戦後でも海に行った人たちにいわせると，こんなもんみたことのある人は一人もいなんですよ」と，自分たちにとってジュゴンが身近な存在ではないということを強調することで，ジュゴン保護運動は自分たちの価値観だけに基づいた活動であると批判しているのです。また，反対の立場を表明している住民であっても，「ほんと長いことごくろうさまだなって思いますよ。あんなにいっしょうけんめいにやって，それこそ自分の時間を割いてね，やってらっしゃるんだから私えらいと思うんですよ」と感謝しつつも，「みんなおっしゃるのはジュゴンでしょ。ジュゴンのことでしょ。だからここにすんでいる人たちはどんな風な生活になるかってことは，考えている人がいるのかどうか……」と，ジュゴン保護を訴えている人たちが自分たち住民のことを考えていないのではないかという疑問を抱いています。

　こうした住民の批判的な反応の根底にあるのは，ジュゴン保護運動の人たちによる，辺野古の海への普遍的な価値づけへの違和感です。むしろ住民にとって辺野古の海は，「ありふれた」海であるからこそ大切なものなのです。住民のなかには，今でも日常的に海にいき，タコや貝をとってきておかずにしたり

している人も多くいます。少し沖合にある平島という小さな無人島は，辺野古の子どもたちにとってかっこうの遊び場です。またこの平島では時期になるとウニがとれるのですが，大人たちは「北海道のウニなんて食べられない」とそのおいしさを自慢げに語ります。

　この，日常の生活と結びついた海への思いは，住民に共有されている文化だといえるでしょう。ここで重視されているのは，辺野古の海の「具体的な価値」なのです。それゆえに，普天間代替施設の建設を容認している住民であっても，「海を埋め立てられてしまうことについてはどう思いますか」と訊ねると，即座に「いやー，それはちょっと，あるな。小さい頃からもうあそこで遊んでますからね。たしかに残したいね」とこたえるし，かつてシュワブによって山を奪われ，今度は海まで奪われようとしていることについて「身を切る，命けずる思い」だと語るのです。

4　「意味づけの違い」を越えて

　辺野古には，新たな基地が建設されること，海が埋め立てられることをこころよく思っている住民はほとんどいないといってもいいでしょう。「来ないに越したことはない」というのが本心なのです。しかし既に述べたとおり，辺野古の住民は，キャンプ・シュワブという米軍基地を抱えているがゆえに，普天間代替施設の受け入れに表立って反対することが難しい状況にあります。だからこそ，地域の外からやってくる「よそ者」による反対運動は，辺野古の海を守るためには不可欠なのですが，両者の関係はうまくいっていません。うまくいっていない理由は，海に対する意味づけの違いだけに還元できるものではありませんが，この「意味づけの違い」を越えていくことは，両者がお互いを理解し，共に協力していく道を探すための重要な一歩となるでしょう。

　「普遍的な価値」を強調することの最大のメリットは，運動への支持者を広く集めることができるという点にあります。実際にジュゴン保護を訴える声は日本を越えて世界に広がり，多くの人たちが辺野古を訪れ，あるいは支援の署名や募金を送っています。しかし「普遍的な価値」が強調されればされるほど，地域の住民が見出している「具体的な価値」との距離は広がってしまうという

ジレンマがあります。

　しかし，これは本当にジレンマなのでしょうか。辺野古の海がどのように意味づけられようとも価値づけられようとも，「海を守りたい」という思いは，ジュゴン保護運動の人たちにも，辺野古の住民にも共有されています。まずはこの原点に立ち返ることが何より重要です。その上でさらに求められるのは，両者の歩み寄りです。そしてその最初の一歩は，「よそ者」であるジュゴン保護運動の人たちから踏み出さなければなりません。辺野古の海とこれまでかかわりを持ち続け，そしてこれからもかかわり続けていくのは辺野古の住民です。「よそ者」がこの海にかかわるのであれば，「海を守る」という共通の目的を実現するためであるとはいえ，やはり住民による許可を得る必要があるでしょう。しかも，そもそも辺野古の住民は「海を残したい」という声をあげることすらできない状況にあるのです。それなのによそからやってきた人たちが，勝手に海を守る運動をしているのですから，住民からしてみれば納得がいかない部分も多くあるでしょう。

　だからまず必要なのは，ジュゴン保護運動に参加している人たちが，辺野古の住民の「海を残したい」という気持ちを理解すること，そして「海を残したい」という声をあげることができない事情を理解することです。もちろん完全に理解することは，地域の文脈を共有していない「よそ者」には困難なことです。しかし理解しようとする姿勢をとることは可能ですし，そうすることによってこそ「よそ者」は地域社会とつながり，共に協力しながら問題に立ち向かうことができるのです。

　このことを，より広く「他者を理解するプロセス」だと捉えれば，医療者と患者との間に生じた対立を解消するためには，まず医療者の側から患者に歩み寄ることが重要だということができます。確かに疾病の快癒を望んでいるのは患者です。しかし疾病をかかえ，疾病とともに生きていく主体もまた患者なのです。特に医療者と患者との間には権力関係があります。医療者の方が，患者よりも相対的に優位な立場にたっているのです。ですから医療者にはなおさら，患者に寄り添い，「意味づけの違い」を越えていこうとする姿勢が求められているのではないでしょうか。

> コラム

環境正義（environmental justice）

　ゴミの処分場や化学工場，軍事施設などの大規模な迷惑施設は，周囲の自然環境や生活環境に様々な悪影響をもたらします。このような施設によってもたらされる被害やリスクのことは，環境リスクという言葉で表現することができます。環境正義とは，この環境リスクが黒人やヒスパニック系などの人種的マイノリティが多く住んでいる地域や，経済的に貧しい人たちが集住している地域など，社会的に脆弱な地域に偏って存在していることの不公正さを訴える時によく用いられる言葉です。

　環境正義の実現を訴える人たちが登場したのはアメリカにおいてでした。アメリカでは1950年代から60年代にかけて，人種差別の撤廃を求める人たちが起こした公民権運動が盛んに繰り広げられました。この公民権運動にかかわっていた人たちが，80年代に入って，環境リスクが人種的マイノリティに押しつけられているのは環境人種差別であると訴える環境正義運動を展開していったのです。

　この運動は全米に広がります。多くの研究者や指導者たちも運動への支持を表明し，研究成果を発表したり，会議を開いたりしました。その１つの頂点が1991年10月，連合キリスト教会の人種正義委員会が主催してワシントンで開催された，第１回全米有色人種の環境リーダーシップサミット（the First National People of Color Environmental Leadership Summit）です。この会議では「環境正義の原則」という，環境正義を実現するために不可欠な17の原則が採択されています。この17の原則では，生態系の保護を前提に，連邦政府による人種差別的な公共政策の禁止，基本的人権としての自己決定権の保障，環境不正義によって生じた被害の補償などがうたわれており，最後に環境正義についての教育の重要性と，私たちの生活スタイルの変更を要請しています。

　こうした人びとの活動は，連邦政府をも動かします。1994年２月，連邦各省庁が行う計画，政策，活動が，マイノリティや低所得者層の健康や環境に不利に，不平等に影響していないか状況を把握し，法の許す範囲でできる限り問題に適切に対処することを明記した第12898大統領令を，ビル・クリントン大統領が発令したのです。

　この大統領令の画期的なところは，環境リスクをもたらす施設の建設用地を決定する過程における不平等を視野にいれている点です。施設によってもたらされる環境破壊や身体への影響は，多くの場合，起きてしまってからでは取り返しのつかないものです。特に健康の悪化に代表される身体への影響は，貧しい人たちにはより厳しく降りかかってきます。十分な治療を受けられるだけの金銭的余裕がないからです。それゆえに，大規模な迷惑施設が社会的に脆弱な地域を狙って建設されることのないよう，建設予定地の決定過程における不平等の是正を要請するこの大統領令は，画期的だったのです。

引用・参考文献

飯島伸子「総論　環境問題の歴史と環境社会学」舩橋晴俊・飯島伸子編『講座社会学12　環境』東京大学出版会，1998年

鬼頭秀一『自然保護を問いなおす――環境倫理とネットワーク』ちくま新書，1996年

―――「環境運動／環境理念研究における「よそ者」論の射程――諫早湾と奄美大島の「自然の権利」訴訟の事例を中心に」『環境社会学研究』4，44-59頁，1998年

熊本博之「環境正義の観点から描き出される「不正義の連鎖」――米軍基地と名護市辺野古区」『環境社会学研究』14，219-233頁，2008年

Park, R. E. *Race and Culture*, Free Press, 1950

Simmel, G. *Sociology*, Duncker & Humblot, Berlin, 1908（居安正訳『社会学―社会化の諸形式についての研究（下）』白水社，1994年）

推薦文献

鳥越皓之・帯谷博明編『よくわかる環境社会学』ミネルヴァ書房，2009年
――環境社会学の幅広い分野における議論が1冊にまとまっています。最初から通しで読むもよし，目次をながめて気になったところから読んでみるもよし。

鬼頭秀一『自然保護を問いなおす――環境倫理とネットワーク』ちくま新書，1996年
――欧米の環境思想の系譜について簡潔にまとめてあると同時に，人間と環境とのかかわり方について独自の概念で説明しています。自然保護を考えていく上で必読の書です。

宮崎省吾『いま，「公共性」を撃つ――［ドキュメント］横浜新貨物線反対運動』創土社，2005年
――迷惑施設の建設は，「みんなが必要としているのだから」という公共性の論理によって進められます。そして建設に反対する地域住民を「地域エゴ」だと批判します。これに対して著者は，自らの反対運動を通して「地域エゴ」の重要性を説き続け，公共性による暴力を批判しました。

新崎盛暉『沖縄現代史』岩波新書，2005年
――沖縄の米軍基地問題の歴史を，基地反対運動と軍用地問題を中心に紹介した通史です。沖縄の米軍基地問題に関心がある方は，まずこの本を通読してみてください。その後の理解度が一気に高まります。

事項索引

*ページ数太字は、脚注キーワード解説で説明されているもの

あ 行

アイデンティティ … 146, 150, 153-155, 157-164
アソシエーション … 35, 37, 39-43
　合議制── … 43
アノミー的自殺 … 208, 209
アノミー理論 … 66, 67
アルコホーリック・アノニマス（AA）138, 139
暗数 … 78
安楽死 … 207
EBM … 169
異性愛主義 … 90, 96
一次的社会化 … 36
1対1モデル … 8
一般化された他者 … 146, 147
医療者 … 237, 249
医療モデル … 6
インフォームドコンセント … 43
NHS … 194
NPO・市民活動 … 227
お迎え体験 … 136

か 行

介護保険 … 170, 171, 180, 182
科学革命 … 1
家族介護 … 86-90
家族社会学 … 81, 82, 85, 86
葛藤理論 … 108
活版印刷技術 … 172-174
カリスマ … 128
過労死 … 203, 213-216
過労自殺 … 203, 216-219
環境社会学 … 238, 242
環境正義 … 250
患者 … 237, 249

患者中心 … 197
感情 … 90
感情エネルギー論 … 189
感情管理 … 187, 189, **190-194**, 197, 200
感情規則 … 189, **190**, 192, 198
感情社会学 … 187-189
感情労働 … 187, 189, **191-200**
管理社会 … 177
官僚制 … 234
危機の民俗 … 135
疑似環境 … 175
帰属原理と業績原理 … **106, 107**
基礎集団 … 36
機能集団 … 36
機能主義 … 107
QOL … 228
共感疲労 … 197, 199, 200
業務独占資格 … 42
極限状況 … 142-144, 153, 157-163
規律 … 174
近代家族 … 82, 85-90
近代家族論 … 81-84, 90
偶有性 … 152
偶有的可能性 … 162
苦難の神義論 … 134, 135
グローバル・メディア … 56, 57
グローバル化 … 56, 57
ケア・ワーカー … 195-199
ケア・ワーク … 187, 193, 195-200
啓蒙 … 27
ゲゼルシャフト … 35, 37, 39, 40
結束型社会関係資本 … 227
ゲノッセンシャフト … 39
ゲマインシャフト … 35, 39, 40
健康転換 … 4, 7

原理主義（ファンダメンタリズム）………**132**
公共圏……………………………………**175**
公共性………………………**91, 94, 96, 251**
公共領域………………………………**93, 95**
合計特殊出生率…………………………**20**
公衆………………………………………**37, 38**
構築主義…………………………………**82**
公的領域………………**92-95, 97, 98, 101**
幸福な奴隷……………………………**144, 163**
国民国家…………………**40, 41, 46, 47**
コミュニケーション
　　　142, 144, 145, 147, 150-152, 157, 158, 161-164
コミュニティ………………**8, 35, 40-42**

さ 行

再帰性………………………**145, 148, 149**
再帰的………………**145, 147-149, 161**
再生産労働………………………………**87, 88**
在留資格…………………………………**54, 55**
三者関係…………………………………**33**
参政権……………………………………**55**
支援技術（AT）………………………**184**
ジェンダー………………**187, 193, 194**
シカゴ学派………………………………**66, 67**
シグナリング理論……………………**110**
自己本位的自殺………………………**208**
自殺の危機要因………………………**213**
自殺率…………………**206, 207, 209-212**
『自殺論』………………**45, 208, 209, 212**
実証主義派……………………………**189**
実績関係………………………………**112**
質的調査…………………………………**22**
私的領域………………**87, 90, 92-98, 101**
私的領域性………………………………**86**
社会運動…………………**230, 231, 234**
社会疫学…………………………………**12**
社会化…………………………………**147, 148**
社会解体論………………………………**66, 67**
社会関係資本（ソーシャル・キャピタル）…**226**
社会契約説………………………………**37**
社会調査法………………………………**21**

社会的なもの……………**92-95, 97, 99, 101, 102**
社会的ボンド理論……………**69, 70, 80**
縦断的研究………………………………**70**
集団本位的自殺………………………**208, 219**
重要な他者……………………………**146**
主権………………………………………**47**
準拠集団…………………………………**36**
少子化……………………………………**20**
情報化……………………**168, 169, 178, 184**
情報通信技術（ICT）……**168, 177, 178, 181-183**
進化医学…………………………………**10**
新宗教……………………**125, 133, 141**
深層行為…………………………………**190, 191**
人的資本論……………………………**107**
新聞………………………………………**174, 175**
親密圏……………………………………**233**
親密性（親密さ）……………………**90-97**
心理的・社会的ケア……………………**4**
新霊性運動……………………………**132**
スクーリング理論……………………**110**
酸っぱい葡萄…………………………**163-165**
スティグマ……………………………**242**
ストレスフルイベント………………**217**
スピリチュアリティ…………………**132, 137**
スピリチュアルケア…………………**123, 137**
生活モデル………………………………**6**
生-権力…………………………………**97**
政策提言（アドボカシー）……**230, 231**
性別役割分業……………………………**88**
セクシュアリティ………………………**98**
世俗化（論）……………………**130-133**
セルフヘルプ・グループ……**138, 232, 233**
全制的施設……………………**152-154, 157**
全体社会…………………………**32, 36, 37**
禅と日本文化…………………………**126**
相互行為…………………………………**189, 199**
相互行為儀礼……………………………**152, 162**
相互行為秩序……………………**150-152, 162**
相互行為論……………………………**189**
想像の共同体……………**40, 41, 45, 49**
ソーシャル・キャピタル（社会資本）……**13**

253

疎外	39, 41	病気の負担	3

た 行

第一次集団	35	表層行為	190
対応理論	109	複雑系	4
大衆	38	福祉国家	93, 94, 101, 102
第二次集団	35	福祉国家化	98
第二次的調整	160	普天間基地移設問題	243
男性性	96	プライバシー	168, 178
地域社会	242, 249	フリーター	113, 114, 116
中和の技術	68	フリーライダー	231, 232, 234, 235
朝鮮人BC級戦犯	59, 60	——（ただ乗り）問題	231
定住外国人（デニズン）	55, 56	プロパガンダ	176
適応的選好形成	163	文化資本	108, 226
伝統的ボランティア観	223, 227-230	分化的接触論	67, 77
動機の語彙	225	ヘテロセクシズム	96
統計調査	22	牧人的権力	100
当事者性の探求	232-234	ホワイトカラー犯罪	71
特定病因論	2		
特権体系	155-156		

ま 行

		マージナル・マン	241, 242
		マスメディア	38, 39

な 行

内部労働市場論	110	見えない宗教	131, 133
ナショナリズム	40, 41, 49, 51	民間軍事会社	52
NEET（ニート）	114	名称独占資格	42
二次的社会化	36	メディア・ナショナリズム	57, 58
ネーション	47-49	メディア・リテラシー	172
脳科学	9	モード2・サイエンス	14
		モラルパニック	73

は 行

や 行

パーソナリティ	241	薬害HIV	234
バーンアウト	191, 192	役割期待	26, 27
派遣労働者	205, 206	役割距離	151
橋渡し型社会関係資本	227	要介護認定	170
パネル調査	115	予言の自己成就	69
パノプティコン	98	よそ者	224, 238, 240-243, 246-249
パラドックス	146, 161		
犯罪化	64, 65		

ら・わ 行

非行下位文化論	68	ライフコース論	69, 70, 77
非正規雇用	203, 205	ライフログ	178, 179
病気の社会的決定要因	12	ラベリング論	68-70, 75
		良心的支持者	223, 232-234

理論社会学 …………………………18
労働災害 ……………………205,206
労働者災害補償保険（労災補償）……3,214,216
ワークショップ ……………………233

人名索引

アーレント，H.（H. Arendt）…91-95,98,101
アリエス，P.（P. Aries）………83,86,188
アリストテレス（Aristotelês）………99
アンダーソン，B.（B. Anderson）……40,49
安藤馨（K. Ando）…………………164
飯島伸子（N. Iijima）………………238
石田浩（H. Ishida）……………109,112
石原吉郎（Y. Ishihara）……………142,143
ウェーバー，M.（M. Weber）
　　………………30,33,44,50,128,134
エンゲルス，F.（F. Engels）…………82
葛山泰央（Y. Katsurayama）…………96
カラベル，J.（J. Karabel）……………108
苅谷剛彦（T. Kariya）……………112,118
ギデンズ，A.（A. Giddens）…………149
鬼頭秀一（S. Kito）…………………242
ギンティス，H.（H. Gintis）…………109
グーテンベルク，J.（J. Gutenberg）……173
クーリー，C. H.（C. H. Cooley）………35
玄田有史（Y. Genda）………………113
コーエン，A. K.（A. K. Cohen）………68
ゴフマン，E.（E. Goffman）
　　………………150,153-155,157-160,163
コリンズ，R.（R. Collins）……………108
コント，A.（A. Comte）………………19
坂本佳鶴恵（K. Sakamoto）……………83
サザランド，E. H. ……………67,68,71
島薗進（S. Shimazono）………………132
ショーター，E.（E. Shorter）…………86
シンガー，P. W.（P. W. Singer）………52
ジンメル，G.（G. Simmel）………33,242,243
スミス，P.（P. Smith）………………194
ソローキン，P. A.（P. A. Sorokin）……37
立岩真也（S. Tateiwa）………………85

タルド，G.（G. Tarde）………………37
デュルケム，É.（É. Durkheim）
　　…30,44,45,65,66,68,128,208,209,212,219
テンニース，F.（F. Tönnies）…35,37,39,40
ドゥルーズ，G.（G. Deleuze）………176,177
戸田貞三（T. Toda）…………………85
ドンズロ，J.（J. Donzelot）……………98
ナイ，J.（J. Nye）……………………51
西川長夫（N. Nishikawa）……………49
バーガー，P.（P. Berger）……………130
パーク，R. E.（R. E. Park）………241-243
ハーシ，T.（T. Hirschi）……………69,78
パーソンズ，T.（T. Parsons）……30,82,128
ハーバーマス，J.（J. Habermas）……94,175
バーンスティン，B.（B. Bernstein）……107
パットナム，R. D.（R. D. Putnam）……227
フーコー，M.（M. Foucault）……98-100,174
ブルデュー，P.（P. Bourdieu）…………108
ベッカー，G. S.（G. S. Becker）………107
ベッカー，H. S.（H. S. Becker）………69
ボールズ，S.（S. Bowles）……………109
ホクシールド，A. R.（A. R. Hochschild）
　　……………………………189-195,200
マートン，R. K.（R. K. Merton）36,66,67,69
マッキーヴァー，R. M.（R. M. MacIver）
　　………………………………35,37,39,40
マルクス，K.（K. Marx）………………127
ミード，G. H.（G. H. Mead）………144-149
ミルズ，C. W.（C. W. Mills）……66,77,225
ミンサー，J.（J. Mincer）……………107
森岡清美（K. Morioka）………………85
山田昌弘（M. Yamada）………………86
ラスレット，P.（P. Laslett）…………83
リップマン，W.（W. Lippmann）………175

ル・プレ, F.（F. Le Play） ……………82
ルーマン, N.（N. Luhmann） ……………30
ルソー, J=J（J=J. Rousseau） ……………94
ルックマン, T.（T. Luckmann） ……………131

執筆者紹介 （執筆順）

広井　良典（ひろい　よしのり）　編者，第1章執筆
　現在，京都大学こころの未来研究センター教員（公共政策，社会保障論，科学哲学）
　1996-2016年　千葉大学法経学部勤務
　2001-2002年　マサチューセッツ工科大学（MIT）客員研究員
　1986-1996年　厚生省勤務
　1986年　東京大学大学院総合文化研究科修士課程修了（相関社会科学専攻）
　1984年　東京大学教養学部卒業（科学史・科学哲学専攻）
　主著・論文：『ポスト資本主義——科学・人間・社会の未来』岩波書店，2015年；『コミュニティを問いなおす——つながり・都市・日本社会の未来』筑摩書房［ちくま新書］，2009年；『持続可能な福祉社会』筑摩書房［ちくま新書］，2006年など

三谷　武司（みたに　たけし）　第2章執筆
　現在，東京大学大学院情報学環教員（理論社会学，社会学史）
　2007-2012年　新潟大学人文学部勤務
　2007年　東京大学大学院人文社会系研究科博士課程単位取得退学。
　主著・論文：「システム合理性の公共社会学——ルーマン理論の規範性」盛山和夫・上野千鶴子・武川正吾編『公共社会学1　リスク・市民社会・公共性』東京大学出版会，2012年；「〈効用〉の論理——ハーサニ型効用総和主義の失敗」土場学・盛山和夫編『正義の論理——公共的価値の規範的社会理論』勁草書房，2006年；「システムが存立するとはいかなることか——ルーマン・システム理論の超越論的解釈に向けて」『思想』970，2005年など

周藤　真也（すとう　しんや）　第3章執筆
　現在，早稲田大学社会科学部教員（理論社会学，知識社会学）
　1999年　筑波大学大学院博士課程社会科学研究科社会学専攻単位取得退学
　主著・論文：『よくわかる社会学』（共著）ミネルヴァ書房，2006年；「フィールドワークの知／反フィールドワークの知」『年報筑波社会学』第II期第2号，2007年；「精神障害と「人間」からの解放」『年報社会科学基礎論研究』3号，2004年など

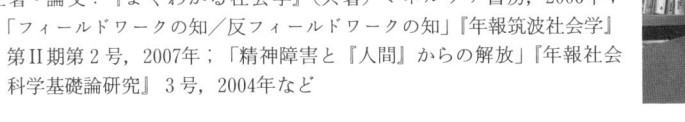

烏谷　昌幸（からすだに　まさゆき）　第4章執筆
　現在，慶應義塾大学法学部政治学科教員（政治社会学，ジャーナリズム論）
　2008-2015年　武蔵野大学政治経済学部勤務
　2003年　慶應義塾大学大学院法学研究科政治学専攻博士課程単位取得退学
　主著・論文：「フレーム形成過程に関する理論的一考察」『マス・コミュニケーション研究』58，2001年；「高速増殖炉開発をめぐるメディア言説の変遷」鶴木眞編『コミュニケーションの政治学』慶応義塾大学出版会，2003年；「地方紙と全国紙——川辺川ダム問題を事例に」大石裕編著『ジャーナリズムと権力』世界思想社，2006年など

岡邊　健（おかべ　たけし）第 5 章執筆
　2017年より，京都大学大学院教育学研究科教員（犯罪社会学，教育社会学），博士（社会学）
　2011-2017年　山口大学人文学部勤務
　2002-2011年　警察庁科学警察研究所研究員
　2002年　東京大学大学院教育学研究科博士後期課程中退
　主著・論文：『現代日本の少年非行──その発生態様と関連要因に関する実証的研究』現代人文社，2013年；『犯罪・非行の社会学──常識をとらえなおす視座』（編著）有斐閣，2014年　など

天田　城介（あまだ　じょうすけ）編者，第 6 章，第 9 章執筆
　現在，中央大学文学部教員（社会学）
　2007-2015年　立命館大学先端総合学術研究科勤務
　1997-2000年　日本学術振興会特別研究員〔DC1採用〕
　2000年　立教大学社会学研究科社会学専攻博士後期課程修了，博士（社会学）
　主著・論文：『〈老い衰えゆくこと〉の社会学』多賀出版，2003年（［普及版］を2007年，［増補改訂版］を2010年に刊行）；『老い衰えゆく自己の／と自由』ハーベスト社，2004年；『老い衰えゆくことの発見』角川学芸出版，2011年　など

中澤　渉（なかざわ　わたる）第 7 章執筆
　現在，大阪大学大学院人間科学研究科教員（教育社会学・社会階層論）
　2008-2012年　東洋大学社会学部勤務
　2003年　東京大学大学院教育学研究科博士課程単位取得退学，博士（教育学）
　主著・論文：『入試改革の社会学』東洋館出版社，2007年；"Has the Youth Labor Market in Japan Changed?: An Event History Analysis Approach" International Journal of Japanese Sociology, 17, 2008；「学歴の世代間移動の潜在構造分析」『社会学評論』61，2010年；「分断化される若年労働市場」佐藤嘉倫・尾嶋史章編『現代の階層社会──格差と多様性』東京大学出版会，2011年　など

諸岡　了介（もろおか　りょうすけ）第 8 章 1 - 2 執筆
　現在，島根大学教育学部教員（宗教社会学，スポーツ社会学）
　2007年　東北大学大学院文学研究科博士課程後期単位取得退学，博士（文学）
　主著・論文：「現代宗教研究における現象学的社会学の意義」『論集』30，2003年，「T. パーソンズ『社会体系論』における「宗教」概念とその可能性」，『社会学年報』35，2006年，"Sports Books and the Culture of Inequality in Contemporary Japan." in Shima Mutsuhiko ed., *Culture and Stratification.* Trans Pacific Press, 2008　など

執筆者紹介

田代　志門（たしろ　しもん）　第8章3-4およびコラム執筆
現在，国立がん研究センター社会と健康研究センター生命倫理研究室室長（医療社会学，生命倫理学）
2012-2015年　昭和大学研究推進室勤務
2007年　東北大学大学院文学研究科博士課程後期修了，博士（文学）
主著・論文：『研究倫理とは何か――臨床医学研究と生命倫理』勁草書房，2011年；『死にゆく過程を生きる――終末期がん患者の経験の社会学』世界思想社，2016年など

柴田　邦臣（しばた　くにおみ）　第10章担当
現在，津田塾大学学芸学部教員（福祉情報論，ICT研究，社会情報学）
2004-2014年　大妻女子大学社会情報学部勤務
2004年　東北大学大学院文学研究科博士後期課程修了，博士（文学）
主著・論文：「ある1つの〈革命〉の話――インクルーシブな高等教育と共生の福祉情報」『情報処理』56(12)，2015年；「それだけは，美しく切り出されてはならない――震災研究の3条件」『社会情報学』3(2)，2015年など

崎山　治男（さきやま　はるお）　第11章執筆
現在，立命館大学産業社会学部教員（感情社会学・社会問題論）
2003-2005年　東京大学大学院人文社会系研究科勤務
2003年　東京大学大学院人文社会系研究科博士課程修了，博士（社会学）
主著・論文：『「心の時代」と自己：感情社会学の視座』勁草書房，2005年，『〈支援〉の社会学：現場と向き合う思考』（共編著）青弓社，2008年など

早坂　裕子（はやさか　ゆうこ）　編者，第12章執筆
現在，プラウドオブユー・パブリッシティ合同会社代表（医療社会学・福祉社会学）
2000-2013年　新潟青陵大学看護福祉心理学部勤務
2008年　新潟大学大学院医歯学総合研究科博士課程修了，博士（医学）
1996年　東京大学大学院医学系研究科博士課程単位取得，博士（社会福祉学）
1991年　ロンドン大学大学院RHC社会科学研究科修士課程修了（MSc. Medical Sociology）
主著・論文："The interconnection between health and poverty: health and socio-economic well-being" in *Poverty and Social Welfare in Japan*, Ed. M. Iwata, Trans Pacific Press, 2008; "Work Environment and Mental Health Status Assessed by the General Health Questionnaire in Female Japanese Doctors", *Industrial Health*, 45(4), 2007；「がん患者の在宅ターミナルケアが直面する諸問題」『季刊　社会保障研究』国立社会保障・人口問題研究所　42(2)，2006年9月など

本郷　正武（ほんごう　まさたけ）第13章執筆
　現在，和歌山県立医科大学医学部教養・医学教育大講座教員（社会運動論，HIV/AIDSの医療社会学，社会調査法）
　2004年　東北大学大学院文学研究科博士課程後期修了，博士（文学）
　主著・論文：『HIV/AIDSをめぐる集合行為の社会学』ミネルヴァ書房，2007年；「いわゆる「集団告知」の多声的記述」輸入血液製剤によるHIV感染問題調査研究委員会『医師と患者のライフストーリー——輸入血液製剤によるHIV感染問題調査研究 最終報告書 第一分冊 論考編』ネットワーク医療と人権，2009年；「〈薬害〉経験伝承のための医療社会学的検討」『保健医療社会学論集』27(2)，2017年；「『良心的支持者』としての社会運動参加——薬害HIV感染被害者が非当事者として振る舞う利点とその問題状況」『社会学評論』62(1)，2011年など

熊本　博之（くまもと　ひろゆき）第14章執筆
　現在，明星大学人文学部教員（環境社会学，地域社会学，沖縄学）
　2007-2008年　早稲田大学文化構想学部助手
　2006年　早稲田大学文学研究科社会学専攻博士後期課程単位取得，博士（文学）
　主著・論文：「不可視化される『生活の時間』によりそう——辺野古をめぐる3つの時間」『環境社会学研究』21，2015年；「基地が沖縄にもたらしたもの——名護市辺野古区を事例に」勝方＝稲福恵子・前嵩西一馬編『沖縄学入門』昭和堂，2010年；『沖縄の脱軍事化と地域的主体性——復帰後世代の「沖縄」』（畠山大との共編）西田書店，2006年など

社会学のつばさ
――医療・看護・福祉を学ぶ人のために――

2010年3月10日　初版第1刷発行	＜検印省略＞
2017年3月20日　初版第6刷発行	定価はカバーに表示しています

編著者	早　坂　裕　子
	広　井　良　典
	天　田　城　介
発行者	杉　田　啓　三
印刷者	田　中　雅　博

発行所　株式会社　ミネルヴァ書房
607-8494　京都市山科区日ノ岡堤谷町1
電話代表（075）581-5191番
振替口座01020-0-8076番

©早坂裕子・広井良典・天田城介ほか，2010　創栄図書印刷・酒本製本

ISBN978-4-623-05630-9
Printed in Japan

早坂裕子・広井良典 編著
みらいを拓く社会学 本体2600円
――看護・福祉を学ぶ人のために――

早坂裕子・広井良典 編著
みらいに架ける社会学 本体2600円
――情報・メディアを学ぶ人のために――

宇都宮京子 編
よくわかる社会学 [第2版] 本体2400円

ミネルヴァ書房編集部 編
社会福祉小六法 [各年版] 本体1600円

N. アバークロンビー・S. ヒル・B. S. ターナー 著／
丸山哲央 監訳・編集
新版 新しい世紀の社会学中辞典 本体2800円

大谷信介・木下栄二・後藤範章
小松 洋・永野 武 編著
社会調査へのアプローチ [第2版] 本体2500円
――論理と方法――

平山 尚・武田 丈・呉 栽喜
藤井美和・李 政元 著
ソーシャルワーカーのための
社会福祉調査法 本体2800円

畠中宗一・木村直子 著
社会福祉調査入門 本体2200円

――――― ミネルヴァ書房 ―――――
http://www.minervashobo.co.jp/